U0908098

★二战将帅传记丛书★

MACARTHUR's BIOGRAPHY

麦克阿瑟全传

林文力 著

華中科技大學出版社
http://press.hust.edu.cn
中国·武汉

图书在版编目(CIP)数据

麦克阿瑟全传 / 林文力著. -- 武汉 : 华中科技大学出版社, 2017.9(2023.7 重印)

ISBN 978-7-5680-3128-8

Ⅰ.①麦… Ⅱ.①林… Ⅲ.①麦克阿瑟(MacArthur, Douglas1880-1964)-传记 Ⅳ.①K837.125.2

中国版本图书馆 CIP 数据核字(2017)第 155887 号

麦克阿瑟全传

Maikease Quanzhuan

林文力 著

选题策划:亢博剑

责任编辑:康 艳 沈剑锋

封面设计:今亮後聲 HOPESOUND 2580590616@qq.com · 小九 白今

责任校对:刘 竣

责任监印:朱 玢

出版发行:华中科技大学出版社(中国·武汉) 电话:(027)81321913

武汉市东湖新技术开发区华工科技园 邮编:430223

印 刷:鑫艺佳利(天津)印刷有限公司

开 本:710mm×1000mm 1/16

印 张:20

字 数:328 千字

版 次:2017 年 9 月第 1 版第 1 次印刷 2023 年 7 月第 1 版第 2 次印刷

定 价:88.00 元

本书若有印装质量问题,请向出版社营销中心调换

全国免费服务热线:400-6679-118 竭诚为您服务

【序言】

美军的军魂

伟大的失败者

“谁想跟中国陆军打仗，一定有病。”

说出这句话的不是中国人，而是美国人麦克阿瑟。他在1962年接受记者的采访时如是说道。

其实，持这种观点的人并非只有麦克阿瑟一人。早在1960年，远在欧洲的英国骁将蒙哥马利就曾有此预言。

1960年，英国著名陆军元帅、有着“猎狐能手”美誉的蒙哥马利访问中国后，在记者招待会上郑重地说：

“在这里，我要告诫我的同行，不要和中国军队在地面上交手，这要成为军事家的一条禁忌！谁打中国，进得去出不来！”

一个是在远东地区独占鳌头的美国名将，一个是在欧洲战场上打败“沙漠之狐”隆美尔的英国名将，这两位曾经手握重兵、历经生死考验的沙场老将竟然“英雄所见略同”，实在令人意外。

当然，这两位名将虽得出同样的观点，理由还是有所不同的。在某种程度上，蒙哥马利是抛开了“欧洲中心论”，认同社会主义中国，认为“古往今来，最伟大的战略家是毛泽东”，“毛泽东麾下名将如云，天才云集，我奉劝自由世界千万不要跟他们打仗”。

麦克阿瑟则是通过亲身经历而得出了血的教训。在朝鲜战争之前，麦克阿瑟被称为美国的“军神”“远东王”，他凭借高超的指挥艺术和卓越的军事才能，在反法西斯战争中缔造了一个个军事传奇。其光辉战绩加上其与众不同的装扮和个性，一时风靡欧美，名扬世界。

然而，日中则昃，月满则亏，在人生辉煌的巅峰时刻，麦克阿瑟折戟于朝鲜半岛。

在朝鲜半岛这块面积为21.4万平方千米的土地上，麦克阿瑟率领数十万“联合国军”，在后勤保障、军事装备均占优势的条件下，以终极豪赌的方式缔造了战术传奇“仁川登陆”，但接着便陷入战争的泥淖，最终被杜鲁门撤职，黯然离开战场。

朝鲜战争是美国历史上五次最大的军事失败之一，加上属于不正义的战争，因而给麦克阿瑟的军旅生涯留下了极不光彩的一页。对此，作为参谋长联席会议主席，布莱德雷颇为遗憾地说：“我们在一个错误的时间，在一个错误的地点，打了一场错误的战争。”

不管怎样，在人生的最后一场战争中败北，并不影响麦克阿瑟成为美国陆军中的佼佼者。

耀眼的陆军五星上将

美军历史上曾涌现出无数的优秀将领，但只有那些出生入死、战功赫赫，为美国做出过巨大贡献的将领，才会被授予五星上将军衔。根据美国国会规定，五星上将军衔只在战时授予。它是美国军队的最高军衔，肩章上缀有五颗星徽，相当于其他国家的元帅军衔。

美军自1919年首次授予五星上将军衔到1951年最后一次授予该军衔，一共有10位将军获此殊荣，包括潘兴、麦克阿瑟、艾森豪威尔、马歇尔、布莱德雷、尼米兹、莱希、金、哈尔西、阿诺德。前5位来自陆军，紧接着4位来自海军，最后1位来自空军。而参加过第一次世界大战、第二次世界大战和朝鲜战争的只有麦克阿瑟一人。

潘兴在美国人心目中是一位“伟大的将军”，也是第一位获得五星上将军衔的将军，而且是麦克阿瑟的上司，但是他只参加过第一次世界大战；马歇尔则基本没有真正领兵作战的经历；至于布莱德雷，他参加了第二次世界大战并且是在1950年才获得五星上将军衔的。

事实上，相比于军衔、战功，麦克阿瑟的人生经历更为传奇，他一生都在书写自己的传奇。他创造了美国军事史上的多个第一：

13岁，进入西得克萨斯州军校，展现出优秀的军事才华；

19岁，以总分第一名的成绩考入著名的西点军校；

23岁，成为西点军校历史上首位被破格晋升为上尉的学员；

38岁，晋升为少将，担任“彩虹师”师长，是美军在第一次世界大战中最年轻的将军；

39岁，出任西点军校校长，成为西点军校历史上最年轻的校长之一，因为改革较为成功，被誉为“现代军校教育之父”；

50岁，晋升为陆军上将，担任美国陆军参谋长，成为美军历史上最年轻的陆军参谋长；

他也是唯一一个被外国授予元帅称号的美国人！

“珍珠港事件”爆发后，美国加入同盟国，和中国、英国等国一起抗击法西斯国家的侵略。其间，麦克阿瑟担任美国远东军司令、西南太平洋战区盟军最高司令，在菲律宾执行“橙色计划”，指挥美、菲军队与日军作战。在近乎孤立无援的情况下，麦克阿瑟率部奋力阻击日寇，但因丧失海空优势加上补给不济，菲律宾沦陷。离开菲律宾时，麦克阿瑟留下了一句话：“我会回来的。”

来到澳大利亚后，麦克阿瑟带领“残兵败将”，在极其艰苦的作战环境中厉兵秣马，训练出了一支支精锐的部队，成为“澳大利亚的保卫者”。随后，他不断反击，蚕食日军基地，最终重返了菲律宾，实现了当初战败时的誓言，成为“菲律宾的解放者”。

这以后，他没有止步不前，而是继续奋战，与尼米兹等美国将领统率海、陆、空三军，加上英国军队，攻硫黄岛，破冲绳岛，剑锋直指日本本土，并很快登陆日本本土，成为占领军统帅、“日本的占领者”……

1950年6月25日，朝鲜战争爆发。取代英国成为资本主义国家头号强国的美国，好战成性，出兵朝鲜。麦克阿瑟受命担任“联合国军”总司令，率领数十万部队入朝作战。由于这场战争挑战了战后国际新格局且是不正义战争，麦克阿瑟纵然兵锋正盛，也不过是逞一时之威，最终功败垂成，铩羽而归。

在朝鲜半岛上栽了个大跟头的麦克阿瑟，没有就此消沉，回国后他凭借旺盛的斗志和出色的口才，以“老兵不死”的演说赢得了美国人民的认可，成为美国人民心目中的“一代老兵”。

1964年4月5日，麦克阿瑟逝世，享年84岁。一代名将就此陨落，并注定留名青史！

目　录

Contents

第一章 星条旗下立壮志

祖父“美漂”创业

在美国南部的阿肯色州[1]小石城，有一座普通的兵工厂军营。每天下午 5 点 30 分，一支美军陆军小分队都会准时集合，举行降旗仪式。

1880 年 1 月 26 日这一天，晴空万里，阳光明媚，然而微风拂面，颇有寒意。下午 5 点多钟，嘹亮的军号声响起，一名执勤军官穿着长军大衣，佩戴着红饰带、流苏肩章，挎着闪闪发光的军刀，大步走向正在集合的队伍。士兵们挺胸收腹，排列成整齐的队形，头上戴着黑金两色带短刺的德国式头盔，显得华丽而威武。这时，一名中士跑过来向执勤军官报告说：“亚瑟上尉，医生让我告诉您，刚才您的儿子出生了。”上尉闻言，脸上流露出既惊又喜的神色，他兴奋地向中士做了一个感谢的手势，便继续走向队伍。一名鼓手、几名提琴手和几名军号手组成的军乐队奏起了国歌，星条旗从旗杆上缓缓地降落下来。遥远的天际，红彤彤的夕阳缓缓坠入地平线。

降旗仪式结束后，亚瑟上尉立即跑回自己的营帐。他的儿子出生在一张卡其布床上。年轻的母亲把婴儿抱在怀里，目不转睛地看着孩子红红的脸庞，眼中流露出无限的怜爱和希望。傍晚的时候，营地的轻型榴弹炮鸣放起来，隆隆的炮声穿越军营，在即将沉睡的城堡上空久久回荡，不知是每日必行的礼仪，还是在宣告上尉儿子的诞生。

---

① 阿肯色州：简称“阿州”，位于美国南部密西西比河中下游地区，州府为小石城。

这个在军号声中出生的孩子就是道格拉斯·麦克阿瑟。他的父亲叫小亚瑟·麦克阿瑟，其时任上尉，指挥美国陆军第 13 步兵团 K 连；母亲叫玛丽·平克妮·哈迪，一个有点派头、端庄贤淑、处世严谨的贵妇。

麦克阿瑟的先祖是苏格兰人，曾参加过中世纪的东征。麦克阿瑟家族从那时起就一直与政界、军队和司法部门“有些关联”。道格拉斯·麦克阿瑟的祖父老亚瑟于 1817 年 1 月出生在格拉斯哥，他称自己是“双料的麦克阿瑟族人”，因为他的父亲和母亲都姓麦克阿瑟。他的父亲在他出生前就去世了，坚强的母亲独自一人将他抚养大。在他童年的记忆中，格拉斯哥是一个值得怀念的地方，那里有布满紫藤的山野、茂密的森林、清澈见底的溪流，以及充满神秘色彩的古城堡。当然，他印象最深的还是那些令人神往的英雄传说。

老亚瑟·麦克阿瑟 7 岁时，他的母亲改嫁了。当时，很多英国人到美国西南部（包括田纳西、密苏里、密西西比、阿肯色、路易斯安那诸州）拓荒，谋求发展。1825 年，老亚瑟的继父和母亲带着他从苏格兰的格拉斯哥移民到美国马萨诸塞州的奇科皮瀑布。马萨诸塞州在美国东北部，是新英格兰地区的一部分，并不是他们的目的地。但这一带河谷平原上有大片良田，遍地的花岗岩里闪现出数不清的小湖泊。农（渔）业和工业在南北走向的康涅狄格河谷和侯萨托利科河谷里发展得很快。

但老亚瑟并不打算将来务农或务工，他天资聪颖，在母亲的教育和引导下，从十三四岁起就对政治产生了兴趣。他野心勃勃地前往纽约闯荡，不久便成了一名狂热的民主党人，并且“几乎全靠自学”完成了大学的基础课程，接着学习法律，并在 1840 年拿到了律师资格证书。

学习期间，老亚瑟的爱情之花也绽放了，一个来自马萨诸塞州斯普林菲尔德的年轻美貌的女孩——奥里莉亚·贝尔切尔走进了他的生活。经过一段时间的恋爱后，他们结婚了。

1845 年 6 月，他们的第一个儿子小亚瑟·麦克阿瑟出生了。小亚瑟 4 岁的时候，老亚瑟成了一名职业律师，他与妻儿迁往威斯康星州刚建市不久的密尔沃基定居。该市东边阔大的密歇根湖和西边茂密的森林，几乎将小城包围，在这“湖边的一个美丽的地方”，奥里莉亚为老亚瑟生下了第二个儿子弗兰克。就在这一年，老亚瑟加入了民主党，从此开始了顺风顺水的政治生涯。不久，老亚瑟被选为市政府律师。1855年11月他又当选为威斯康星州副州长。老亚瑟工作勤奋，十分敬业，在政界的声望渐高。1857年，他当选为威斯康星州第二巡回法庭法官，并在这一位置上稳稳当当地干了12年，尽管期间经历了南北战争。

不过，也正是因为南北战争，他的长子小亚瑟才走上了从军之路。

“娃娃副官”内战立军功

当时，美国北部和南部在经济制度问题上发生了严重冲突，南部的种植园主企图把奴隶制度推广到新占领的西部土地上，而北部的资产阶级则主张在新地区使用雇佣劳动制，以扩大资本主义地盘。共和党人亚伯拉罕·林肯①于1860年11月当选总统，这代表着蓄奴州与自由州和解的希望彻底破灭。于是，南部各蓄奴州纷纷退出联邦，并于1861年2月在亚拉巴马州的蒙哥马利成立美利坚联盟国（又称南方联邦），推选杰弗逊·戴维斯②为总统，同时征集10万志愿兵，积极备战。4月12日，美利坚联盟国军队发动叛乱，占领了南部许多要塞和储有大量武器、弹药的军械库。只有南卡罗来纳州的萨姆特堡要塞对叛军进行了两天的抵抗，但亦于4月14日投降。林肯总统3月4日就职后，于4月15日正式宣布南部诸州为叛乱地区。美国内战爆发。南部各州是为维护奴隶制而进行这场战争的，北部资产阶级则在战争初期就认为重建联邦和防止奴隶制向外扩展是自己的主要任务。

1861年，双方的主要战斗行动在华盛顿、里士满③方向展开。7月

① 亚伯拉罕·林肯（1809—1865）：美国政治家、思想家，共和党人，美国第16任总统，黑人奴隶制的废除者。他是美国第一个遭遇刺杀的美国总统，也是第一位共和党总统，多次被评价为“美国最伟大的总统”。

② 杰弗逊·戴维斯（1808—1889）：美国军人、政治家。美国内战时期担任美利坚联盟国首任，也是唯一一任总统。

③ 里士满：美国弗吉尼亚州首府，美国内战时期美利坚联盟国首都。

中旬，欧文·麦克道尔[1]将军率北军（3.5 万人）进入弗吉尼亚州，抵达布尔兰河。与此同时，皮埃尔·博雷加德[2]将军率南军（3.1 万人）亦逼近该地。7 月 21 日，南北两军在布尔兰河畔的马纳萨斯[3]首次交战，北军战败，混乱地向华盛顿溃退。这时，南军没有扩大战果，而是停止了对麦克道尔军队的追击。

马纳萨斯的失败迫使林肯政府采取了一些紧急措施，以扩编和巩固军队。林肯动员各州征召民兵75 万人。5 月 3 日，他颁布了第二次动员令，希望征集几万名志愿兵充实联邦军队并服役 3 年。结果，他征募到了23 万人。整个北方的人们都踊跃参军。那些从未想过要放弃自己生活方式的农夫、职员和机械师，无论年龄大小，都渴望参军去平息叛乱。

当时未满 16 岁的小亚瑟也想从军，为国效力。老亚瑟以自己在政界的影响力为儿子大开后门。1862 年 5 月，在威斯康星州资深参议员詹姆斯·杜利特尔的陪同下，小亚瑟前往华盛顿拜访了自己心目中的英雄亚伯拉罕·林肯，并带去了一封威斯康星州州长写给总统的推荐信。信中推荐说，“为国服兵役已成为他（小亚瑟）一生魂牵梦绕的愿望”，请求总统把他送进西点军校[4]。但林肯回复说，军校现在满编，没有空缺。小亚瑟无奈，只得先进一所私立军校，因为在那里读完预科后有望进入西点军校。战争爆发后，小亚瑟更是迫不及待，四处奔走。老亚瑟也通过朋友向军界求助。1862 年 7 月，当第 6 志愿步兵团列队穿过密尔沃基向火车站进发时，小亚瑟先后向 10 个连的连长哀求，请人家收下他。“不行，孩子，这是去打仗，”其中一位连长对他说，“想当兵你年

---

① 欧文·麦克道尔（1818—1885）：美国南北战争时期联邦军将领，历任太平洋兵团、加利福尼亚兵团和西部兵团的指挥官。

② 皮埃尔·博雷加德（1818—1893）：美国作家、政治家、发明家、军人。美国南北战争时期参加南方军队，晋升为四星上将。著有《战争艺术的原则与准则》《查尔斯顿保卫战报告书》《论马纳萨斯战役》等。

③ 马纳萨斯：美国弗吉尼亚州东北部的一个城市，南北战争时期此地发生过两次战斗。

④ 西点军校：位于美国纽约州哈德逊河西岸的西点镇，是美国第一所军事学校，其校训是“责任、荣誉、国家”。

纪还太小，体格也不够强壮，恐怕一个月都坚持不下来。”还有一位连长深表同情地说：“你的愿望是不错的，但是你搞学问比当兵会更有出息。”“我两样都会干好，长官。”小亚瑟说。

老亚瑟被儿子的言行感动了，他在8月份硬是求朋友把立志从军的儿子直接送到新组建的威斯康星志愿军第24步兵团当副官，受领临时中尉军衔。但在第24步兵团举行的第一次阅兵典礼上，这位少年副官根本无法胜任，显得滑稽可笑。一个17岁、外表看起来很孩子气的副官自然不会受到官兵们的欢迎，大家都称他为“娃娃副官”。在8月编制的第一份团征兵花名册中，他的职业被清楚地标为“学生”。他的身高记录为1.72米，肤色“红润”，身材中等。花名册中的姓氏拼成了“Mac Arthur”，后来他就一直沿用这一拼法。这位年轻的中尉在随后的两年半时间里，表现出了令人佩服的勇敢、顽强和杰出的指挥才能，屡立战功，由此受到上司的赏识和部属的敬佩。

9月，布拉克斯顿·布雷格指挥的一支南军部队试图通过入侵肯塔基州来挫败北军的新攻势。10月8日，布雷格的部队与北军俄亥俄军团的先头部队，包括菲利普·谢里登所指挥的师遭遇。威斯康星志愿军第24步兵团正好隶属该师。在肯塔基州的佩里维尔城外，小亚瑟所在的威斯康星第24步兵团打了4天的恶仗，损失惨重，投入作战的500人牺牲近半，骑兵队全部阵亡。在战斗最激烈、情形十分危急的时候，一名少校和小亚瑟挺身而出，沉着冷静地带领剩下的队伍继续顽强战斗。这两位之前从未经历过战争的年轻军官表现得十分英勇。

1862年11月，小亚瑟又经历了第二次战斗——奇克莫加－查塔努加之战①。

尤里西斯·辛普森·格兰特②将军将他的部队分为两部，一部去占

---

① 奇克莫加－查塔努加之战：美国南北战争时期，布雷格将军指挥的南方联盟军田纳西军团与罗斯克兰将军指挥的北方联邦军坎伯兰军团于1863年9月19日—20日在奇克莫加－查塔努加进行的战斗。

② 尤里西斯·辛普森·格兰特（1822—1885）：美国第18任总统、军事家、陆军上将，也是美国历史上第一位从西点军校毕业的总统。他能征善战却不善理政，在南北战争中屡立奇功，但在总统任期内却政绩平平。

领新的地区，另一部则去对付孤守在得克萨斯州、阿肯色州和密苏里州的南军。西部地区的主要战场已转移到田纳西州，在那里进行角逐的是威廉·罗斯克兰斯少将指挥的北军坎伯兰军团与布拉克斯顿·布雷格中将指挥的南军田纳西军团。在随后的几个月，这两支损失惨重的部队彼进我退，彼退我进。

格兰特将军决定发起维克斯堡战役①，并亲临前线担任指挥官。格兰特的计划是绕过维克斯堡要塞，在其下游防备薄弱处渡河，从后面攻击维克斯堡。北军分为 3 个军：麦克里尔南德指挥的第 13 军，威廉·谢尔曼指挥的第 15 军和麦克费尔森指挥的第 17 军。据守维克斯堡的是南军约翰·彭伯顿将军指挥的密西西比军团。

4 月 20 日，格兰特发布了全面向南行动的命令，北军舰队和运输船乘着黑夜，向南行动，溜过了维克斯堡要塞，到达下游距要塞约 48 千米的地方，大军在此上岸，沿着密西西比河西岸前进。5 月 14 日上午，谢尔曼和麦克费尔森对贾克森发起进攻，约瑟夫·约翰斯顿在北军的攻击下被迫撤出该城。5 月 18 日，北军进抵维克斯堡城下。到 6 月中旬，北军开始以 7 万余人的兵力，分两路攻打维克斯堡和查塔努加。

小亚瑟所在的团奉命向一座陡峭的高地传教士岭发起冲锋，但在敌人猛烈的火力压制下，第 24 步兵团的士兵成群倒下，军旗手也倒下了。就在部队进退维谷之际，小亚瑟带领 3 名掌旗兵突然出现在山坡上，一步步向前挺进。要想继续有组织地冲击就必须重整队形，这就是在战斗中要高擎军旗的道理。这时，冲在最前面的士兵倒下了，接着，第 2 个、第 3 个士兵也倒下了。小亚瑟毫不畏惧地从倒下的士兵手中接过军旗继续前进。他在战场上左右奔驰，集结队伍，重编各连士兵，灵活勇敢地进行指挥，并高声呐喊：“冲啊！威斯康星团！”北军怒吼着一边冲锋一边射击，全团冲上了传教士岭，南军从山岭的另一侧溃退。高地终于夺下来了，小亚瑟筋疲力尽地倒在地上，烟尘满面，血染征衣。这

---

① 维克斯堡战役：1862 年 11 月至 1863 年 7 月发生在密西西比河畔小城维克斯堡的战役。此役中，北方联邦军的格兰特将军以深入敌后、迂回包围的战术攻克了南方联盟军在密西西比河上的唯一据点，打开了向南军后方进攻的大门，成为南北战争的转折点。

次战役使小亚瑟成了英雄。战斗结束后，骑兵队司令谢里登跑上山顶，一把抱起这位年轻的副官，激动地说："孩子，你用行动履行了军人的誓言，真正无愧于任何荣誉勋章。"谢里登推荐授予小亚瑟荣誉勋章。

查塔努加之战为谢尔曼将军南下横扫佐治亚州铺平了道路。小亚瑟因为在这次战斗中表现突出，获得了美国最高荣誉勋章——国会荣誉勋章。国会荣誉勋章是根据 1862 年国会法设立的，只授予有优秀战绩的士兵和军士。小亚瑟成了团里的英雄，在一年多的时间里连续得到晋升，从"娃娃副官"变成了"娃娃上校"。当然，此是后话。

1864 年 6 月，当北军谢尔曼的部队对亚特兰大发动前哨战时，小亚瑟的任务是指挥一支非常有战斗力的侦察部队进行侦察工作。艰巨的侦察工作对年仅 19 岁的他来说是一个全新的挑战。他采用了全新的侦察战术：第 24 步兵团的战士得到命令，每人在战壕前方 45 米左右处选定一棵树，听到口令就向前冲，到达所选树后面停下来，再按命令重复上一步动作。经过几次跃进之后，该团将距敌人的距离缩短了 3/4，改善了自身处境，完全达到了侦察的目的，仅牺牲 2 人、伤 11 人。此次行动弄清了南军在通往亚特兰大的肯尼索山①上已建立坚固防御阵地，该情况被详细报告给谢尔曼将军。小亚瑟的这次侦察行动，在战后被作为范例收录于美军战史上最有影响力的一本军事教科书中。

遗憾的是，谢尔曼将军并未充分利用小亚瑟千辛万苦搜集到的情报，他认为自己作为一个久经沙场的老将，有丰富的作战经验和精明的头脑，足以对眼前的形势做出正确判断。他决定：包括威斯康星第 24 步兵团在内的北军向南军的坚固阵地发起进攻。结果可想而知，不到 2 个小时他的部队便伤亡 3000 人，而且一无所获。小亚瑟在这次战斗中也受了伤。伤好之后，他又投入新的战斗，受命在弗兰克林一带坚守防线。在这条防线上，北军共有 3 万多人，但在南军约翰·贝尔·胡佛部队的几次攻击下，北军的防线被突破，在其他各团向纳什维尔撤退时，

① 肯尼索山：位于美国佐治亚州亚特兰大北边。美国南北战争时期在此地发生了一场惨烈的战争，南北双方死亡 5300 名士兵。后来政府在该战场上建造了"肯尼索山国家战场公园"。

威斯康星第 24 步兵团进行了一场英勇的阻击战。小亚瑟率领他的队伍进行了一次反冲锋，夺取了南军 8 门火炮和一个撤退团的军旗。

1865 年 4 月，南军统帅罗伯特·李和约瑟夫·约翰斯顿先后向北军投降，内战宣告结束。此时，小亚瑟的部队仍在田纳西州的蓝泉附近围剿南军的游击队。不久，小亚瑟被提升为中校，正式指挥一个团。

军旅家庭的幸福

1865 年 7 月，小亚瑟率部返回家乡，被提升为上校。这之后，北军大规模裁减，小亚瑟所率团的 1000 余人因战斗减员，只剩下 400 人，并于 8 月全部被遣散。全国参战的 350 万人中仅有几万人成为职业军人。小亚瑟也退役了，回到密尔沃基后，他曾想继承父业，跟老亚瑟一样学习法律，并希望能在这方面有所成就。但是，已经习惯军旅生活的他怎么也静不下心来学习，总忘不了轰轰烈烈的战斗生活。他研读了几个月的法律，在一次次的自问、思考之后，觉得一个真正的男子汉实现梦想之路仍在军营，在那里，他曾获得过崇高的荣誉和巨大的成功，那里才是他大展宏图的地方。他想再穿上军装，进入正规部队，担任职业军官。于是，他再次做出了选择：重返军营。

1866 年 2 月，小亚瑟加入了驻扎在长岛海峡大卫岛上的第 17 步兵团。他试图获得上尉军衔，但志愿军军官与职业军官有所不同，最后他只得到了一个更低的少尉军衔，到了岛上才被提升为中尉。他觉得有点委屈，自己退役前的最高军衔是上校，现在却连一个上尉也捞不到。而和平时期又不可能在战场上证明自己，于是他开始进行社交活动。他的游说行动很成功，仅半年时间，他的军衔就被提升了两次，7 月份便如愿以偿地成为上尉。他认为，以他的战功而论，这是他应得的荣誉。但是，此后 23 年他的军衔都没有再得到提升。

随后，小亚瑟跟随第 36 步兵团来到怀俄明州，主要任务是维护混乱的边疆矿城的治安，在铁路上巡逻并为俄勒冈小道上的移民提供保护。他在工作中兢兢业业，但对自己的上尉军衔很不满意，经常写信向有关部门申诉。此后他到过很多地方和部门，多半是在艰苦的西部和西南部戍边，还过了一段时间有衔无职的准军人生活。直到 1869 年 9 月，小亚瑟才被调到第 13 步兵团任职。1871 年，老亚瑟被格兰特总统任命为联邦最高法院大法官，这对小亚瑟的前途产生了很大帮助，他很快便成为第 13 步兵团 K 连（特别行动分队）连长。

1874 年，小亚瑟和 K 连参加了一次对苏族人的大规模远征，即讨伐印第安人的战争，最终使大批印第安人同意迁入保留地。印第安人被迅速圈进了美国最贫瘠的一些地方。短暂的战争结束后，第 13 步兵团开往路易斯安那州，负责那里的治安保卫工作。

1875 年 2 月，在路易斯安那州南部新奥尔良市的狂欢节舞会上，小亚瑟结识了玛丽·平克妮·哈迪。从此，他在路易斯安那州的幸福生活开始了。

玛丽来自弗吉尼亚州诺福克的一个富裕人家，她的父亲是个有钱有势的棉花商人，拥有一个面积不小的种植园。她本人满头金发，身材高挑，容貌姣好，能歌善舞，令小亚瑟怦然心动。此外，她的性格和修养也让小亚瑟十分满意。玛丽出生于 1852 年，是棉花商的 14 个子女之一，在家里的绰号叫“粉姬”，这与她端庄的容貌和修养有关。内战结束后，正上中学的玛丽和家人暂时迁居西海岸小城市巴尔的摩，她进入一所中专学校学习。战后，她进入了当地一所天主教女校学习。遇见小亚瑟的时候，她刚好从天主教女校毕业，处处展现出大家闺秀的风范，让小亚瑟对她一见钟情。3 个月后，他们便在玛丽父亲巍峨雄伟的私邸——里弗艾吉别墅举行了婚礼。婚后，小亚瑟被调到华盛顿，在几个不同的陆军机构任参谋。第二年，玛丽给他生下了一个儿子。

1877 年，小亚瑟随第 13 步兵团临时被派到宾夕法尼亚西部平息一场激烈的铁路大罢工。玛丽作为一个以军营为家的军人之妻，一直跟随部队辗转迁徙。有一次，他们长途跋涉，横穿新墨西哥州的荒漠高原。白天，烈日当空、酷热无比；夜晚，冷风凛冽、寒气逼人。玛丽蜷缩在颠簸摇晃的军车中，度过了 8 个难熬的日夜。1878 年，玛丽又生下了第二个儿子马尔科姆。

1879 年，第 13 步兵团进驻阿肯色州小石城。第二年，他们的第三个儿子道格拉斯·麦克阿瑟出生了。但不久，马尔科姆因患麻疹早夭，他的死对玛丽的打击是沉重的，因此她对长子和三子更加怜爱。

崇拜林肯的道格拉斯

从 1879 年到 1883 年，第 13 步兵团 K 连一直在阿肯色州小石城驻防。一个要塞只有几十名士兵，他们远离美国社会，生活单调乏味，仅仅靠严格的纪律和多年来士兵们头脑中悲观的信念维持着。那些喜欢西部的年轻军官有时像是业余人类学家，他们会去考察多姿多彩的印第安人生活，或是沉湎于打猎和钓鱼，为自己身处运动爱好者的天堂而乐不可支。小亚瑟既非人类学家也非猎手，他宁愿给部下推荐一本好书也不愿让他们受到野外的诱惑。

由于养家糊口的压力，小亚瑟的军衔晋升和薪俸问题变得比以往任何时候都要紧迫。但他多次上书国防部，甚至直接向格兰特总统提出请求也无济于事。因为全美国 3 万多陆军官兵，将近 2.5 万人分散在密西西比河以西的 120 个驻地，其中大多数是孤立边远的要塞。

无奈之余，小亚瑟只好动用父亲老亚瑟的关系走后门，结果被一个比他军衔还低的副官讽刺了一顿，他为此郁闷了很长一段时间。在这种情况下，小亚瑟根本无法想象在不久的将来他会成为美国陆军中将。

小亚瑟升迁无望，只等来了一纸调令。在道格拉斯·麦克阿瑟 4 岁那年，即 1884 年 2 月，小亚瑟一家迁到了位于新墨西哥州拉斯克鲁塞斯以北几英里的塞尔登堡——一个坐落在格兰德河畔的小哨所，跟小石城温格特堡一样偏僻。他们的新居是几间由砖头盖成的平房，四周是 1.8 米厚、约 4.5 米高的土墙。驻守官兵只有 50 余人，每天除了训练、执勤和升降旗仪式，几乎没有什么娱乐活动。

不过，道格拉斯在这座小城堡里却过得自由自在，还学到了不少自己感兴趣的东西。他的童年伙伴菲奥雷洛·拉瓜迪亚认为，驻地的生活“对成人来说是极为乏味和不堪忍受的，但它却是小男孩的天堂”。在边塞城堡，除了身穿制服长靴、持刀荷枪的士兵外，更让道格拉斯和伙伴们感兴趣的是高头战马，骑马玩枪成了他们最热衷的游戏。多年以后，道格拉斯在回忆儿时的生活时兴致勃勃地说："作为军人的儿子，我是先会打枪后会识字，先会骑马后会写名字，甚至可以说，在我会走路之前，我就会骑马打枪了。我母亲在父亲的帮助下，开始教育大哥和我。他们不仅把知识传授给我们，更重要的是启发了我们的责任感。我们从小就懂得，对于该做的正当事，不管个人做出什么样的牺牲，都要去实现它。我们的国家永远高于一切。我们绝不说谎骗人，也不去惹是生非。"

父亲是道格拉斯了解军事知识和走上军旅之路的启蒙老师。每天早晨，父亲都会准时走进道格拉斯的房间，朝他大声喊道："该起床了，中士！"睡意蒙眬的道格拉斯听到父亲的声音后，立即睁开眼睛，双脚踢开被窝，站起来举手敬礼。等父亲还礼后，他便迅速穿上衣服。上午他通常和小伙伴们赤着脚、光着背，骑上父亲为他们准备的小马向旷野奔去，感觉自己像是一名勇往直前的"西部牛仔"。下午回到营地，他们或是观看上尉操练部队，或是听士兵们讲故事。最让他们快活和难忘的是这年圣诞节，城堡里举行了一次圣诞除夕马车龙的活动，装扮成圣诞老人的士兵给孩子们留下了深刻的印象。

而对于道格拉斯的教育和性格养成，他的母亲玛丽功不可没。在道格拉斯的记忆中，身高 1.73 米的母亲，总像猎鹰一样保持骄傲的姿态，从不向困难屈服。19 世纪 70 年代以前，军官夫人们很少见过西部城堡。南北战争时期，北方军的谢尔曼将军成为西线作战的司令官后，鼓励夫人们随军陪伴她们的丈夫。因为北军参战的将士战前大都过着比较舒适的家庭生活，为了鼓舞士气，他提出了这一倡议，随后形成惯例。玛丽是富家千金出身，有用人帮忙操持家务，从来没有吃过军营生活的苦，何况还要面对来自印第安人的威胁——印第安人时常袭击格兰德河一侧的定居点，然后过河逃进墨西哥。玛丽觉得这里比可怕的温格特堡还要糟，但她仍坚强地面对种种困难和危险。她对儿子们的教育十分严格，总是以古老的南方贵族传统来熏陶他们，经常给他们讲英雄人物的故事，比如葛底斯堡之战、安提塔姆之战、西罗之战、纳什维尔之战以及墨西哥战争中的故事。她每晚照顾儿子们上床睡觉，还会对道格拉斯说：“你将来长大了，要做一个大人物。”有时还加上一句“要像你爸爸”或是“像李将军”。其实，道格拉斯和父亲一样，更崇拜林肯。玛丽很注重儿子们优良品德的养成，不论什么特殊场合，诸如升旗降旗、客人来访，她都要他们行举手礼，努力培养他们对家庭、对国家的责任心和荣誉感。

有一次，道格拉斯和几个小伙伴比赛攀爬。军营里既没有山崖也没有大树，往哪里爬呢？大家都在绞尽脑汁想主意，道格拉斯灵机一动，指着旗杆说：“就爬这个！看谁爬得高，爬得快！”于是，几个孩子轮流沿着那根粗大的旗杆向上爬，旗杆上飘扬着一面星条旗。轮到道格拉斯了，他奋力向上爬，旗杆并不高，不一会儿他就爬到了顶端。下面的小伙伴都为他鼓掌喝彩。道格拉斯一时得意，竟撕下一小片旗帜作为“胜利的纪念”。晚上回家后，这个“纪念品”被玛丽发现了。她忙追问来历，道格拉斯不敢隐瞒，如实告诉了母亲。玛丽先是沉默不语，而后叹了一口气说：“孩子，你知道这星条旗的意义吗？你是一个美国人，而星条旗是美国的象征啊！在战争年代，它代表着胜利，是战士们心中的希望，多少战士宁愿自己死，也不愿让这面旗帜受损，或让这面旗帜倒下；而现在它代表着荣誉，能给以国家为骄傲的人们以前进的动力，当你灰心失望时，它会带给你力量。记住，这就是国家——荣誉！”

此外，玛丽也通过生活中的点滴小事来培养儿子们刚毅、勇敢、坚韧的品质。

口吃病与童年逸事

这年夏天，小亚瑟带领全家赴美国东海岸旅行，海边风光旖旎，十分迷人。小亚瑟本想让孩子们换个环境，把美丽的景色留在记忆里，借以陶冶他们的情操，使他们增长见识、开开眼界。可惜事与愿违，整个旅游期间，道格拉斯始终没能摆脱疾病的纠缠。在游览旧金山唐人街那天，他感冒了，不停地咳嗽，在之后几天又淋了一次雨，病情加重了。晚上，他发着高烧，脸涨得通红，几天后高烧才退下去。不幸的是，经过这次大病的折磨，年幼的道格拉斯得了口吃病，说起话来吞吞吐吐、结结巴巴。

这时已经快到开学的时间，口吃病对道格拉斯打击很大。他是个要强的孩子，现在连发音都发不准确，怎么可能在一所富家子弟云集的学校里和那些聪明伶俐、受过良好学前教育的孩子一争高低呢？果然，有一天上课时，坐在道格拉斯前面的一个同学突然搞起恶作剧来，他把手伸到头顶上扮成怪怪的样子，逗得全班同学哄堂大笑。老师生气地问是谁干的，那个调皮的孩子就把这一切推给道格拉斯。道格拉斯初来乍到，别人对他还不够了解，而且他的成绩也不好，因此老师信以为真，批评他说："你真是个调皮的坏孩子，我要把这一切告诉你的父亲!"

道格拉斯委屈极了，脸一下子涨得通红，不由自主地站起来想为自己辩解。但因为口吃，他费了好大的劲还是说不清楚。后来，他急得把课桌上的课本摔到地上，这下老师更加生气了，训斥他是一个"脾气暴躁的孩子"。倔强的道格拉斯忍着不让泪水流出来，一声不响地继续上课。放学回家后，玛丽让他去杂货店买灯泡，在懊恼情绪的支配下，他竟然不小心把两只刚买的灯泡都摔碎了。

回家后，玛丽问他发生了什么事，他竟哭了起来。玛丽见状，告诫他说，男人不该哭泣，恐惧的眼泪更是绝对禁止的，并鼓励道："凡事要对自己有信心，我的孩子。别人说什么都不必太在意，重要的是怎样努力去做，改变别人对你的印象。"道格拉斯后来说："母亲对我最大的影响是，她从不单纯地激励我竞争的本能，而是更加注重把这种竞争的本能磨炼成剑锋。她使我懂得，只要决定开始做某件事，无论如何都要成功。"

在这一点上，父亲小亚瑟做得甚至有点过分。小亚瑟特别注意培养道格拉斯的竞争意识，经常鼓励他做事要争第一，勇于接受挑战，不要害怕失败。有一天，家里来了几位亲戚。大人们交谈时，道格拉斯和哥哥突然在院子里拳打脚踢地打斗起来。显然，他们在某件事上发生了争执。亲戚们都劝小亚瑟把孩子拉开，让他们和好。但小亚瑟却稳稳地坐在沙发上，叼着烟斗，微笑着一声不响。

“你怎么可以这样任凭孩子打架呢?”一个亲戚问道。

小亚瑟说：“让孩子自己想办法去解决矛盾，或者和谈，或者动武，这是他们之间的事。要是插手太多，会使他们觉得自尊心受挫，况且要体魄强壮的男子汉不打架是不可能的。”

由于随军的妇女比较多，这里军官的小孩也比较多。他们自发地组成了一个小团队，开辟属于他们的游乐天地。孩子们可以自由享受刺激的游戏，如抓俘虏游戏。道格拉斯凶猛好斗的天性在那个时候就显露了出来。他是个意志坚定、动作迅猛的小运动员，尤其喜欢观看骑兵操练，还喜欢跑出去看炮兵在靶场实弹训练。

其间，小亚瑟尽管多次向上级表示对现有生活状况的不满，但他仍以自己一贯的模范方式管理着塞尔登堡，对部下要求十分严格。1885年9月，国防部监察长前来视察要塞。小亚瑟的K连接受了检查并进行了全副武装操练，军事素质和形象极佳。监察长发现，小亚瑟上尉尽了最大的努力为士兵提供舒适的生活和娱乐条件。他得出结论说，小亚瑟是“一名才能出众的军官……连队和要塞就是他的聪明才智、远见卓识和善于带兵的明证”。

1886年春，道格拉斯已满6岁，小亚瑟被调到堪萨斯州的利文沃斯堡步兵和骑兵学校。这是谢尔曼将军于1881年下令创建的步兵和骑兵军官专修学校，负责对尉级军官进行6个月的集训。道格拉斯来到这里后，进入利文沃斯堡小学，接受正规教育。利文沃斯堡小学只有两名教师，她们是一对年老的处女姊妹——劳拉·古德费洛和朱莉·古德费洛。这两位富有影响力的教师，教导了许多日后成长为军官的小男孩。

古德费洛姐妹努力向孩子们灌输社交礼仪。他们每月至少有一个下午在当地教皇大厅的舞蹈间跳舞，由第6步兵团军乐队奏乐。在学跳舞的过程中，道格拉斯和他的哥哥亚瑟三世有机会学到了维多利亚时代社交生活中一些必要的礼仪。他们在这方面受到的教育，无疑强化了他们从富有教养的母亲那里学到的东西。道格拉斯一生风度优雅，显然与少年时期受过这方面的良好教育有关。

在小镇另一侧的铁路终点处，有一个“老兵之家”。孩子们常常去那儿听那些退伍士兵吹牛、讲笑话。他们仍穿着内战时的蓝军装，戴着深蓝色的工作帽，炫耀军团的徽章。对此，道格拉斯认为，这是他们应该受人称赞的荣誉，不应该被遗忘。

道格拉斯是一个快乐而懂礼貌的孩子，但并不算是一个优秀的学生。上学的头 3 年，他的学习成绩很差，按他本人的话说“是个劣等生”。他根本不把学习放在心上，上课时总想着打打杀杀的游戏。每次考试他都有几门功课不及格。老师对他的评价是：“厌烦学习，尽管聪明却不刻苦。”但他一点也不在乎，每天放学后，他简单地收拾一下，便立即冲出教室，不是到操场去看骑兵耀武扬威的操练表演，就是跑到外面去看炮兵的实弹射击。他最热衷的是捉俘虏的游戏。这种游戏非常激烈，年龄小和个子小的孩子常常吃亏。而道格拉斯总是先发制人，动作迅速，因此吃亏的次数很少。

在利文沃斯堡，小亚瑟的顶头上司是亚历山大·M. 麦克库克少将。小亚瑟非常敬重他，工作很卖力，而麦克库克对小亚瑟过去的表现也比较了解，两人工作起来十分默契。麦克库克是个改革派，他对陆军逐渐陷入僵化的官僚主义、靠习惯而不是信仰来维持的状况很不满意。他想在利文沃斯堡建立一支快速反应部队，但没有成功。不过，他对军校的教学体制和内容进行了力度很大的改革。

麦克库克刚来的时候，学校正在开办尉官补习班，这些尉官大部分不识字，算数都很困难。麦克库克上任后，对教学提出了更高的要求，关闭了补习班，招收基础更好的学生。他在利文沃斯堡的学员中强制实行每周 6 天工作制，开设了更多的战术训练课，给教员们压上了沉重的工作任务。作为一名纪律严明、雷厉风行的军官，麦克库克改变了利文沃斯堡，它不再是逃避边疆军营生活的避难所、带薪度假的好去处，而是军官们掌握解决问题的能力和战场指挥技巧的学习场所。

这对有思想、有能力的小亚瑟来说可谓如鱼得水，他受到了麦克库克的重用。1887 年 12 月密苏里军区的监察长乔治·H. 伯顿少校宣布退休时，麦克库克打算推荐小亚瑟继任这一职务，伯顿少校也看好小亚瑟。机会难得，小亚瑟信心倍增，干劲更足了。尽管他最终未能如愿，但他的努力并没有白费，引起了新任陆军部副官署署长、改革家约翰·C. 凯尔顿准将的注意。不久，该署有一个陆军副官署长助理的空缺，军衔为少校。于是，很多人又重新为小亚瑟得到这一职位而奔走。老亚瑟也在华盛顿为儿子游说陆军部长，他还打印了一份 22 页的小册子，里面全是高级军官和有权有势的政客们热情洋溢的推荐书。

1889 年 7 月，当了 23 年上尉的小亚瑟终于晋升为少校，并被调到华盛顿陆军司令部任高级副官助理。道格拉斯也跟随父亲来到首都。

道格拉斯的祖父老亚瑟在 1888 年就已退休，但他仍很活跃，并很有影响力。卸任后，他埋头著书，兼任法律学校评议员，同时还是国立大学的校董事会主席、华盛顿慈善协会主席。他成了道格拉斯的好玩伴。在道格拉斯的印象中，祖父是个长着络腮胡子、具有英雄气概的人物："他高大英俊、性情温和、精力充沛、不苟言笑，我对他讲的奇闻逸事百听不厌。……是他教我玩牌，包括扑克游戏。和他玩最后一手牌时，我握着 4 张 Q，于是压上了全部赌注。我还记得他亮出 4 张 K 时我是多么震惊。我忘不了他说的话，'亲爱的小家伙，生活中没有把握十足的事'。"

这一年对小亚瑟来说是最忙碌的一年，也是惊喜连连的一年。他升了官，来到了华盛顿，获得了荣誉勋章，并从国立大学拿到了法律学位。他的上司评价他说，少校在（陆军）部里有了一个新的良好开端，成了军队改革的领头人物。此后，小亚瑟在参谋位置上干了将近 10 年，始终勤勤恳恳、兢兢业业。

与父亲相反，道格拉斯觉得华盛顿单调乏味。他进了马萨诸塞州的一所小学，穿着格子花呢制服，打着领带，百无聊赖地接受了 3 年正规的学校教育。他仍是老师们最头疼的学生——厌烦学习，注意力不集中，尽管聪明却不刻苦。他的成绩中等，不好也不坏。快乐自在、顺其自然，这便是道格拉斯当时的状态。

进西得克萨斯军事学院

在华盛顿待了 4 年后，1893 年，小亚瑟被调到位于圣安东尼奥市郊的萨姆－休斯顿堡的得克萨斯军区总部，继续做他的参谋工作。圣安东尼奥是美国南部得克萨斯州通往墨西哥的一个古老要塞。亚瑟三世通过父亲的争取，考上了安纳波利斯海军学院①，而 13 岁的道格拉斯则进入了当地的一所军队中学。

道格拉斯不太爱学习，也不喜欢军队中学的生活，但他对回到西南部感到很高兴，终于又有机会像以前那样玩耍，没有限制，没有功课，整天玩枪、骑马，或与士兵们在一起，听他们讲印第安战争的故事。不过，萨姆－休斯顿堡还是让他有些失望。因为小亚瑟把他送进了一所私立学校——穆迪圣经学院，这是由美国新教主教、神学博士约翰斯顿刚刚开办的学校。尽管学校吹嘘说这是一个“在学术和道德方面都无与伦比”的地方，并保证这是进入西得克萨斯军事学院的一个门槛，进入了该校也就意味着可以更顺利地走进西得克萨斯军事学院，但这并没有激起道格拉斯的兴趣。他看不出这所学院有什么与众不同之处。它位于靠近萨姆－休斯顿堡的一座小山上，若不是本地人，很可能找不到上山的路，这个地方是“晴天半是草地半是泥地，雨天则满地烂泥”。

不过，西得克萨斯军事学院确实就在那里。一片荒地中的一栋大木头房子，正好在萨姆－休斯顿堡大门附近。穆迪圣经学院教授军校的文化基础课程，相当于初中和高中的课程。与西得克萨斯军事学院不同的是，军校学生都是“军官候补生”，身着西点军校的灰制服。道格拉斯念的是相当于 9 年级的基础班，是该年级的 49 名学生之一。如果不出意外，一年甚至几个月以后，他将成为军校的“军官候补生”。

---

① 安纳波利斯海军学院：是一所美国海军军官学校，主要负责为海军舰艇部队、海军航空兵部队和海军陆战队培养各种专业的初级军官。该校被认为美国政客与将军的摇篮，培养出了 200 名国会议员、500 名美国大公司的总裁、3 位参谋长联席会议主席、4000 名将军和 54 名宇航员。

道格拉斯现在已经长成了一个健壮而英俊的少年，行为举止都很像他的父亲。有一天，他听到父亲对母亲说："这孩子有军人气质。"这句话是他的父亲在闲谈中顺口说出的，但他听到后却牢记心中，发誓要像父亲那样做一名军人。自此以后，道格拉斯开始改变了，他开始努力学习，他的老师这样评价他："刚开始他的成绩的确很差，但我发现他身上有种绝不认输的、执着的、只知道努力向前的品质，无论他的努力能否换来成功，他都一如既往。而事实上，他成功了！"几个月后，他进入了西得克萨斯军事学院。

道格拉斯的很多习惯、个性和品质，在很大程度上受到了母亲玛丽的影响。这年夏天，玛丽把他带到了诺福克。他决定卖报纸来挣点零花钱。当时，诺福克的街角已经有很多卖报的小孩，他们不喜欢再出现竞争者。他晚上回家时局促不安，一捆报纸原封未动，连麻绳都还系着。"道格拉斯，你为什么一份报纸都没卖掉？"玛丽问。"唔……"他结结巴巴地答道，"那些男孩不让我卖。"玛丽听了，严厉地对他说："明天你还出去，把报纸卖完，否则别回来。"第二天晚上，当道格拉斯回到家时，他的模样就像经历了一起列车出轨事故：他的衣服被撕破了，一只眼睛发青，鼻子和嘴巴都是干硬的血迹，指关节红肿，但报纸卖完了。看样子，他真的是竭尽全力了。

在后来的日子里，道格拉斯总是和母亲生活在一起，他几乎把自己每天所做的事情都告诉母亲。玛丽是个基督教徒，她讲的圣经故事是道格拉斯听得最多的。他在进入军校的时候，带的课外书除了一本《英国国教祈祷书》、一本《赞美诗集》，还有一本《圣经》。几十年后玛丽去世时，道格拉斯非常悲痛，难以接受这一事实。他说："一生中，我第一次感到如此无助。"后来，道格拉斯身边除了父亲的照片，还多了两样东西，一个是母亲晚年用了10年的拐杖，一个是母亲给他留下的一部《圣经》。可以这么说，父亲是他心中的楷模，母亲则是他生活的导师。

西得克萨斯军事学院的纪律非常严格，要求学生像军人一样服从。尽管学校将生源控制在一个很有限的范围内，但是，对很多人来说，让

19 世纪末至 20 世纪初，道格拉斯·麦克阿瑟与母亲玛丽·平克妮·哈迪合影

孩子进军校是一个不错的选择，所以即使远在纽约，他们也想方设法把孩子弄进西得克萨斯军事学院，帮助孩子完善自我。道格拉斯的父亲小亚瑟也觉得这所军校的常规训练制度之完善，简直无懈可击，挑不出任何毛病来。军校的教学由两部分组成，一是新英格兰预备学校课程、拉丁语和强制性礼拜式；二是南方军事学校课程，进行步兵操练。

很多学员进入军校后都变了，道格拉斯也一样。他一旦静下心来学习，很快便超越了班上的所有同学。原本埋藏已久的思维、意识和求知欲喷发出来了，他飞速成长的大脑如饥似渴地汲取着各种知识。他原先身体素质不是很好，长得瘦弱单薄，被别人称为“弱者”。他意识到了身体素质对自身的制约，于是，从进入军校的第一天起，他就决心加强体育锻炼。他加入了橄榄球队、棒球队。在父亲为他布置的健身房里，有单杠、双杠、哑铃以及其他健身器械。他抓紧任何可以利用的时间来锻炼身体，并且为自己在健身房中的训练制订了明确而现实的计划。第二学期，班里推选各部委员，道格拉斯自告奋勇，要求担任体育委员。有个同学嘲笑他说："如果体弱的道格拉斯·麦克阿瑟也可以当体育委员，那简直是对班级的侮辱。"道格拉斯气坏了，向那个同学发起挑战，要求放学以后比试一下。然而，令他伤心的是，他失败了，那个同学把他狠狠地摔倒在地上。道格拉斯十分沮丧，他原以为一年的艰苦锻炼会使自己的身体变得结实有力，没想到训练的强度还是不够。

但个性刚强的道格拉斯并没有因此一蹶不振，他忍受着同学们的讥笑，暗下决心：要像小时候对付口吃一样向自己的身体挑战。

随后，道格拉斯开始了更加刻苦的体育锻炼。他为此付出的努力、流下的汗水，恐怕难以用语言来形容。就连他那刚毅的父亲看见他在健身房中挥汗如雨，都不禁心疼地说："孩子，你的顽强让爸爸感到吃惊，但你要注意自己身体的承受能力。"到一年级末，他成了班上名列前茅的优等生。同学们对他既羡慕又妒忌，因为他样样都很突出，既是学校的网球冠军，又是足球、棒球场上的佼佼者。

军校期间，道格拉斯对写文章产生了兴趣。他阅读了许多课外书，并有着极其广泛的爱好。他善于观察周围的事物，每天坚持写日记，把感兴趣的东西及时记录下来。

除了智力超群、擅长运动外，道格拉斯还具有比较出色的交际才能。他的父母教导他要把爱默生的一句话作为座右铭："拥有朋友的唯一方法是做别人的朋友。"而道格拉斯也正是这么做的。

他很注重处理人际关系，常常竭尽所能地帮助别人。班里有一位同学叫查尔斯·H. 奎因，在一次重要的考试中，他灰心丧气，绝望地把试卷扔进了纸篓。道格拉斯看见后，悄悄把它捡出来做好，签上奎因的名字交了上去。奎因得知自己通过了考试，感到很吃惊，后来继续到帕德姆去学习工程。

军校与当地的美国新教圣公会女子学校圣玛丽学院建立了密切联系。道格拉斯曾与圣玛丽学院的几名女生约会，证明他在情场上也毫不逊色。一天下午，他和一名同学与3位女孩到布兰肯里奇公园骑自行车，中途要经过一条约100英尺[①]长的跨河铁索桥。当他们发现铁索桥摇摇晃晃时，都害怕起来。这时，道格拉斯大声说："瞧，如果它能承受我，就能承受你们。"说着他推着车若无其事地走过了晃晃悠悠的铁索桥。受到鼓舞的几个同学，也学着他的样子，一个个地过了桥。

道格拉斯努力学习、刻苦锻炼、热心社交，所有努力都是为了一个目标——进入西点军校，当时人们更喜欢称之为"哈德逊修道院"。这样一来，就不难理解为什么穆迪圣经学院与西得克萨斯军事学院关系密切了。小亚瑟也早就开始为道格拉斯的这一目标而四处奔走。他曾向格罗弗·克利夫兰[②]总统申请1897年6月西点入学班的机动名额，而那正是道格拉斯从西得克萨斯军事学院毕业的时间。小亚瑟还邀请刚从西点军校毕业的年轻军官来家里吃晚饭，让他们给道格拉斯讲讲他们的母校。根据西点军校的规定，考生要有国会议员或政府要员推荐才能报名参加考试。除了老亚瑟大法官和小亚瑟少校合力保举外，支持道格拉斯申请的还有得克萨斯军区司令、萨姆堡总指挥、威斯康星州参议员米歇尔，4位州长，2位主教，2位众议员和佛蒙特州参议员雷得菲尔德·普罗克特。但他最终还是被克利夫兰总统拒绝了。道格拉斯为此感到绝望，因为这么多人的力量都无法帮助他实现目标。同年8月，还有一个不幸的消息传来，他的祖父老亚瑟大法官在亚特兰大[③]去世了。

尽管如此，道格拉斯仍显示出了极强的自制力和顽强精神，没有让这些挫折分散自己的精力。他在成绩、学业和操练方面继续在学校保持

---

① 1英尺≈0.3米。

② 格罗弗·克利夫兰（1837—1908）：美国第22、24任总统，是唯一分开任两届的总统，也是内战后第一个当选总统的民主党人。他在任期内致力于各种改革，被后人认为是最好的无名总统。同时他也是第一位接受当时的中国政府首脑（李鸿章）访美并与之会晤的美国总统。

③ 亚特兰大：美国三大高地城市之一，坐落在美国东部的阿巴拉契亚山麓，是富尔顿县的县府所在地，也是美国佐治亚州首府及最大的工商业城市。

领先，并获得了学院学术金质奖、演讲银质奖。

1897 年 6 月，道格拉斯以总成绩 97. 33 分从西得克萨斯军事学院毕业，而他 4 年的平均成绩是 96. 67 分。

西点军校风云

1896 年 5 月，小亚瑟被提升为中校，并于次年 1 月被调到明尼苏达州的圣保罗。在离开圣安东尼奥前，他们遇到了老亚瑟大法官的一位朋友，他将应国会议员西奥博尔德・奥特金邀请，主持 1898 年春的择优考试。通过这个关系，他们认识了国会议员西奥博尔德・奥特金，并得知他是密尔沃基人。于是，小亚瑟前往南达科他军区司令部（驻圣保罗）任职时，道格拉斯和母亲没有随行，而是回到故乡密尔沃基，继续做报考西点军校的准备。

国会议员西奥博尔德・奥特金见道格拉斯条件很好，同意推荐他报考西点军校。道格拉斯住在普兰金顿旅馆准备这次考试。这次他信心倍增，更加努力学习，夜以继日地复习功课。当时他已经是高中毕业生，但还是进了西区高级中学接受强化教育。每天早上，他步行 2 英里穿过市区去学校，一般是第一个到校。晚上，他步行回旅馆。学校里有一个小实验室，他可以在那儿做课外科学实验。校长麦克拉纳根对道格拉斯十分赏识，还亲自给予辅导。道格拉斯学到了相当于大学一年级的知识，并很可能用得上。

报考西点军校的有些是大学毕业生，大部分人至少读过一年大学。道格拉斯觉得这大概是自己进西点军校的最后一次机会了，“我一生中从未如此努力过”。他不想分心，但分心的事却主动找上门来。一天晚上，他和母亲住的旅馆着火了，他们逃到街上，满身烟尘，脸上也沾着黑灰。道格拉斯担心考不上，心情紧张得无法入睡。母亲鼓励他说：“孩子，如果不紧张慌乱，你肯定能考上。你一定要自信，我的儿子，不然的话，谁还会相信你呢！要树立起信心，要依靠自己的力量，即使考不上，大家也会知道你已尽了最大的努力。”

就在道格拉斯积极备考的关键时刻，他的父亲小亚瑟也迎来了生命中的一个转折点——美西战争爆发。

1898 年 2 月 15 日，停泊在古巴哈瓦那港①执行护侨任务的美国“缅因”号军舰上传来一阵震耳欲聋的爆炸声，顷刻间，这艘载有 355 名官兵的军舰沉入海底，导致 261 人丧生。军人为战争而生，事情发生后，小亚瑟受命带部队开赴前线。出发前，小亚瑟由中校晋升为准将，带领一个步兵旅参战。

道格拉斯听到这一消息后异常兴奋，他想，与其苦苦在寻求进入军校的曲折道路上奔劳，不如随父出征，直接在战场上建功立业。但是，他的想法很快遭到了父亲的彻底否决：成为一个献身战场的勇敢士兵并不难，但要成为一个赢得战争的指挥官却万分不易。他要求儿子必须成为一个能够赢得未来战争的指挥官。这让道格拉斯懂得了一个道理：军校必须为可能发生的战争培养合格的军官。这也是 10 多年后他成为西点军校校长后的一个教学宗旨。

就在小亚瑟在战场上奋战时，道格拉斯参加了国会议员奥特金主持的考试。考试的头天晚上，他紧张得睡不着觉。来到密尔沃基市政厅后，他想放弃考试，玛丽在一旁给他打气：“道格，只要你不丧失信心，你就肯定能赢。”

考题由 3 名密尔沃基学校校长组成的委员会拟定。当他们评阅考生试卷时，发现其中一人十分突出。6 月 7 日，委员会写信告知奥特金，道格拉斯 · 麦克阿瑟名列榜首，得了 93. 3 分，第二名还不到 80 分，并夸赞“他是一名能力和智慧出众的年轻人”。这次经历使道格拉斯得到了一个受益终身的教训：要想达到目的，精心的准备至关重要。

然而好事多磨，当地报纸批评说，国会议员奥特金考试的状元并不是真正的密尔沃基本地人，道格拉斯是个走后门的投机者。而且，某些人通过非正常渠道打听到了道格拉斯的隐私：似乎他的身体健康状况不太适合进入军校，因为他有轻微的脊柱弯曲。不过这个小病只要稍加治

---

① 哈瓦那港：位于古巴西北部海岸，濒临佛罗里达海峡的西南侧，是古巴的最大港口。

疗就可以康复。为了平息舆论，威斯康星州前州长及密尔沃基市市长乔治·佩克评论道："有他这样成绩的孩子总该属于什么地方，我断言他将为威斯康星州争得荣誉。"最后，舆论虽然平息了，但道格拉斯的愿望却未能马上实现。他和母亲只得继续留在普兰金顿旅馆，为目标而继续奋斗。

1898 年 4 月 25 日，美西战争正式开始，美军分兵两路，直取古巴和菲律宾。5 月 1 日晨，乔治·杜威①将军指挥的美国亚洲分舰队，以 4 艘巡洋舰、2 艘炮艇的兵力，驶入菲律宾的马尼拉湾，向停泊在那里的西班牙舰队发动了攻击，经过几个小时的激烈炮战，西班牙海军全部被歼。随后，威廉·麦金莱②总统派韦斯利·梅里特将军率一支 2 万多人的远征军前往菲律宾。

6 月 1 日，小亚瑟准将接到命令，率一个步兵旅远征菲律宾，编制在韦斯利·梅里特的第 3 军内。经过十几次浴血奋战，8 月 13 日，以小亚瑟率领的步兵旅打头阵的梅里特军，一举攻克了马尼拉。12 月 10 日，美国和西班牙签订《巴黎和约》，条约规定西班牙把菲律宾、波多黎各和关岛割让给美国。1899 年 1 月，小亚瑟晋升为少将师长，担任镇压菲律宾人民争取独立的战争的主要指挥官。美国本土报纸以显著版面报道了小亚瑟将军的功绩。

与此同时，道格拉斯冲破重重阻碍，考取了西点军校。1899 年 6 月 13 日，道格拉斯带着对军事生涯的美好憧憬，自豪地跨进了西点军校的大门。

西点军校位于纽约市北郊哈德逊河上"肘状"的三角岩石坡地上，该地被当地人称为"西点"，西点军校也因此得名。西点军校在哈德逊河"S"弯之中，河岸两边，占领者只需两挺机枪就可以封锁整个"S"

---

① 乔治·杜威（1837—1917）：美国海军特级上将，曾参加南北战争和美西战争，后担任海军总委员会主席，在美国海军中厉行改革，组建了符合美国海外利益的太平洋舰队和大西洋舰队。迄今为止，杜威是唯一获得海军特级上将军衔的人。

② 威廉·麦金莱（1843—1901）：美国第 25 任总统。执政期间采取提高关税、稳定货币等政策，使美国经济有了很大起色，从而获得了"繁荣总统"的美名。对外发动美西战争，后被无政府主义者刺杀，他是美国建国后被刺身亡的第三位总统。

弯河段，是一个很好控制的军事要冲。该地三面环水，一面傍山，景色宜人。美国独立战争期间，“大陆军”总司令乔治·华盛顿①发现了西点的价值，把它建成了要塞，以阻扼英国舰队。西点军校就是在这个要塞的基础上创建起来的。自创建之日起，西点军校就一直被视为美国陆军军官的摇篮，培养了许多著名的优秀将领。

此时的道格拉斯已长得风流倜傥、潇洒英俊，他身高 1.8 米，体重 61 公斤，身材修长匀称，即使只穿游泳裤，别人也一眼就能看出他是个军人。他被人称为“军校有史以来最英俊的学员”，“典型的西部牛仔”。

为了管住这位漂亮的士官生，使他不受风流韵事的干扰而影响学业，道格拉斯的母亲也跟着来到西点军校，住在学校附近的一家旅馆里。在两年多的时间里，她见证了儿子成为一名职业军官的全过程。

19 世纪 90 年代，每年被推荐并经考试录取的学员大约有 250 人。西点军校因培养了许多伟大的军官而充满荣耀。但在光环的笼罩下，西点学员的生活与当时大城市贫民窟的生活在某种程度上没有多大区别。低年级的学员一般是 4 个人一间宿舍。当他们放好制服、步枪和刺刀后，几人便无法同时站起来。宿舍里不能洗澡，学员必须“每周至少一次”到澡堂洗澡。每天早上，他们用一个 5 升的水桶去打洗漱用水。冬天，当他们打水上楼时，水免不了会洒在楼梯上，结一层冰，这样早上 6 点点名时在黑暗中跑下楼梯就有危险了。宿舍里没有电，用瓦斯灯照明。每个屋子里有一个火炉，但不许生火，而用水暖气供暖。火炉主要用于抽烟；由于抽烟受到严格禁止，想要享受这一乐趣的学员只好靠近火炉，把头伸进烟囱吸烟。

西点军校的教学方针体现了雅典精神与斯巴达精神的结合。既要完成普通大学的本科生教育，又要实现军事训练机构制定的训练目标，军校的出发点和目的就是为陆军培养合格的现代化人才。西点的校训历来

---

① 乔治·华盛顿（1732—1799）：美国第 1 任总统，杰出的资产阶级政治家、军事家、革命家，被美国人称为“国父”。

是“责任、荣誉、国家”，通过这一思想的灌输，使学员形成职业军人特有的自觉的纪律观念、责任观念、荣誉观念、自我牺牲精神和集体主义精神。西点的准则是：无条件服从，工作无借口，以上司为榜样（道格拉斯是以父亲榜样），视荣誉为生命，以敬业为灵魂，自发自动，立即行动。其严酷性超过了作战部队的 22 条军规。为了达到上述目标，军校制定了名目繁多的规章制度，吃喝拉撒睡，事无巨细，面面俱到。

新来的学员被称为“新兵蛋子”。他们领到军服后要在“野兽营”待 3 个星期，不仅要学习如何敬礼，如何操练，如何整理内务，还要领教被欺辱的滋味，这已经成为潜规则。一二年级的学员不得随意出校园，但可以在校内骑马跑出 6 英里远，中途不得停步、下马或与任何人交谈；可以在哈德逊河上划船，但不得靠岸或与任何船上的任何人交谈。

道格拉斯在学校很守纪律，即使是用极为烦琐的规定，也很少能挑出他的毛病，不过他同样受过折磨。一天晚上，他被命令在碎玻璃上做一个小时的“老鹰展翅”。这是一个高难度、高韧度的动作，得用脚尖站立，两臂举过头顶，向下蹲在碎玻璃上，稍稍起立，两臂向下做扇翅状，再次下蹲，然后再用脚尖站立。道格拉斯按要求做完了，但是最后他因两腿支撑不住而晕了过去。许多年以后，道格拉斯的同学回忆当年的情形时说：“他不像将军的儿子，能吃苦受罪。”“他很好强，从不向困难屈服。”“他有领导风度，善于辞令。”“他从 8 岁起就自认为了不起。”

道格拉斯在西点所经受的便是这样一种磨炼，他把这种磨炼视为一种准备，按他的话说，“是成功与胜利的关键”。

就在道格拉斯进入西点的第一学期末，一些高年级学员得知道格拉斯是当时报纸上天天宣传的小亚瑟少将的儿子，决定戏弄和侮辱他。他们在一天晚上强迫他做下蹲、单杠、俯卧撑等动作，一做就是一个小时。当道格拉斯摇摇晃晃地走进自己的帐篷时，一下子瘫倒在地上。他的同学弗雷德里克·坎宁安认为他得了严重的痉挛，因为他的四肢抖得厉害，便想把他送进医院。但道格拉斯只让坎宁安在他身下垫一条毯子，以免别人听见他双脚敲打地面的声音。他用自己的行动证明了他不愧为英雄的儿子。这时，一位积极参与此事的二年级学员走过来对他说，由于他在昨晚“晚会”上的英勇表现，他得到了整个学员队的称赞，他们为他感到骄傲。

道格拉斯善于在群体中树立自己的形象，竞争越是激烈，他越能脱颖而出。在学业上，他比班里其他同学更加用功，常在熄灯号吹过、瓦斯停止供应后，还点着蜡烛读书。为了不被察觉或影响他人休息，他用军毯把床围了起来。由于思维敏捷，反应快，加之刻苦用功，他的接受能力、理解能力、背诵能力和表达能力都很强，学习成绩优异。据说在第一学期时，有一次他在课堂上被叫起来解答一个难题，尽管事先毫无准备，但他很快做了出来，而且准确无误，令在场的教官和学员刮目相看。

第一学年结束时，在全班 134 名学员中，道格拉斯的成绩名列第一，并得到了与一位四年级学员同住一间宿舍的优待，因为四年级学员被允许比其他年级的学员晚休息一个小时，这样他就可以多一个小时的学习时间。一位始终与他在同一小队的同学回忆说：“道格拉斯·麦克阿瑟的背诵，简直就是表演。我还记得有一次上物理课时，他是如何用两面镜子来讲解一个无穷大问题的情景。那位教官对这个问题的理解比学员们好不了多少，但经过道格拉斯的讲解，我们都理解了。”

在体育方面，道格拉斯擅长足球、网球，还是学校棒球队的一把好手，在比赛中经常得分。在军事方面，由于他从小在军营中长大，对各种队列、战术训练科目都有一定了解，有些还亲自操练过，所以他对军事训练的各科目都很精通，尤其擅长马术和射击。

道格拉斯在西点军校的另一引人注目之处是他所展示的领导才能。他曾连续 3 年获得同年级学员中的最高军阶：二年级时任连部下士，三年级时任连部第一上士，四年级时任学员队的第一上尉和第一队长。在西点军校百年史上，获得学员队第一上尉和毕业成绩第一这一双重荣誉的，在他之前只有 3 个人。

从道格拉斯的许多同学的评价中，我们可以领略他当时的人格魅力：“他有一种领导风度，善于辞令”“他是学员队中最有希望的学员”“他做起工作来显得毫不费力”“当他下达命令时，你最好服从”“他一旦下了决心，打死他也不会改变主意”“你从来看不到他自由散漫”“他很友好，和全班同学的关系都很融洽，但很少有知心朋友”……

1902年7月4日，这是西点军校成立100周年的校庆日，上千名老校友欢聚一堂，美国总统、陆军部部长和许多外宾也出席了庆典。西奥多·罗斯福[①]总统在会上发表了热情洋溢的讲话，他说，100年来，在我们伟大公民的光荣册上，西点的人才最多。道格拉斯见到那么多杰出的学长，内心深受感动和激励，他暗自发誓：将来一定要把自己的名字刻在“伟大公民的光荣册”上。有件事正好验证了这一点：那是最后一年的上半学期，按照西点军校的传统，如果学员的某门功课平时测验获得最高分，就可以免除该门功课的考试。道格拉斯数学的平时成绩最高，理应免试，但那位教授以他曾因病住院缺席测验为由，把他的名字列入要补考的名单中。道格拉斯为此怒气冲冲地跑到那位教授家里，说教授无权将他的名字列入补考名单，如果在明天早晨上课前不抹掉他的名字，他就立即申请退学。他就是这样一个看重个人荣誉的人。

毕业时，道格拉斯的总成绩平均分为98.14分，据说是25年里西点军校学员所取得的最高成绩，在以后的许多年里也无人突破这一纪录。

1903年6月11日，西点军校举行毕业典礼，邀请了一些学员的家长来参加。当时道格拉斯的父亲小亚瑟已成为美国驻菲律宾最高指挥官，并被任命为该群岛的军事总督。他应邀坐在主席台上。当道格拉斯以学习成绩第一和学员队第一上尉的身份，首先登台领取毕业证书时，小亚瑟也激动地站了起来。

---

① 西奥多·罗斯福（1858—1919）：美国第26任总统，人称老罗斯福。曾任美国海军部副部长，参加过美西战争。1900年当选副总统，次年因总统威廉·麦金莱遇刺身亡而继任总统，时年42岁。他的独特个性和改革主义政策，使他成为美国历史上最伟大的总统之一。

1903 年，西点军校毕业时的麦克阿瑟

在仪式上，陆军部部长伊莱休·鲁特①的讲话给道格拉斯留下了深刻的印象：“鉴于我们历史上的一切经验，在你们离开陆军之前，你们将参加一次战争，那战争一定会到来的，而且就要到来。为你的国家做好准备去对付那场战争吧。”这番话和道格拉斯在备考西点军校前父亲曾嘱咐他的话何等相似！受领毕业证书后，道格拉斯来到父亲面前，把文凭放在早已喜不自禁的父亲手中。

① 伊莱休·鲁特（1845—1937）：美国著名的律师、政治家，曾先后担任地方检察官、陆军部部长、国务卿、纽约州参议员、制宪会议主席等重要职务，并于 1912 年获得诺贝尔和平奖。

第二章　血战欧洲英名扬

各地践习

从西点军校毕业后，道格拉斯离开学校前往旧金山与父母同住，等待分配。按理来说，西点军校毕业的前 10 名高才生肯定会有一个好去处，他们有选择的权利。当道格拉斯骄傲地戴上闪闪发光的少尉金质肩章时，他也是这样想的。当时美国陆军中最吃香的是游骑兵，而晋升最快的是工兵。这两个兵种在大部队进军的时候充当先锋，干的都是“技术活”，有难度，更需要勇敢精神，也更容易立功，晋升很快。道格拉斯无疑是幸运的，被分派到工兵部队某部第 3 工兵营服役。同时，他接到了前往菲律宾的命令，可以沿着他的父亲小亚瑟将军踏过的足迹前往马尼拉。他认为，这是一条极为光荣的军旅之路，但他没有料到这也是一条坎坷曲折之路。

1903 年 9 月，道格拉斯从旧金山乘运输舰“谢尔曼”号前往马尼拉。太平洋战区长官小亚瑟将军以父亲的名义为他送行。此时，他的哥哥亚瑟三世正好从日本执行完任务，带领驱逐舰“亨德森”号回国，于是特意赶来为弟弟送行。兄弟俩关系虽然十分亲密，但平时很少见面，这次远离让他们都依依不舍。

菲律宾群岛位于太平洋和南中国海与印度洋的交通要冲，有 7100 余个岛屿，面积 30 万平方千米左右，其中吕宋岛①、棉兰老岛②两大岛

---

① 吕宋岛：位于菲律宾群岛北部，是菲律宾面积最大、人口最多、经济最发达的岛屿。

② 棉兰老岛：位于菲律宾群岛南部，是菲律宾第二大岛、世界第 14 大岛屿。

占群岛总面积的三分之二。千岛之国风情万种，菲律宾的都城马尼拉风光旖旎，椰林海滩，海水云天，湖光山色，风景绮丽。道格拉斯在马尼拉的任务是随第 3 工兵营到马尼拉周边执行勘测任务，为在那里修建更多的码头提供一些工程资料。他很快便发现，这并不是一项轻松的工作。马尼拉靠近赤道，时值 9 月，气候闷热难当，毒辣的阳光炙烤着露出衣服外的每一寸皮肤，一天的时间便足以让白人改变肤色。野外作业时，海风从远处带来一股腥臭味，使人无法大口呼吸，被汗水湿透的军服紧贴在身上，行动时像被绳索绑住一样。为了保持军人的威仪，道格拉斯每天都要洗好几次澡。部队的日常操练也被迫安排在清早和晚上进行，基本上每天上午要将一天的活干完。

尽管如此，道格拉斯并不觉得有多苦，相反他觉得菲律宾的自然风光很美，处处充满生机。晚上，驻扎在马尼拉附近的官兵经常会进城消遣。道格拉斯也常常穿上洁白的制服进城，以欣赏那些打扮得别有风味的菲律宾女郎，他称她们为“像菲律宾月光一样细腻的可爱女郎”。她们总是让这位年轻的少尉无法抵抗诱惑，因为他一贯对年轻漂亮的女人很感兴趣。而他抵抗诱惑的武器是为自己立一面警示镜，每当内心有邪念时，他就指着镜子里的自己痛斥一顿，让自己沸腾的心潮平静下来。

马尼拉这座美丽的城市，并不像美国的一些城市那样平静，仍有一些当地的武装势力在活动。美国取代西班牙成为菲律宾的新主人后，激起了菲律宾人民的强烈义愤。菲律宾百姓和军队中一部分人成了抗击美军的游击队员，以自己的方式与美军进行斗争。作为军人，道格拉斯不得不时刻保持警惕。1903 年 11 月，他在吉马拉斯岛工作时遭到了两名游击队员的伏击。其中一人用步枪向他射击，子弹从他头上的军帽顶部穿过，但那人还没来得及开第二枪，他就拔出左轮手枪将这两人击毙了。道格拉斯的表现，让工地上的一名陆军军士大为赞叹，因为他听到枪响就立刻跑过去，还没等他做出战斗反应，战斗就结束了。军士在现场看了看两具尸体，又看见道格拉斯的帽子上被打了一个洞，尔后向道格拉斯敬了个礼并用浓重的爱尔兰口音说：“长官请原谅！不过您今后将一生平安！”这是道格拉斯的第一次战斗经历，后来他多次向别人说起这个故事。

有空的时候，道格拉斯常常到父亲的办公室去，并在那里认识了父亲手下的几员得力干将，其中有富兰克林·贝尔、约翰·潘兴[①]、佩顿·马奇等人，他们都是道格拉斯的学长。当时，潘兴只是一名年轻的上尉军官。在古巴作战时，潘兴率领一支骑兵分队攻占了圣胡安山，由此出了名。到菲律宾后，潘兴又在棉兰老岛参加了对莫洛人的作战，而且表现相当英勇，被人称为勇士。道格拉斯第一次见到他时，就觉得他“身板笔挺，目光犀利，下巴显示出一股自信，简直就是天生的军人样”，对他的印象非常深刻。而潘兴也觉得道格拉斯举止不凡、精明能干，很有男子汉气概。后来，他们一直保持着联系。

1904 年春，道格拉斯晋升中尉，被任命为马尼拉工程总指挥助理。这个工程兵中尉对自己的本职工作似乎不是很感兴趣，总是以一个侦察兵的视角去看待那里的山川地形和一草一木，并在工作之余挤出时间写了一本侦察手册供菲律宾警察部队使用。但工程总指挥在报告中对道格拉斯的工作成绩也赞赏有加。

这一时期作为驻菲律宾的军事总督，小亚瑟将军遇到了一些麻烦。美国总统在去年给他派来了一个分担责任或者说分享权力的文总督——威廉·塔夫脱[②]。这个人很快成为他的竞争对手，而且两人的政见、办事风格截然不同，以致各自为政，明争暗斗，相互仇视。小亚瑟从旧金山休完假回马尼拉后，觉得工作越来越不顺手，于是萌生了调回国内的念头。

而道格拉斯在菲律宾却越来越活跃。他提供的侦察手册受到了警察部队指挥官詹姆斯·哈伯德上尉的赞赏，他特意在豪华的陆海军俱乐部请道格拉斯吃了一顿饭，席间还介绍了两位刚从圣托马斯大学毕业的学

---

① 约翰·潘兴（1860—1948）：美国著名军事家、陆军特级上将，第一次世界大战期间任美国远征军司令，有“铁锤将军”“黑桃杰克”之称。著有《我在世界大战中的经历》。

② 威廉·塔夫脱（1857—1930）：美国第 27 任总统，“金元外交”的炮制者，劳工运动的对头。卸任后，被哈定总统任命为美国最高法院的首席法官。

生给道格拉斯认识，其中一位是曼努埃尔·奎松[①]，另一位是塞尔吉奥·奥斯梅纳。这两人后来都走上政坛，进入菲律宾政界高层，成为道格拉斯很好的合作伙伴，共同渡过危难，一起抗击过日寇的侵略。

此时的道格拉斯意气风发，完全没有预见到自己的军旅之路会出现波折。美军现在在菲律宾不仅要面对莫洛人中的反对派和游击队，还要面对自然灾害和疾病。一个饱受战火肆虐的热带岛国，蚊蝇成群，患癣菌的病人相当多，而且很多地方疾病流行。道格拉斯还没有完全适应热带生活，除了要忍受癣菌病外，他不幸又染了疟疾，发烧、出汗、颤抖不止。挨到10月份，他被送回国养病，与好友比尔·罗斯乘“托马斯”号运输舰同行。

回国后，道格拉斯在旧金山治病。菲律宾工程总指挥把他推荐给了旧金山的地区工程兵办公室，但他的视力因病大受影响，继续工作对健康会有很大影响，他不得不放弃了这项工作。不过，他是个闲不住的人，他在加利福尼亚尾矿委员会零星工作了几个月，骑马到矿区进行考察，并提出一些保护环境的建议。在治病的一年时间里，他认真研究了远东局势，以及美、日、俄及中国、朝鲜的政治关系，其时日本和沙俄正在为争夺中国东北和朝鲜进行战争。同时，他和他的父亲小亚瑟将军一样，十分关注美国与德国的关系，美国正计划在太平洋占领更多的岛屿以扩大自己的外围防线和运输线，其潜在的最大威胁便来自德国。美国吞并夏威夷和占领菲律宾的一个重要原因，就是为了防止德国插足。但小亚瑟将军在夏威夷调研访问时向媒体说出这一观点后，立刻引来了舆论质疑，甚至遭到了德美联合会公开的、愤怒的指责。

小亚瑟将军从1903年起就处于有职无权的状态，他在菲律宾的工作都让威廉·塔夫脱做了，只能在国内挂一个军事观察员的闲职。作为军事观察员，理应从战争准备、经济实力等方面评估各军事强国

---

① 曼努埃尔·奎松（1878—1944）：美治时期菲律宾著名的领袖、菲律宾总统。曾参加过菲律宾独立战争、美菲战争，担任过塔亚巴斯省省长、菲律宾派往美国国会的常驻专员和参议院议长。

的军事实力和战略动向，而他却因为自己的一番言论引来了麻烦，加上威廉·塔夫脱当上陆军部部长后又极力打压他，他的前途已不乐观。

这时，日俄战争进一步升级，美国指派小亚瑟将军继续以军事观察员的身份前往日本搜集军事情报。

1904 年 12 月，道格拉斯刚刚病愈，就被派去给他父亲做随从副官。向来对远东极感兴趣的道格拉斯非常珍惜这次机会，希望能目睹至少一次主要战斗。但他们赶到日本时，战争已经结束。他们在中国上海作了短暂停留。在各国 50 多名观察员看来，日俄战争仿佛成了军事试验场，各种先进武器装备的使用令人大开眼界，而战争的得失教训反而被淡化了。

随后，道格拉斯陪同父亲来到日本横滨，在那里会见了一些日军要员，这些人给他留下了“残酷无情、沉默寡言、冷若冰霜、性格坚强、目的不可动摇”的印象。父子俩分析评估了日本的军事力量和扩张野心，得出了这样一个结论：满洲是即将来临的大战预演之地。日本和德国一样，不可避免地成为一支重要的军事力量。日本国土狭小，却有着强烈扩张领土的欲望，它在侵占朝鲜和台湾后，势必要进一步控制太平洋，称霸远东。

日军在对马海峡①大海战中歼灭俄国远东舰队后，经美国总统西奥多·罗斯福出面调停，1905 年 9 月 5 日，日俄两国在美国朴次茅斯签订了合约。

1905 年下半年，小亚瑟将军偕妻子和儿子从横滨出发，再次开始了参观考察之旅。他受命把情报搜集范围扩大到亚洲其他国家和地区。他们动身去了中国香港，之后又来到新加坡，美军正在那里修建他们在远东最大的军事要塞。他们向北深入陆地参观兵营，又出发来到荷属东印度群岛的爪哇。返回新加坡与英国人共度圣诞节后，他们又到了缅

① 对马海峡：指朝鲜海峡中部、对马岛与壹岐岛之间的水域，位于北太平洋西缘、日本群岛西南端。

甸，并在新年初乘船去了加尔各答[1]。之后，他们返回新加坡，再经泰国前往中国，最后回到日本横滨，结束了旅行。这次考察让道格拉斯大开眼界，见识大增，成为他一生中最重要的经历之一。他后来回忆说，远东有着“不可思议的吸引力……使我一生的全部岁月增辉生色，对我的一生产生了深远的影响”。

1906 年 8 月完成远东考察任务后，道格拉斯与父亲一起回国。此时陆军部队正处于调整时期，因此他没有接到新的任命，而是被选派到位于华盛顿兵营的应用工程兵学校进修一年。小亚瑟被授予荣誉中将军衔，成为第 12 位获此殊荣的人之一，但并没有获得实职。尽管小亚瑟多次向参谋部提意见，但总参谋长塔夫脱并没有给出令他满意的说法。于是，他在得到中将军衔后就处于半退休状态。

同年 12 月，道格拉斯仰仗父亲的老部下、时任陆军参谋长富兰克林・贝尔将军的关系，被任命为西奥多・罗斯福总统的侍从武官。他非常仰慕罗斯福，能有机会在总统身边工作是他求之不得的事情。他充分利用这一有利条件，多次单独与总统长时间交谈，其中关于远东问题谈得特别多。他介绍了远东各国的情况及自己对远东形势的分析，还不时地回答总统的询问或提出自己的建议，供总统参考。

由于发展受阻，道格拉斯的学习热情大不如前，对学校的各项活动也不如过去积极。他将主要精力放在了社交上，经常参加白宫举行的舞会、鸡尾酒会和宴会等名目繁多的社交活动。在这种情况下，他的考试成绩并不理想。应用工程兵学校校长依・埃弗勒斯・温斯洛给他做出了一个不太好的毕业鉴定：“我不得不遗憾地如实报告……总的看来……麦克阿瑟中尉的表现缺乏职业热情，他的工作能力比在西点军校的履历表上所记载的要低得多。”这一鉴定无疑给道格拉斯毕业后的工作安排带来了很不利的影响。

当时他的父母都住在老家密尔沃基，加上暂时没有什么好去处，道

---

① 加尔各答：印度西孟加拉邦首府，位于印度东部恒河三角洲地区，是印度仅次于孟买和新德里的第三大城市。

格拉斯主动申请调往密尔沃基工作。1907 年夏天，他成了当地驻军工兵司令威廉·贾德森少校的副官。

在平淡无奇的日子里，道格拉斯开始寻找精神寄托，他恋爱了。范尼贝尔·冯·戴克·斯图尔特，是纽约一个百万富翁之女。道格拉斯在她到密尔沃基访问旅行期间与她结识，并对她一见钟情。而豪门出身、英俊帅气又善于交际的道格拉斯也让斯图尔特小姐怦然心动。他为她写诗，向她求婚，但斯图尔特热情过后迅速冷淡下来。她没有看上有着完美军人风度的中尉，也对麦克阿瑟家族兴趣不大，芳心未许便回纽约去了。这让已坠入爱河的道格拉斯十分费解，郁闷不已。几个月后，即 1908 年春，他给她写了目前所知的最后一封信。这封信的开头写道，“爱只不过是一场悲剧玩笑——起初熊熊燃烧，而后云散烟消”。信中附了一张道别的便笺，祝她前程似锦。

这场如昙花一现的恋爱，极大地影响了道格拉斯的工作。贾德森发现他工作时总是心不在焉，比如 1907 年秋末，道格拉斯受命离开密尔沃基到北面约 96 千米的马尼托沃克监督一项工程，但他因为正在追求斯图尔特小姐而不想离开，极力抗命，而贾德森也态度坚决，毫不让步。后来，他们一起到马尼托沃克城里唯一的一家宾馆住宿，服务生将道格拉斯领进旅馆里最好的一个房间，而贾德森只得到一间狭小而阴暗的房间。这时，贾德森才发现，在威斯康星州，麦克阿瑟家族的人比他这个少校更受人尊敬。贾德森遇此难堪之后，便不再强迫道格拉斯留在马尼托沃克，并暗示他另谋出路。

其实道格拉斯也正有此意。工兵部队虽然拥有更多的晋升机会，但也是有衔无职，而且每天跟河道、港口打交道，挖淤泥，修大堤，建码头，谈论大坝。他觉得这简直就是令人窒息的工作。他希望到野战部队（事实上那时的野战部队大都转成了国民警卫队）去领兵打仗——至少是进行作战训练，那才是军人该干的事。

在密尔沃基工兵部队干了不到一年，27 岁的道格拉斯就被调往利文沃斯堡，在驻军 21 个中等级连队里最差的一个连任连长。可以说，与道格拉斯同期毕业的优等生之中，很难找到军衔和职位比他更低的了。因此，这个调令不仅没让他兴奋振作起来，反而使他的自尊心受到严重挫伤。

父子俩都处于军旅生涯的最低谷，玛丽为他们的前景感到担忧，于是四处活动找关系，试图帮助他们走出低谷。她瞒着道格拉斯四处奔走，想在企业给他找份好差事。她亲自给西部铁路大王爱德华·亨利·哈里曼写信，请求他雇用她的儿子。哈里曼很重视这件事，在对道格拉斯做了一番调查后，决定雇用他。但当哈里曼派人去找道格拉斯谈话，说明这件事时，道格拉斯非常吃惊，因为母亲从未跟他说起过，而且他根本不打算离开部队，于是谢绝了哈里曼的好意。玛丽得知后很不高兴，认为在军队干不好，为什么不能换一个地方发展呢？这件事对道格拉斯触动很大，激起了他的雄心壮志。为了让母亲放心并恢复自己过去的声望，他决心大干一场。

此后，道格拉斯发奋工作，忠于职守，每天带队行军 25 英里，同时训练士兵的骑马、爆破和架桥技术。他的努力没有白费，逐渐扭转了连队的落后面貌。他还到赖利堡给骑兵学校讲课，内容是工兵如何协同骑兵作战。他进西点军校之前就想当骑兵。他在赖利堡度过了一段快乐的时光。由于在骑兵学校的优秀表现，他收到了两封热情洋溢的表扬信。他还写了一本名为《军事爆破》的专业书，重点讨论了未来战地工兵作业的方式方法。他还向联合太平洋铁路公司来的客人吹嘘说，他的连队保持着架浮桥的世界纪录，而且“爆破也许必须在敌人的炮火下完成”。这些夸张的言论起到了很好的效果。工兵司令称赞他的专业书“是一项有价值的贡献”。他的上司也在各方面把他视为出众的人才，并把他调到“第一流”的连队。他后来洋洋得意地回忆说：“即使他们让我当将军，我也不会比这更高兴。”

1911 年 2 月，31 岁的道格拉斯被提升为上尉，成了第 3 工兵营的副官，并被任命为陆军军事学校的教官。

就在道格拉斯时来运转之际，家中的不幸接踵而来，先是他的母亲玛丽身染重病，病因始终未能查清；1912 年，他的父亲小亚瑟在向一批南北战争时期的老兵发表演说时，因心肌梗死猝然逝去。道格拉斯悲痛欲绝，一时难以接受这一事实，他把父亲的照片带在身上，半个世纪都没有离过身。而母亲的健康状况也让他非常不安，为了方便照顾母亲，他请求调到密尔沃基工作，但遭到了拒绝。随后，他又请求调往华盛顿，并多方求人帮忙。这一年晚些时候，他得到了一个去巴拿马的机会，到那里他既可领略新运河的壮观景色，驱散心中的愁云，同时也可静心等待可能会来的调令。

入职参谋部

战争总是为军人搭起迅速跃升的阶梯。1913 年 9 月，道格拉斯终于盼来了期待已久的调令，如愿以偿地被调往华盛顿，陆军参谋长伦纳德·伍德任命他为参谋部的正式成员，充任陆军部专门负责新闻检查的参谋官。几乎所有军人都知道，陆军参谋部自 1813 年成立以来，不仅是美国陆军的最高军事指挥机关，而且是陆军军官晋升的最好阶梯，很多高级将领都有到参谋部任职的经历。所以，麦克阿瑟（老亚瑟、小亚瑟·麦克阿瑟都已去世，现在我们可以直接称道格拉斯·麦克阿瑟的姓了）从接到任命的那一刻起，觉得自己原本暗淡的前途一下子变得光明起来。

美国陆军参谋部成立之初，只是陆军总司令的一个办事机构。1899 年 8 月，威廉·麦金莱总统任命伊莱休·鲁特出任内阁陆军部部长，鲁特一上任就着手处理古巴、波多黎各和菲律宾的问题，并力排众议，说服国会通过了参谋部法，以陆军参谋长一职取代原来的陆军总司令，参谋部行使原陆军总司令部的职责。成立之初，参谋部是个很小的作用有限的机构，只有 3 个处和 45 名成员，其初衷是想让美国陆军有一个“超级聪明的大脑”。由于没有战争，绝大部分日常事务都由陆军部副官署负责处理，参谋部只是一个空架子，但从议会手中取得了独立建立 6 万~10 万军队的特权，并开始指挥和调遣在华盛顿的一线军职人员，建立起一支独立于国民警卫队之外的联邦军队。因此，陆军参谋部在对陆军军官的任用上，有影响巨大的建议权和监督权。

真正意义上的陆军参谋部直到1903年才组建完毕。塔夫脱任总统期间，陆军参谋长是伦纳德·伍德将军，他是一个很有政治头脑的军人，上任后的第一次公开讲话就说“飞机迟早会成为本世纪世界事务中最重要的因素”。随后，他又针对陆军提出了一系列改革措施，认为美国必须为未来战争做好准备，实行国民经济总动员，建立公民军队、平民军事教育体系和预备役军官体系；改革后勤，改组国民警卫队，改革军队编制，提高了参谋部的效率。同时，他与陆军部部长亨利·史汀生①一起向副官署署长安斯沃斯将军的权力发起挑战，并以抗上罪名（法律上参谋长对副官署及各署有监督权）迫使安斯沃斯退休，从而在名义上确立了参谋部对其他机关所具有的上级地位，参谋部变得更加重要了。

但是，国会担心参谋部权力膨胀，立刻制定了一些法规加以制约，并将参谋部成员控制在36人以内，而麦克阿瑟便是这36名成员之一。他终于有更多的机会来施展才华了。他的职责主要是监督军队一项最大的新工程——夏威夷的防御工程，包括建设永久性兵营、下水道、道路、码头、医院、铁路两侧的辅助设施和海岸炮兵阵地。他信心十足，工作热情高涨，很快受到参谋长伍德的青睐。能直接参与制订国家的动员和战争计划，这对他来说无疑是一次大开眼界、增长知识和才干的极佳机会。由于经常同参谋长参加新闻发布会、讨论信仰和建立更强大的军队等问题，他在很多方面都受到伍德的影响，与伍德达成了建立陆军正规野战部队的共识，并积极维护伍德提出的建立40万陆军预备队的计划。后来人们都把麦克阿瑟视为美国陆军的“智囊”。

1912年，伍德罗·威尔逊②出任总统几个月后，与美国相邻的墨西哥爆发了声势浩大的资产阶级民主革命，严重冲击了美国在墨西哥的利

① 亨利·史汀生（1867—1950）：美国政治家、战略家，骷髅会成员，曾担任美国驻菲律宾总督、国务卿。

② 伍德罗·威尔逊（1856—1924）：美国第28任总统。曾任普林斯顿大学校长、新泽西州州长等职。他是理想主义的重要代表人物和理想主义外交政策的实际施行者。1919年获诺贝尔和平奖。

益，而当时控制墨西哥政府的是罪行累累的维克多里安诺·韦尔塔将军。威尔逊总统非常气愤，1914 年 4 月，美国政府以墨西哥当局扣留美国水兵为借口，派弗兰克·F. 弗莱彻海军上将攻占了墨西哥东海岸的最大城市韦拉克鲁斯。这次军事行动以海军为主，但在后续的战斗中，陆军中有一个人不能不提，他就是麦克阿瑟在新加坡认识的学长约翰·潘兴，他的部队正驻守在墨西哥边境。

作为一名职业军人，潘兴是幸运的，1906 年他得到了罗斯福总统的赏识，由上尉破格提拔为准将。10 多年前他就已经“身经百战”：打过印第安人、西班牙人、菲律宾人，如今又跟墨西哥人干上了……他指挥过由不少黑人组成的第 10 骑兵团，由此得了一个“黑杰克”的绰号，这个绰号随着他人气的飙升逐渐叫响了整个美国军界。1916 年，威尔逊总统派潘兴到新墨西哥州和南达科他州征剿潘丘·维拉及政变叛乱分子，麦克阿瑟很想加入潘兴旗下的骑兵部队，但未能如愿。为了能够参战，麦克阿瑟又去找父亲的老部下弗雷德里克·芬斯顿将军，他指挥一个旅的兵力执行占领任务。这次，麦克阿瑟总算逮着了一个亲自见识战争的机会，他受命作为参谋部成员随芬斯顿前往韦拉克鲁斯，“通过侦察和其他方式……获取一切有利于将来行动的情报”。他乘战列舰于 5 月 1 日到达前线。

要完成占领任务，仅靠海军陆战队是不够的，必须有陆军野战部队。麦克阿瑟到达前线后，很快发现那里缺少机械化交通工具，韦拉克鲁斯有数百节棚车车厢，但没有机车，陆军野战部队要开过来，光靠骑兵和畜力运输显然不行。他听说有几台铁路机车被藏在敌人防线后面的阿尔瓦拉多，于是找来向导，带了几个人悄悄穿过敌人的防线，深入敌后进行侦察，结果发现那里确实有 5 台铁路机车，其中 3 台完好无损，可供陆军使用。

他们在归途中与敌人发生了一场遭遇战。因寡不敌众，经过短暂的交火后，麦克阿瑟和同伴们开着 3 辆机车撤退。他乘坐的手泵车遭到了 15 名游击骑兵的袭击，他的军装被打穿了好几个洞，但他仍镇定自若，坚持战斗。一场激烈的枪战过后，他们击毙了对方几名士兵。麦克阿瑟乘坐手泵车在前面开路，3 个墨西哥人驾着 3 辆大型机车紧跟其后，安全回到了韦拉克鲁斯。

由于麦克阿瑟在这次行动中所表现出的机智勇敢和主动精神，参谋长伍德建议授予他国会荣誉勋章，但陆军部认为，麦克阿瑟没有事先征得芬斯顿的同意就擅自行动，不宜奖励。麦克阿瑟闻讯大为恼怒，他一气之下写信向陆军部质疑，要求复议。但军界很多人包括潘兴在内，都认为麦克阿瑟这一举动是轻率鲁莽、粗俗无礼的，因此他的要求再次被否决了。

麦克阿瑟就是这样，该做的时候努力去做，该表现的时候尽力表现，该得的荣誉也不会随便放弃。他个性鲜明，正如他平时的穿着打扮一样总有点与众不同。

美国自第一次世界大战爆发以来，一直采取“坐山观虎斗”的中立政策，这样做一方面可以在“中立”的名义下与交战双方（特别是协约国）做买卖，大发战争财；另一方面又可以在两大军事集团相互削弱之后，实现自己称霸世界的野心；同时还可以腾出手来对付墨西哥人。但威尔逊总统没想到对墨西哥的一次小小战争会使局势变得如此复杂。他反对卷入持久战但又没有说服两院的理由，而现在马上就要进行总统大选，他必须做出选择。恰在这时，德国潜水艇在爱尔兰海域将英国客轮“卢西塔尼亚”号击沉，船上蒙难的 1200 多人中有 100 多个美国人，美国舆论开始转向支持协约国（英、法、俄、意等国），公众的注意力被转移了，欧洲战场成为人们关注的焦点。于是，原定由伍德、潘兴率野战部队进入墨西哥的计划在这年夏天被撤销了。不过，有一件事是不容拖延的，那就是美国必须为扩军做准备，无论是应对墨西哥战场还是第一次世界大战的欧洲主战场。

麦克阿瑟到墨西哥前线走了一趟后，被提升为少校，协助陆军部扩建美国陆军。他的具体职责是给新上任的陆军部部长牛顿·贝克[①]当助

---

① 牛顿·贝克（1871—1937）：美国律师、政治家，民主党成员，两任克利夫兰市市长，第一次世界大战时期任美国陆军部部长，战后任海牙常设仲裁法庭法官、法律实施委员会委员。著有《我们为什么参战》。

手，协助扩充正规军及改善陆军部与新闻界的关系。他轻车熟路，非常精通这项工作，把它看成是向新闻界解释陆军的动员政策、说服他们支持陆军扩建计划的极好机会。他走马上任不久就公开了自己的看法：如果美国参战，军方必须实行严格的新闻审查政策。他声称，新闻界有两方面的危险：首先，它可能泄露军事秘密，妨碍军队行动；其次，不准确和有倾向性的报道会影响美国人民的士气。他把记者们召集在一起，对他们说："诸位先生，对这项工作，或者说对你们的工作，我一无所知。我已做好接受法庭制裁的准备，带诸位观看我们的一切，没有任何阻拦。你们将会知道，为我国的最高利益应在报刊上发表什么，不应发表什么。我是一只小羔羊，恳求诸位保护我。"事实上，他是非常不愿意别人把他当成"小羊羔"的，在很多场合他都会不失时机地发表自己的观点。有一天，几个记者朋友来访，当他们穿过大楼时，麦克阿瑟说："看到那些走廊边上办公室里的将军了吗？他们不久就会离开这里，年轻人会取代他们的位置。战争是年轻人的游戏。"一个记者问道："您是否还会留在这里，并在参谋部高升到一个很重要的位子呢？""不，"他回答道，"只有去法国战斗，晋升才会有价值。"

1917 年 4 月 6 日，美国参、众两院通过了总统的对德宣战议案。全国各地马上掀起了一股爱国主义宣传热潮。"武装起来，最大限度地武装起来，毫无限制地武装起来！"这是威尔逊总统向全国发出的战斗号召。与此同时，国会很快便颁布了 1917 年征兵法。根据这项法律，短短几个月之内，美国陆军和国民警卫队就招到了近 70 万名志愿者，另有 300 万人被征召入伍；到 1918 年 11 月，美国军队男女军人达到 480 万人。

组建"彩虹师"远征欧洲

在战争动员中，陆军部部长贝克给麦克阿瑟出了一道难题："但愿我们能有一个师，兵员来自各个州，这样每个州都会因为在第一批送往海外的人员中有他们的男儿而感到骄傲。"对此，麦克阿瑟建议贝克将 26 州国民警卫队各师的编余部分编成一个师。同年，新编师组建完成，番号为美国陆军第42步兵师。由于该师成员来自全国各地，就像一条横跨长空的彩虹，于是，新编第42师有了一个别号，叫“彩虹师”。首任师长为威廉·曼恩准将，参谋长为麦克阿瑟少校。当时麦克阿瑟的军衔比较低，他惊慌地说自己还无法担任参谋长一职，陆军部部长贝克说：“你错了，现在你就是上校了，我马上签发委任状。”就这样，麦克阿瑟被破格提升为上校。

道格拉斯·麦克阿瑟画像

1917年5月26日，陆军部部长贝克签署了授权潘兴指挥美国远征军的命令。这也是潘兴一生中最重大、最艰巨的任务——率领美国远征军前往欧洲参加第一次世界大战，与英、法军等盟友联手对付同盟国军队。贝克下达命令后，非常诙谐地说：“我只是代总统下达命令。作为部长，我对潘兴总司令只准备下达两个命令：一个命令是去，另一个命令是回来。”由此可见，潘兴是手握重兵又深受信任的。

7月4日，潘兴率领第一批美国大兵出现在巴黎街头，街道两旁的法国群众用他们最熟悉的美国前总统西奥多·罗斯福的昵称高呼：“特迪万岁！”在随后于拉菲特侯爵墓前举行的典礼中，一位美军上校意味深长地说：“拉菲特，我们来了！”

美军作为新生力量踏上欧洲的土地，他们的使命是帮助英法军队击败德军。但潘兴并不急于投入战斗，而是认真地进行战前训练，这可急坏了在堑壕里苦战的英国人和法国人。就连潘兴的参谋也提醒他说：“我们的训练计划需要的时间太长了，会使人们感到德国人的预言是正确的——在英法军队垮台之前，美军到不了前线！”但潘兴只冷冷地丢下一句话：“我不知道德国人的想法，我只知道没有受过训练的士兵打不了仗！”

2.7万人的彩虹师也隶属于潘兴的美国远征军，是其23个师之一，所以组建后不久即奉命开赴欧洲战场。10月中旬，麦克阿瑟率部进抵洛林①南部一个“平静的防区”吕内维尔堑壕。

踏上法国的土地后，麦克阿瑟更加豪情万丈，“总是在扮演着一个角色——一个英雄的角色，同时他自己也是最受感动的观众。他看见自己穿过战场的硝烟——威武而无畏，雷光电闪照亮了他的面容。他的军团指望着他带来胜利，而他绝不会让他们失望。他想起了拿破仑，想起了他伟大的祖先。他们就是这样镇定自若，就是这样在最危急的时刻巍然屹立”。他时刻都想着创造伟大的个人传奇，做一个像他母亲所说的“大人物”。他渴望尽快参加战斗，在战场上证明自己是个真正的英雄。在彩虹师甚至整个远征军中，麦克阿瑟都特别引人注目，他的着装与众不同：头戴一顶软帽（他拒绝戴金属头盔或防毒面具），身穿高领毛线衫，绑着裹腿，脖子上围着长围巾，手拎马鞭。新闻界很快便生动地称他为“远征军中的花花公子”。当人们问他为什么要那样打扮时，他竟回答说：“你只有与众不同，才能让自己出名。”

---

① 洛林：法国东北部地区及旧省名，为历史上的洛林公国所在地。首府为梅斯。

但是，麦克阿瑟很快便遇到了平生第一次重大挑战：在设在肖蒙的远征军司令部中，有些参谋对麦克阿瑟凌驾于彩虹师师长之上感到不满。当时彩虹师师长曼恩已经 63 岁，是一个“矮胖子，行动迟钝，还端着官架子”的人，所以师部的主要工作都由麦克阿瑟做主。因此，他们想掀起一次运动，解散这个师，把官兵分配到别的师去。麦克阿瑟认为，建立彩虹师是自己的得意之作，而解散彩虹师的企图则是对他个人的侮辱与排挤，对此他予以了猛烈回击。他直接致电华盛顿进行申诉，鼓动组成该师的各州国会议员尽力保持该师的完整，并通过他的母亲到处说情。这一企图终于被制止，但他从此与总司令潘兴手下的几名参谋也结了怨，并把他们（包括乔治·马歇尔①上校）看成自己的死对头。他后来扬言，肖蒙远征军总部的头头们敌视和忌妒他，不给他授勋晋级，不让他获得在战场上所赢得的荣誉。但他和潘兴本人的关系还算不错，一直称赞潘兴是“我父亲最优秀的门生之一”。

1918 年年初，已经在法国的 4 个美军师只有彩虹师是满编师，第 1、第 2、第 26 师都缺编约 7000 人。彩虹师虽然得以保留，但要存在下去还要看作战表现。师长曼恩被解职回国后，接替他的是野战炮兵军官查尔斯·梅诺尔少将。此时，该师的防区离德军很近，主要任务是训练、巡逻和袭击。

麦克阿瑟无疑是第一次世界大战中的英雄。他在一次夜袭作战中英勇无畏、身先士卒，表现出自我牺牲精神，证明了他是远征军中最引人注目、最英勇无畏的军官之一。

2 月 26 日夜，麦克阿瑟经法国第 7 军的乔治·德巴泽莱尔将军批准，随法国人的突击队去袭击德军阵地。他一只手拿着一根轻便的手杖，另一只手拿着一把铁丝网锉刀。袭击队在无人区的泥地上蜿蜒前进，剪开德军的铁丝网。德军向夜空发射的照明弹在空中呲呲作响，一

---

① 乔治·马歇尔（1880—1959）：美国陆军五星上将、军事家、政治家、外交家。参加过第一次世界大战，第二次世界大战中任美国陆军参谋长，战后出任美国国务卿和国防部部长，以出台“马歇尔计划”闻名。1953 年获诺贝尔和平奖，被美国权威期刊《大西洋月刊》评为影响美国的 100 位人物第 63 名。

边降落一边发出团团火焰，冷冷的白光照在无人地带上。袭击队员们赶紧匍匐在地上不敢动弹。接着传来了机枪的突突声，大概是德军发现了他们。

麦克阿瑟忍不住了，他突然站起来，在手榴弹的爆炸声和炮火震耳欲聋的轰鸣声中率先攻入敌阵。突击队跟着他冲了过去，并纷纷扔出手榴弹，等爆炸后，再跳进敌人的战壕。

战斗进行得异常激烈、残酷，不少士兵在黑暗中挣扎呻吟，双方徒手搏斗，用手枪顶着对方的头或肋骨，并且必须在一瞬间做出决定：杀他还是抓他做俘虏。一名德军上校冲出掩体，麦克阿瑟从后面用轻便手杖顶住他，这名德军上校马上举起了双手。一个小时后，袭击队员俘虏了大约 600 名德军士兵，包括一名上校。

由于这次行动中的突出表现，麦克阿瑟获得了首枚法国十字军功章。几天后，美国陆军也为这次行动授予他银星勋章。彩虹师的一名军官问："长官为什么要冒这样的险，这肯定不是参谋长的职责之一吧？""这是战争的一部分。"麦克阿瑟说。

3 月 4 日，德军也对美军进行了一次袭击，第 168 步兵团遭到了一次沉重的打击。为了报仇，麦克阿瑟又组织了一次夜间侦察活动，并亲自随小分队一起行动。在前进途中，他们遭到德军的猛烈射击，最后只有麦克阿瑟一个人活着返回阵地。这样爱冒险的上校参谋长实在是少见，他把这次幸免于难看作是上帝保佑的结果。

3 月 9 日，第 42 师以第 168 艾奥瓦团的一个营进行还击。傍晚，法军用炮火压住了德军的火力，麦克阿瑟和一名法军少校参谋来到一个准备出击的步兵连指挥所，又准备随连队冲锋。一个少尉军官前来劝阻，但麦克阿瑟一把扯下上校肩章，跟着这个连的士兵一起冲了出去。几乎没人意识到他是谁，他们叫他"伙计"或"嗨"，但袭击队员们都看见他是第一个冲进德军防线堑壕的人。

说起麦克阿瑟非同一般的勇气，他的师长这样说道："在英雄主义和勇敢行为非常普遍的地方，他的勇敢是很杰出的。"有一次德军进行炮击，他镇静地坐在指挥所里，从容不迫，一旁的参谋人员都为他捏一把汗，他却对他们说："整个德国还没造出一发能打死麦克阿瑟的炮弹。"他与部属并肩战斗、患难与共，结下了深厚的战友情谊，赢得了他们的钦佩和仰慕。

麦克阿瑟与普通士兵一样冒着枪林弹雨冲锋陷阵，幸运的是，他居然从未受伤。尽管他在 3 月 11 日中了德军的毒气，住进了医院，但短短 3 天他就出院了，陪同陆军部长牛顿·贝克视察第 42 师。贝克出席了彩虹师一名牺牲士兵的葬礼。麦克阿瑟得意地把他在第一次袭击中缴获的德军尖顶头盔送给了贝克。事后，贝克高兴地把头盔转交给了麦克阿瑟的母亲。

彩虹师在洛林地区前线坚守达 4 个月之久，其间几乎一直不断地进行战斗。对于麦克阿瑟履行参谋职责方面，第 42 师军法官休·奥格登也有较详细的评价：

> 大多数晚上，麦克阿瑟冷静地坐着，把这些报告集中在一起。这只是一次晚间炮击还是袭击前的炮击？麦克阿瑟会坐在那儿思考，不浪费一枪一弹，还是准备进攻？如果进攻，从哪儿？怎么打？不久，当他从整个前线获得 20 ~ 30 份报告后，他就会下定决心，采取行动。他会说："告诉某某向某某地方每 30 秒用 155 毫米口径炮打一发。用 75 毫米口径炮向某某地方每隔 10 秒打一发，射击时间 15 分钟。"不到一分钟，我们的大炮就按他的命令开始怒吼。你可以闭上眼睛假设他是一名医生，用同样公事公办的语调说："这种药片每小时给他吃一片，直到症状减轻。这是喝的，上床前给他喂两勺。"他要努力做到每一道命令都是具体而准确的，因为他不只是一名不怕死的战士，更是一位指挥一个师作战的参谋长。

彩虹师除了发动袭击和挫败德军的袭击，还要防止被美国远征军司令部挖走人才。事实上，几个月里，麦克阿瑟请来的很多优秀军官都被调走了。其中，上尉以上的军官至少有 8 人被调走。为了不让自己的"杰作"变得越来越平庸，他不得不努力防止人才流失，哪怕是得罪上司。

麦克阿瑟并不知道，他 66 岁的老母亲正在国内为他的晋升而四处活动，想把他调出彩虹师，让他到一个更能发挥他才能的位置上去。她亲自给潘兴写了一封“推心置腹”的信，在信中追忆了他们昔日的友情，讲述她与陆军部长贝克的私交，并对她儿子在西点军校时的优异成绩津津乐道，最后恳请他提拔麦克阿瑟当将军。

麦克阿瑟虽然爱慕虚荣、喜欢自夸，但他也不希望自己是个名不副实的人。他并不打算马上离开彩虹师。当远征军司令部想调威廉·多诺万到战地军官学校任教官时，他劝阻道：“比尔，别让他们把你从前线调走。战斗的人才是真正的士兵。”他认为，无论一个参谋军官的职位多高，无论他在其他军兵种里多么出色，比如军需兵和信号兵，他仍不是一个彻底的战士。所以，即使身为师参谋长，他依然跟普通士兵一样战斗。士兵们常常看见他穿着闪闪发亮的绑腿靴，大步走过弹痕累累、满地泥泞的洛林战场。他不带武器，粗壮的手里总是握着一条马鞭或一根轻便手杖，一边走一边有节奏地敲打着自己的马靴，好像在骑马一样。除非下雨，否则他绝不戴头盔。他夸耀自己手下勇敢的士兵，一张嘴便说他们如何优秀，每当他大出风头的时候总是让他们一起跟着沾光。彩虹师的一位上士多年后回忆说：“尽管他要求我们所有人都要拿出士兵的样子来，但他不做作，很友善。他总是首先考虑士兵，收集给养，检查脚冻伤和战壕，把热饭给他们送到前线，妥善安排一切事情。我在他身边待了一年半，作为军人他从未出过错。”

麦克阿瑟总是定期视察前线，亲自观察情况。有一天，他来到一个连队，问士兵们是否见过指挥本团的上校。“没有，”他们说，“没见过。”“营长呢?”他们回答：“也没见过。”接着一名士兵高声叫道：“但我们见过你!”麦克阿瑟高兴极了，因为士兵们跟他比较“亲近”，甚至法国将军们也说，“他是一名能力超群的军官和出类拔萃的士兵”。

6 月 26 日，时年 38 岁的麦克阿瑟被提升为临时准将，成为美国陆军最年轻的将官之一。

7 月 4 日，彩虹师配属给兰斯附近香巴尼前线的法国第 4 集团军。兰斯是巴黎的东北门户，距巴黎约 128 千米。德军若攻占了兰斯，就可以长驱直入巴黎。德军把他们的精锐师都集中在这个地区，企图孤注一掷，最后夺取巴黎。但法国第 4 集团军的独臂将军亨利 · 古罗是个不折不扣的职业军人，他久经沙场、作风顽强，所以这一仗必定是一次激烈的生死较量。

彩虹师被调到兰斯右翼防线，在兰斯东南的一座小镇苏旺周围挖战壕，以阻击德军的进攻。随着情报的增多，麦克阿瑟确信战争已到了关键时刻，双方蓄势待发。他对拜访他的工兵军官说："我想告诉你们，德国人的胜败将在 90 天内见分晓。"

巴士底日（7 月 14 日，法国国庆日），德军即将在马恩河突出部发动攻势。为了获取更准确的情报，古罗将军派出几支突击队，连夜闯入敌营。夜幕降临后，法国第 4 集团军的炮兵用短程密集炮火掩护突击队，对德军阵地进行了两次袭击。最后，突击队带回了 27 名俘虏，包括一名德国军官，获悉德军将于零时 10 分发起炮击。古罗将军马上做出反应，命令炮兵部队做好提前开火的准备。麦克阿瑟也从俘虏口中知道了德军的防御工事并非坚不可摧，决定在法国第 4 集团军炮击结束后马上出击。

晚上 11 点 30 分，从 20 多个师调集的德国步兵密密麻麻地挤在集结地带，等待战斗开始。法军 3 个集团军的 2500 多门大炮同时对德军发起了炮击，刹那间，炮声隆隆，火光冲天。遭到炮击的德军仓促应战，不得不改变计划，立刻发起总攻。在总司令埃里希 · 冯 · 鲁登道夫的指挥下，德军企图强渡马恩河，结果遭到美第 38 步兵团的顽强阻击。同时，另一支德军不顾一切地向镇子涌来，使麦克阿瑟主动出击的计划落空了，他们只得守在战壕里阻击德军，不让他们向镇子突进。德军连续发起几次冲锋，一度突破了几道防线。这时，麦克阿瑟亲自指挥彩虹师的一个营投入战斗。他率先跃出战壕，冒着枪林弹雨向前冲去，并高喊："跟我来！"士兵们呼喊着冲了上去，与德军短兵相接，发生了一场胡乱射击、面对面的搏斗，双方均伤亡惨重。战斗进行了 3 个多小时，最后，彩虹师以伤亡 1600 人的代价赢得了第一个大胜利。

7 月 16 日天刚亮，德军再次发起进攻。兰斯西面阵地上，坦克轰隆而至，喊杀声震耳欲聋。迎战德军的是美第 1、第 2 师，双方几经交战，德军没有取得任何进展。同时，兰斯东面彩虹师的阵地上也在激战。麦克阿瑟见部队伤亡太大，便使用了一些新的战术，如主动放弃第一道防线，诱敌深入，然后以重炮实施集中射击，大量杀伤敌人有生力量。

战斗结束了，德军最高统帅部开始酝酿下一步的行动。而古罗的第 4 集团军则在 7 月 19 日举行了巴士底日庆典。尽管节日已经过去了 5 天，但这场保卫战打赢了，仍算得上是双喜临门。

德军继续在兰斯周围做钳形运动，法军也准备着向德军发起一次反击。在兰斯保卫战中，潘兴显得非常大气，将他的远征军放手交给法军指挥，因为法国人更熟悉战场环境。在随后的战斗中，彩虹师又改属法国第 6 集团军，任务是随法国第 6 集团军向进入马恩河楔形地带的德军发起反击。

然而，法国第 6 集团军的司令官约瑟夫·德古特将军不像古罗将军那样果断，在德军撤退前一直没有采取反击行动，直到德军过了马恩河才开始追击。彩虹师追赶德军至马恩河南的奥尔涅克河边。这是一条像小溪一样很不起眼的河，但两边都是陡峭的岩石河岸，德军已用机枪和迫击炮封锁了对岸的通道。彩虹师缺少重武器，也没有炮兵炮火掩护，强渡几次均伤亡惨重。

7 月 28 日晚，彩虹师再次强渡，一直战斗到第二天上午仍未能攻下对岸的德军阵地。快到中午的时候，麦克阿瑟才发现彩虹师面对的是 4 个德军师，他立即建议师长梅诺尔调整部署，并请求炮兵支援。

8 月 1 日，彩虹师在炮兵部队的掩护下，重新组织起进攻。由于第 84 步兵旅旅长被解职，麦克阿瑟暂代旅长指挥该旅作战。两天后，该旅攻占了对岸的一个小镇，麦克阿瑟跳上一辆开往小镇的战地救护车赶到那里。他发现彩虹师的作战官兵们已经精疲力竭，同时得知撤出战斗的德军正准备向北退却，于是立刻向梅诺尔请示追击。但当梅诺尔向德古特将军汇报时，德古特将军有些犹豫。麦克阿瑟迟迟没有接到指示，只得擅自行动。他在彩虹师正面进攻的4000多米战线上，一个团一个团地去鼓动他们发起最后的攻击，来回走了约10千米路，但他们都不愿意付出太大的代价去追击德军。麦克阿瑟无可奈何地来到第69步兵团，终于说服了弗兰克·麦科伊上校。这位步兵团团长说："我的士兵死伤过半，剩下的人精力也几乎耗尽，但只要下命令，他们愿意到任何地方去。"麦克阿瑟高兴地说："太好了，麦科伊！只有不怕死的人才配活着。"他振臂一呼，又亲自带领一个营发起攻击。在这个营的带动下，整个彩虹师都行动起来了。

至8月5日，突入楔形地带的德军被赶回马恩河北岸，协约国方面从此夺取了战役主动权。

这次战役十分惨烈，彩虹师几乎伤亡了一半兵员。双方停火期间，该师后撤进行休整和重建，得到了9000名新兵的补充。战事仍将继续，梅诺尔深知让麦克阿瑟在参谋长和旅长之间选择，他更愿意去指挥一个旅作战。因此，他建议潘兴让麦克阿瑟去当旅长。于是，麦克阿瑟正式担任第84步兵旅旅长。9月10日，彩虹师重返前线，隶属潘兴直接指挥的美第1集团军。这个集团军辖14个师，20余万人。新建的美第1集团军一拉上前线，就单独组织了圣米耶尔战役。

圣米耶尔是默兹河和摩泽尔河之间楔形突出部的顶端，被小溪、沼泽、池塘和一片片林地所切割，不易通行，尤其是在雨天。9月11日清晨6点，美军的飞机从突出部的南边开始轰击，3个小时后，又从西边开始第二次炮火轰击。随后，工兵用特制的爆破筒——装满三硝基甲苯的长铁管——炸开一排排的有刺铁丝网。以锋利的钢丝钳和斧头装备起来的其他士兵，则在密集的有刺铁丝中开出宽阔的缺口。给前进中的步兵做保护衬垫用的一卷卷小方格的铁丝网，被铺在障碍物上。进攻部队快速冲过乱糟糟的有刺铁丝网，攻入德军阵地。到傍晚，这个突出部基本上被攻陷了。

9月下旬，协约国军队约55万人开始对德军发起总攻，作战目标是瓦解从伊普雷东北的海岸延伸到瑞士边界的兴登堡防线。彩虹师配属美国第5军，参加默兹－阿尔贡进攻战役，任务是攻占敌人的一个要塞——沙蒂永丘。

9 月 26 日清晨 5 点 30 分，在 3 个小时的炮击后，协约国军队开始进攻。古罗将军的法第 4 集团军首先前进，继之以潘兴的美第 1 集团军。由于受到清晨的浓雾、数千个弹坑、有刺铁丝网、滑脚的沟壑和密林的阻碍，美军在进攻沙蒂永丘时受挫。麦克阿瑟在战斗中严重中毒，几乎双目失明，但他拒绝去医院，坚持留在阵地。

黄昏以前，第一道防线已被美军攻下。除阿尔贡森林外，美军在同一天还占领了德军的第二个阵地。但德军不断向这一战场增派援军，战斗越来越激烈。一天晚上，第 5 军军长来到麦克阿瑟的指挥部，对他说："务必给我拿下沙蒂永丘，否则给我一份 5000 人的伤亡名单。"麦克阿瑟坚定地说："若拿不下沙蒂永丘，你就把全旅官兵列入伤亡名单，并把我的名字列在首位！"师长闻言十分感慨："在没有懦夫的地方，他的勇敢精神还是显得那么突出。"

美军在 10 月 4 日恢复了攻势。在之后的 4 周中，美军进行了顽强的正面战斗。当第 84 步兵旅的士兵跃出堑壕向德军防线冲击时，麦克阿瑟对站在身边的一名步兵说："如果是活，我与大家一块活；如果是死，我也与大家一块死！"美军以不断增加伤亡的代价，夺取了第三道防线。战斗中，麦克阿瑟有些步兵营的兵员损失达 80%。他巧妙地调动兵力，连续组织进攻，一举夺下 282 高地和沙蒂永丘，完成了预定的作战任务。

攻占沙蒂永丘次日，潘兴给第 5 军军部发了一封电报，举荐麦克阿瑟为少将。但因大战临近结束，所有将级军官的晋升都暂停了。

战斗结束后，麦克阿瑟获得了第二枚服务优异十字勋章，又因"中毒"而获得了第二枚紫心勋章。在向他颁发的服务优异十字勋章的嘉奖令中有这样一段话：

（麦克阿瑟）在召集打散的部队和重新组织进攻方面表现出坚定的意志和巨大的勇气，从而有可能获得胜利。在勇气支配一切的战场上，他的勇气是最有力的决定因素。

彩虹师在战后经过短暂休整，并进行了兵员补充，于11月4日重返前线，受命朝色当方向追击德军。11月5日，色当几乎已经在望，麦克阿瑟在一次侦察中被第1师的士兵用枪押着并暂时拘留。因为他身穿英国大衣，戴着一顶经过改装的军帽，还声称是美军的高级指挥官，士兵认为他是间谍。幸好第1师师长认识这位穿戴滑稽的准将，否则他恐怕无法指挥这场战斗了。同一天，麦克阿瑟还遇到了一件麻烦事：美军的一个师与另两个师迎头相遇，混杂在一起。因为总司令部作战处长马歇尔上校经参谋长德鲁姆将军同意，于次日夜向美军下达了一道命令，要求他们不要错过黑夜利于全力推进的有利时机，一举拿下色当。但命令的最后一句话却导致了混乱的发生，那句话是："战斗分界线将被认为不具有约束力。"这句话甚至让麦克阿瑟对马歇尔有了成见，认为马歇尔应对所造成的混乱以及他精心制订的攻占色当的计划破产负责。

1918年11月18日，为了庆祝法国重管洛林地区，德军飞机在法国协和广场被拆毁

不过，事情很快就过去了。美军一鼓作气追击德军，至少有3个师

进抵色当，其中包括彩虹师。这是美军到达的法国东北最远的小镇。但他们都没有马上攻打色当，因为德军已经准备投降了。

11 月 11 日凌晨 5 点，德国在停战协定上签了字。至此，历时 4 年零 3 个月的第一次世界大战，以协约国胜利宣告结束。

战争中，彩虹师在前线 224 天，实际战斗 162 天，共伤亡 14 683 人。麦克阿瑟的杰作——彩虹第 42 师，证明了它是美国陆军派往法国的最优秀部队之一。尽管这支部队的纪律、礼仪、衣着都不太严谨、规范，但有一件事是他们最擅长的，那就是能打仗，为美国陆军立下了显赫战功。身为该师重要指挥官的麦克阿瑟自然功不可没，成为大战中受勋最多的军官之一，并被潘兴将军任命为彩虹师师长。彩虹师的全体官兵送给他一个金烟盒，上面刻着:“献给勇敢的人中最勇敢的人——全师赠。”

第三章　婚姻事业双丰收

斗智斗勇，改造西点

1918 年 12 月，作为接受占领任务的 9 个美军师之一，彩虹师进驻德国波恩以南地区。麦克阿瑟到达科布伦茨附近后，便将彩虹师的指挥权转交给了克莱门特·弗拉格勒少将。因为母亲患病，他已申请回国，并获得了批准。

1919 年春，麦克阿瑟起程回国，乘船于 4 月 25 日抵达纽约。在踏上美国国土的时候，他心潮澎湃，思绪万千。战争意味着流血与牺牲，但也让一代英雄闪亮登场。战争让生命变得如此脆弱，一如风中的尘埃，转眼便已消失不见，有多少人长眠在法国的青山绿水之间；战争也让活着的人获得荣耀，他本人就是在这场战争中获得荣誉勋章最多的人之一。如今从欧洲载誉而归，他不知道人们会怎样看待自己。令他感到失望的是，码头上冷冷清清，无人来欢迎这位战功卓著的一师之长。经过几年的战争，美国人民对战争已感到厌倦，开始寄希望于外交家，相信他们正在凡尔赛缔造着永久的和平。

麦克阿瑟独自回到家中，和诸病缠身的母亲一起待了几天。直到 5 月 12 日，他才接到陆军参谋部的通知，参谋长佩顿·马奇将军要召见他。等到了华盛顿陆军部，麦克阿瑟发现部里的人都忙得不可开交，因为从欧洲战场陆续回国的 100 多万人正在等待安置。仗打完了，虽然有不少人永远不会回来了，但裁军是必然的。生性乐观、对自己的军旅生涯始终充满信心的麦克阿瑟，也不禁开始为自己的前途担忧起来。

麦克阿瑟怀着忐忑之心，见到了佩顿·马奇将军。他对这位参谋长并不陌生，因为十几年前他们在菲律宾已经认识，只是没有深交。麦克阿瑟回国前，他的母亲已经找马奇商谈过他的工作安置问题。作为最受小亚瑟将军赏识的部下，马奇多少会给将军夫人一点面子，只是麦克阿瑟还被蒙在鼓里。

马奇一见到麦克阿瑟，就开门见山地说："道格拉斯，我们的母校西点军校里一团糟，学院落伍了40年。"他的话让麦克阿瑟有点摸不着头脑。

马奇也是西点军校的毕业生，毕业后在炮兵部队服役了很长时间，美西战争爆发后他加入占领菲律宾的部队，担任志愿兵少校，在小亚瑟将军麾下效力，立下了不少战功。1903年他在陆军参谋部任职，并在日俄战争期间在日军中担任观察员。1907年任堪萨斯第6野炮团正规军少校，9年后晋升为上校，任墨西哥边境的第8野炮团指挥官。美国参加第一次世界大战后，他前往法国，出任美国远征军炮兵司令，晋升为陆军少将。1918年3月，陆军部长牛顿·贝克重组参谋部，将马奇从欧洲召回，接替塔斯克·霍华德·布利斯任美国陆军参谋长，并晋升他为陆军上将（临时）。

1918年冬，马奇试图劝说西点军校的学术委员会进行改革，不料委员会和现任校长顽固地抵制他的建议。陆军部虽然全力支持他，但作为参谋长，他无法插手西点校长的工作。

马奇见麦克阿瑟一脸困惑，接着说道："我们想让你到那里去，使学院恢复活力，改变面貌。过去太狭隘了，我希望拓宽思路，培养更多的学员进入军队。"

麦克阿瑟大吃一惊，去西点军校干文职，这完全出乎他的意料。"我是打仗的，不是教育家，"他大声叫道，"况且那儿很多都是我的老教授，去管他们我做不到。"

实际上，对于这项任命，并非马奇卖老上司夫人的人情，也不是他个人一时心血来潮，而是陆军部经过认真甄别后做出的决定。麦克阿瑟是个敢想敢干、具有卓越领导才能的人才。而且，他在战场上指挥作战时也常常打破常规。

马奇笑着对他说："是不敢还是不能？这事没有冲锋陷阵难吧？你能做到！"

陆军部选中麦克阿瑟可能还有一个原因，那就是他在教学管理方面是个外行，他的脑子里没有陈规，所以突破陈规也就更容易。麦克阿瑟似乎找不到拒绝的理由了，只好勉强答应下来。几天后，他就带着67岁的母亲到西点军校上任了。

上任不久，麦克阿瑟发现西点军校的情况确实很糟糕。由于战时不断地向法国前线输送军官，学员们都提前毕了业。在5000名正规军军官中，有50%是西点军校毕业生。在校生只有一年级学员，教程也被缩短为一年；一些已经毕业并任职的学员，又被召回军校，接受进一步训练，这使西点军校成了一个不伦不类的训练班。学校对新入学的学员也降低了标准，素质普遍较低；甚至69岁的退休上校蒂尔曼也被重新召回任教，并升为准将校长。学校教学质量下降，同时也造成了学校秩序的混乱、纪律松弛。学员酗酒闹事、打架斗殴的事件时有发生。西点军校光荣的历史、习惯和信仰基石也似乎濒于湮灭的危险。

军校的雅典式教育正失去昔日光辉之际，第一次世界大战给军校学员所带来的影响，使其斯巴达式教育也濒临崩溃。尽管西点军校对战争的贡献不可估量，但国会的某些议员打算乘机撤销西点军校。在一次听证会上，议员们对西点军校的存留问题展开了激烈的辩论，争论的焦点是：假如不再发生第一次世界大战这样规模的战争，保留这样一所需要政府巨额拨款的军官学校是否仍有必要？有人主张停办，有人建议将学制缩短为两年。对西点军校批评最厉害的是哈佛大学前校长、杰出的教育家查尔斯·艾略特，他猛烈抨击西点僵化的教学内容和因循守旧的教学方法。但辩论的结果是，西点军校仍旧保留。

麦克阿瑟感到自己责任重大，决心努力挑起这副重担。为方便开展工作，陆军参谋部对他的军衔也做过一些考虑。战前，他的军衔只是个少校，为了与彩虹师参谋长的职务相对应，他被破格提升为上校，后又晋升为临时准将。战争结束后，很多军官都要恢复原来的军衔，临时军衔和永久军衔往往会差好几级。但贝克和马奇决定让麦克阿瑟保留准将军衔，一方面是出于麦克阿瑟担任的西点军校校长这一重要职务的需要，另一方面则是由于陆军部长贝克的器重。这一建议由贝克首先提出，得到了参谋长马奇的同意，最后由威尔逊总统宣布。麦克阿瑟感到陆军部这一任命已经给自己带来了不少利益，于是以饱满的热情投入这项新工作中。

可以肯定的是，麦克阿瑟本人是个自由主义改良派，但他在西点能否改革成功尚未可知。起初人们对这位新校长的态度似乎很冷淡。麦克阿瑟走进原校长副官威廉·加诺的办公室时，对方正在写辞呈。麦克阿瑟与他热情地打招呼，看到那份还没有写完的辞呈，他拿过来把它撕毁了，然后劝告加诺说，安心工作，一切都会好起来的。他又叫人拆掉了加诺案头的召唤电铃，说："副官不是侍从，现在开始，你的头衔是校长办公室主任。"加诺深受感动，决定留下协助新校长工作。他请麦克阿瑟检阅学员队伍，强调校规，整顿风纪，树立校长的威信。但麦克阿瑟笑着拒绝了："形式并不重要，我最需要的是每个教官和学员的真诚合作与支持。"加诺又向麦克阿瑟建议，要想恢复学校的优良传统，首先得整顿学术委员会。因为继承和发扬什么东西主要取决于学术委员会。麦克阿瑟认为他这句话说到点子上了，在这个问题上他们的想法是一致的。

麦克阿瑟找到了第一个真诚的合作者，接下来又在学术委员会中寻找更多的合作者。委员会的成员几乎全部是资深的教授，显然这是个棘手的障碍。但麦克阿瑟相信委员会的绝大多数人都是希望西点军校能重振雄风的，唤醒他们的责任感不会太难。

麦克阿瑟最初在学术委员会中只有一票和两位同盟：年轻的学员指挥官罗伯特·M. 丹福德上校，战时准将，他在当学员时就与麦克阿瑟相识；还有一位是英语系主任卢修斯·霍尔特上校，唯一一名拥有博士学位的教授，被誉为学院最好的老师。

在学术委员会的人看来，麦克阿瑟一点也不像将军。一是年纪不像。39 岁的将军校长实在是太年轻了，尽管之前有过一位 38 岁的校长托马斯 · H. 鲁格，但他当时只是个上校。二是穿着打扮不像。大家都知道麦克阿瑟刚从法国战场回来，是美国陆军中得到勋章最多的 3 个人之一，但他在接任校长的正式场合却没有佩戴任何勋章，胸前没有绶带。他仍跟在战场上一样，身穿短大衣，用一条卷皮带把褪色的绑腿紧紧捆在小腿上，手持一根马鞭，脚穿一双马靴。当学员按通常习惯严肃地向他敬礼时，他若无其事地把马鞭举到军帽边以示回答。他与副官威廉 · 加诺谈话时，就坐在桌子上。他给人的印象是散漫、形象不够严肃、没有丝毫威仪。但他总是高傲地仰着头，似乎不愿意平视别人，使自己处于一个傲慢的角度。

在参加第一次座谈会时，麦克阿瑟也没有改变人们对他的第一印象。他讲话显得漫不经心，表态也很简单随意。当教官们发表意见说得很对时，他就大声地叫一声“好”；当有人说得不正确时，他也只是摆摆手，一笑了之，从不提出批评。有一次，麦克阿瑟召开了学术委员会会议，认为自己应该讲点什么了，但一名老教授不断地打断他说话，最后他终于忍不住了，拍着桌子叫道：“坐下，先生！我在讲话!”那人坐了下来，满脸通红。自此以后，学术委员会的成员对他尊敬了一些，但他们仍不遗余力地挑出他的毛病并反对他极力主张的改革。麦克阿瑟无法要求他们执行他的政策。他既非政治家，也没有外交家的手腕，在这场前途未卜的艰苦斗争中，他根本无法取得学术委员会的合作。

但是，这并没有影响麦克阿瑟改革的决心。他认为他的一生有一个使命，调到西点军校只是实现了这个伟大使命的一部分。大多数军人都认为只有战争才能唤醒一个军人的使命感，麦克阿瑟则不同，他的使命感和荣誉感伴随了他一生。军人的使命就是贡献自己的一切力量，不分时间和场合。传记作家詹姆斯博士这样总结道：“人们一致认为，是他（麦克阿瑟）而不是任何别人领导西点军校踏进迅速发展变化的世界，他是现代军事教育的先驱。的确，他在军事院校方面所做的开拓新路的努力，是他对建设美国现代军队做出的最重要的贡献之一。”

麦克阿瑟一上任，就下令对军校各方面的工作进行全面调查研究。他每天深入到教员中了解情况，与学术委员会的成员沟通交流。在没有完全掌握情况之前，他不想草率地发表自己的意见。他知道，身为校长，他所说的每一句话都有可能给以后的改革带来或好或坏的影响，只有在确立了正确的改革方向之后，他才能真正以一个校长的身份去引导、约束他们。最初一段时间他忙得不可开交，而且没有人能代替他去做那些琐事。他很少待在办公室里。每天上午八九点钟，他在办公室处理各种信件。中午到下午 1 点召集各部门成员开一次办公会。午餐时间有两个小时，他可以小睡一会儿。之后他回到办公室再待两个小时，下午 5 点回家看母亲。每周他至少花一个晚上与学术委员会的成员进行讨论。

经过一段时间的努力，麦克阿瑟于 1920 年提出了改革西点军校的目标：

第一，西点军校的优良传统必须发扬光大。“没有任何借口”是西点军校建校 100 多年来奉行的最重要的行为准则，哪怕是因为战争，军校学员也必须完成必修的学业，“每一位学员都要想尽办法去完成任何一项任务，而不是为没有完成任务去寻找借口”。其核心是敬业、责任、服从和诚实，强调主动、创造、执行，“如何达到 100% 的结果”。做事要有责任感，不要寻找任何借口，对每一个学员来说，只要勇往直前，就没有什么不可能。“责任、荣誉、国家”是麦克阿瑟治校的宗旨。

第二，废除不合理的制度，提倡民主精神。那些落后的传统和惯例对麦克阿瑟并不起作用，相反，他热衷于向它们挑战。“去他的条例，”他常说，“制定它们的目的就是在需要顾全大局时打破它们。”他强调实践和现代化的方法，但他没有削弱西点服从上级的信条。他所做的是让学员相互评价领导才能，而不再由战术教官单独进行对学员的评价。当然，他认为，纪律是任何一个团队取胜的根本保证，但纪律不只是行诸文字，而是每个人内心的尺度。按照西点的传统惯例，学员在校期间不许吸烟，不许看晨报，不许收邮包，不许在周末离开营房，等等。麦克阿瑟废除了这些不合理的形式主义的东西，要求学员按照自己的道德、行为准则建立一个不需要立诸文字的纪律标准。他还领导修改了西点军校的条令条例，要求在其中体现民主精神，指出："条令条例应包括高年级和低年级学员的责任与义务，应规定低年级学员和学员队的基本利益。班级之间应以礼相待。在西点，必须提倡民主精神，提倡个人为国家做贡献，与此相对立的东西绝不允许存在。"

第三，精选课程，使教学内容现代化。过去西点的任务是培养能够带领一支部队的军官。内战并没有改变这种对待其功能的狭隘观点，那是一场一半美国人打另一半美国人的战争。《内战研究》课程被取消，代之以《世界战争研究》。麦克阿瑟坚信第一次世界大战一定会让人们改变这一观点。在传统战争中，将军往往要身先士卒，麦克阿瑟本人在法国战场上的表现正是如此。20 世纪的战争是大规模的冲突，现代国家派往战场的集团军不会由职业士兵组成。就像刚刚结束的这场战争一样，这些集团军将由业余的、娃娃脸的年轻人组成，他们被政府从工厂、农场、教室和办公室征召过来，急需每个士兵动用自己的大脑。西点不仅要为学员将来任职打下坚实的基础，而且应当培养学员广阔的视野，并教育学员树立随时准备参战的思想。除了服从外，学员还要有自己的战略战术头脑。传统的教学内容必须革新，使学员所学知识能够适应日趋复杂、不断变化的世界形势，适应未来战争的需要。在麦克阿瑟的倡导下，西点军校增设了空气动力学、内燃机学和演讲艺术等课程。他还说服学术委员会开设一门综合研究政府和经济的新课。这是学术委员会面对社会科学这一 20 世纪突飞猛进的学术领域的兴起所做出的唯一让步。

第四，增加体能训练课程，使学员更能适应实战要求。麦克阿瑟认为，体能训练对现代军官的培养及其今后的发展，具有极其重要的作用，因此，在教学计划中，他把体育锻炼提高到与文化学习、军事训练同等重要的地位，而不是可有可无、可多可少的东西。他要求每个学员每学年必须用 6 周的时间进行各种球类和田径训练，并组建了 11 个校级体育代表队，其中有足球队、橄榄球队、马球队、篮球队、田径队和游泳队等。他提出的口号是：今天，在竞技场上播下种子；明天，在战场上收获胜利果实。

另外，他坚信跳舞是训练军官的一个基本部分，因而要求所有学员都必须学会跳华尔兹[①]和两步舞。为此他还雇了一名专业舞蹈教练，声称："跳舞是每个男人都应该具备的素质。"周末，爵士乐队震耳欲聋地奏着《是的，我没有香蕉》以及其他流行打击乐，无拘无束的少女们给茫然无措的学员们表演怎么走骆驼步和盘步。

第五，减少对学员的体罚，以优良的传统教育来养成学员自动自发的行为。西点的建校宗旨是，未来战争的主体将是一小批职业军人，军官将依赖严格的纪律和严厉的惩罚来控制战场上的士兵。麦克阿瑟认为，体罚是幼稚无能的表现，这种做法与其说是培养性格的一种手段，倒不如说是用来对付那些不受欢迎、调皮捣蛋的学员的一种武器。他不相信用肉体折磨的办法能将纪律和服从观念强加到学员的头脑中去。因此，他对各种体罚方法进行了调查，之后下令取消那些野蛮残忍的惩罚手段，强化思想政治工作，以提高学员的自觉性和责任感，使西点继续发扬"责任、荣誉、国家"的传统，沿着先辈的光荣足迹前进。

此外，麦克阿瑟还认为文书工作无关紧要。他自己便是这样做的：每回完一封信，他很可能就把原件扔在一边；一份报告可能几易其稿，但只有终稿保存下来，其余的都进了垃圾袋。有一次，麦克阿瑟生病在床上躺了几天，他叫来一名军官，让这名军官把所有需要他签名的文件拿来。他很清楚自己想要什么。"把那些有关下次战争输赢的文件拿来，"他说，"其余的你签字。"

麦克阿瑟总是想透过事物的表面，寻找行动的依据和理由。他雷厉风行的工作作风、思路敏捷的判断能力以及口若悬河的雄辩口才，很快赢得了西点人的敬佩。当他把敏锐的思维转向西点军校的弊病时，他发觉马奇是对的，它的确需要一次大手术。他在第一年的年终报告中说：

---

① 华尔兹：又称圆舞，也称"慢三步"，是一种自娱舞蹈形式，是舞厅舞中最早的，也是生命力极强的自娱舞形式。

“我任军事学院校长之日，就是这所学院生活的一个时代终结之时。”

麦克阿瑟在担任西点军校校长期间，一直努力保持自己野战军人的形象。当时西点军校给了他一套大房子、一份丰厚的薪水、一队仆人、一个吃饭用的金盘子，但是他却在地下室架起了一张行军床，考虑难题的时候往往独自待在那里；夜晚他裹着几条毯子，冻得直发抖。

学校高年级学员仍会欺辱低年级学员，麦克阿瑟对自己过去受欺辱一事耿耿于怀，因此，一旦出现这样的事件，他就会亲自处理。他召集了一帮高年级学员来商讨这件事。他没有敬礼，而是与每个人握手、递烟、拍他们的手臂。大多数人都被他迷住了，但至少有一个人认为这一切很做作，怀疑新校长是否真心实意。麦克阿瑟请这些高年级学员组成反欺辱委员会，拟订一个行为准则，制止欺辱行为。他批准一份名为《号角》的周报刊登这个行为准则，但几期后周报上就发表了一封信，批评麦克阿瑟在欺辱问题上的政策。这让麦克阿瑟非常生气，一怒之下将《号角》停刊，并立即把分管审查《号角》的阿奇博尔德・V. 阿诺德少校派到远离西点的一个要塞。

麦克阿瑟对自己的改革政策会不遗余力地维护，是因为他一直面对着一批顽固派。他让反欺辱委员会拟定了一本小册子，严禁学员训练中的危险做法，如让新兵在裸露的刺刀上方做劈叉动作。徒手拳击也遭到了禁止。只要方式含蓄一点，轻微的欺辱仍然是允许的。新准则最终被采纳，并在很大程度上得到了实施。麦克阿瑟还关闭了野兽营，改由战术教官全权负责新学员的头 3 周训练。

同时，麦克阿瑟决定仿效第一届年级委员会，让学员成立一个荣誉委员会，正式肯定并实施现存的荣誉准则，把它交到每个班最出色的学员手中。但麦克阿瑟并不太受学员的欢迎，他们觉得他平时总是高高在上，不愿意与学员待在一起，甚至那些教官也很难与他亲近。他跟他父亲的生活方式和性格很相似。小亚瑟将军就从来不与他的军官兄弟们打交道。儿子和父亲一样不善闲聊。尽管麦克阿瑟在学识方面涉猎很广，但是对日常生活和为人处世却知之甚少。

麦克阿瑟喜欢骑马，而且是个网球好手，但这些活动对他来说都是功利性的：它们帮助他保持健康。他唯一热衷的是橄榄球。西点军校棒球队和橄榄球队的每次训练，他几乎都会观看。有一天，一个名叫厄尔·布莱克的年轻运动员说他自己不太会击打弧线球，麦克阿瑟立刻脱掉外套给他做了示范。除了观看训练外，麦克阿瑟对这项运动的每个细节都十分着迷，还花了数小时与教练们谈论橄榄球的战术问题。

对于振兴西点军校，麦克阿瑟有着雄心勃勃的计划。西点军校的很多建筑狭窄阴暗，既不适宜教学也不适宜住宿。自1918年后，西点军校相继建起了许多新建筑，其中有米基露天运动场、华盛顿大楼、格兰特大楼、塞耶旅馆、新的学员宿舍楼和军官宿舍楼等。麦克阿瑟还计划修建一座能容纳5万人的橄榄球体育馆，但因耗资巨大，这个计划最终流产。当然，这并不重要，重要的是麦克阿瑟建立了一套校内运动比赛体系。麦克阿瑟为了纪念他的信条和贡献，作了两行无韵诗刻在体育馆的入口处：在友谊比赛的场地上播下的种子，将在未来的某处结出胜利的果实。

后来，麦克阿瑟被人们称为西点军校“现代军事教育奠基者”。

战神与财娘喜结良缘

麦克阿瑟就任西点军校校长时将近39岁，按理早该成家立业了。况且他喜欢美女，也不乏征服女人的手段，但他一直单身。也许是美女如云让他无从选择，也许是他在等待一次真正的爱情，直到来到西点军校的第三年，他才等来了爱情。他的个人生活也由此翻开了极为复杂的篇章。

那是1921年9月的一天，有几个军官开车来西点军校参观，并从纽约带了几名女友为伴。其中一位名叫露易丝·克伦威尔·布鲁克斯的离婚女子，被介绍给了麦克阿瑟。她娇小玲珑，苹果脸，棕色的眼睛深邃明亮，举止活泼轻快。已届不惑之年的麦克阿瑟，难以自制地拜倒在这个36岁的女人的石榴裙下。

露易丝·布鲁克斯于1885年出生在纽约一个富有的律师家庭。她幼年丧父，母亲后来改嫁给费城的一个银行家爱德华·斯托特斯伯里。爱德华·斯托特斯伯里声称自己是英格兰护国公奥利弗·克伦威尔[①]的直系后裔。他还是 J. P. 摩根的合伙人，世界上最富有的人之一，他的财产据估计有 1.5 亿美元。露易丝·布鲁克斯成了世界上最富有的女继承人之一，但这并非她魅力的秘密所在。她迷惑男人的魅力既不在于她漂亮的脸蛋——她的长相并不特别出众，属于那种五官单独看并无特别之处，但组合在一起却具有更多韵味的女人；也不在于她的才华——有点小聪明，但并不是很有学识。她所具有的一种能力让其他女人忌妒不已，甚至比忌妒她的钱还厉害：她浑身上下都散发着成熟女性的魅力。

1908 年，露易丝嫁给巴尔的摩[②]商人沃尔特·J. 布鲁克斯二世，但两人的婚姻生活一直不太和谐。因为超级富豪布鲁克斯是出了名的傲慢自大，而露易丝不愿生活在男人的影子里，经常在公开场合贬低他。他们生了两个孩子：沃尔特三世和露易丝二世。第一次世界大战期间，他们在巴黎过着花天酒地、挥金如土的生活，经常在巴黎的公寓中招待级别和军衔与他们相配的美国军官，并与美国远征军总司令潘兴成了莫逆之交，成为美国远征军司令部的工作人员。外界曾有流言说潘兴和露易丝关系暧昧，猜想他们是情人关系。实际上，风情万种的露易丝迷恋上了潘兴的助手约翰·奎克迈耶上校，两人往来甚密。1919 年，露易丝在巴黎与布鲁克斯离了婚。

战后，潘兴返回华盛顿，露易丝也赶到华盛顿给潘兴当办事员。她紧紧追随潘兴，到底是为了约翰·奎克迈耶还是为了潘兴，这只有他们自己知道。外界对此又做出了新的推测：露易丝想跟潘兴结婚，但是潘兴对她似乎失去了兴趣。众所周知，潘兴是出了名的好色之徒，但对婚

---

① 奥利弗·克伦威尔（1599—1658）：英国政治家、军事家、宗教领袖，英国资产阶级新贵族集团的代表人物、独立派的首领。在 17 世纪英国资产阶级革命中逼迫英国君主退位，解散国会，建立英吉利共和国，出任护国公，成为英国事实上的国家元首。

② 巴尔的摩：位于美国大西洋沿岸切萨皮克湾顶端的西侧，是马里兰州最大的城市、美国重要的海港城市。

姻却十分慎重。据说他又和一名 21 岁的罗马尼亚女子建立了亲密关系，即使他准备结婚，新娘也肯定不是露易丝。他很明确地对她说：“露易丝，和你结婚就好比买一本书给别人看。”这既是对露易丝的基本评价，也宣告了他们暧昧关系的终结。不过，露易丝并没有因此一蹶不振，相反，她又一次次地进行大胆追求。

当然，潘兴并不厌恶露易丝，两人仍保持着朋友关系。他们不能结婚可能还有一个很重要的因素，那就是潘兴从欧洲回国后，一直在筹备总统大选，他不希望露易丝成为自己的一个障碍。他宁可眼睁睁地看着自己的情人投入助手的怀抱，毕竟他与奎克迈耶的关系好到就像父子一样。

单身的约翰·奎克迈耶完全被露易丝迷住了，对她展开了疯狂的追求。但露易丝频频与他约会并不表示她一定会嫁给他。就在露易丝举棋不定的时候，她在西点军校结识了麦克阿瑟，他们一起到距西点 20 英里的一个游乐场的晚礼服舞会上跳舞。时年 41 岁的麦克阿瑟遇见过很多女人，但从来没有哪个女人令他这么神魂颠倒、心旌荡漾。露易丝也同样被麦克阿瑟强烈地吸引住了，她邀请他到纽约来看她，她在丽思－卡尔顿豪华旅馆里有一间巨大的套房。麦克阿瑟忙于和学术委员会争辩，无暇离开，但他邀请她回西点军校来出席几周后本赛季的第一场橄榄球赛：军校队对耶鲁队。看球的时候，军校队败得一塌糊涂，但酷爱橄榄球的麦克阿瑟已经不在乎了，露易丝已经占据了他的全部视线。球赛结束的哨声一响，他就向露易丝求婚。而露易丝也毫不犹豫，当场答应下来。

事实上，这是一段大家都不太看好的婚姻。他们两个人都是那种追求个人自由、高高在上的人，都更爱自己和自己从事的事业，不会为对方妥协。很明显，真正发生的是大多数人都能体会到的那种难以抗拒的欲望。他们只有一个相同的地方，那就是邂逅时他们都处在爱情低潮期。爱情来了，就像海水定期会涨潮一样，两股潮水汇聚在一起，将他们推向婚姻的高峰。麦克阿瑟和露易丝都相信这是命运神秘的安排。

麦克阿瑟的母亲玛丽并不反对这桩婚姻，抛开露易丝的人品不谈，他们实际上是门当户对的，麦克阿瑟家族有着很高的社会地位，而露易丝则相当富有。实际上，玛丽一开始就喜欢露易丝。麦克阿瑟写信告诉露易丝："她让我告诉你，你的房间早已准备好了，等着你随时去住。"不过，露易丝起初对玛丽仍然保持警惕。她真的乐意让自己寄予厚望的儿子跟一个离过婚的女人结婚吗？麦克阿瑟安慰她说："妈妈不仅通情达理，而且非常爱你……"露易丝回纽约的那几天，他又给她写信说："这个世界上何曾有过这样的罗曼史！伟大的命运之神把我们结合在一起了……"

就在他们筹备婚礼的时候，玛丽得了心肌梗死，被送往纽约急救，他们的婚事不得不推迟。手术期间，玛丽一直处于病危状态，麦克阿瑟担心母亲熬不过那个冬天，但在主治医生的悉心照料下，玛丽坚强地挺了过来。他感到很欣慰，于 1922 年 1 月向亲朋好友公开了他与露易丝即将结婚的消息。

与此同时，麦克阿瑟还面临着事业上的一个转折。潘兴竞选总统没有成功，但以他在军界的威望，当上了陆军参谋长。他在 1921 年夏天上任后，对麦克阿瑟在西点军校的改革十分关注。在某种意义上，他是个保守主义者，在陆军建设上与他的前任很少有共同语言。就在麦克阿瑟与露易丝宣布准备结婚的时候，潘兴却在物色接替麦克阿瑟的人选，准备让比较保守的弗雷德·斯莱顿将军接任西点校长。

2 月 14 日情人节，麦克阿瑟和露易丝在她母亲位于棕榈海滩的海滨住宅里结婚。婚礼上，麦克阿瑟身穿白色西服，露易丝穿着紫衣裙。克莱顿·惠特牧师主持婚礼。仪式在客厅里举行，厅内悬挂着西点军校和彩虹师的旗帜。挂着的红、白、蓝彩带和临时搭成的堆满鲜花、棕榈叶的花坛，使大厅显得正式而庄重。露易丝的兄弟吉米·克伦威尔身着海军陆战队上校军服，做她的傧相。有一份报纸的头条令这次婚礼倍增光彩，上面写道：战神与财娘结婚。

新婚之初，他们是快乐幸福的。然而，通往婚姻圣坛的路并不平坦。3 个月后，潘兴通知麦克阿瑟将于 1922 年 6 月免掉其西点军校校长之职，并派他到菲律宾执行海外勤务。

新闻界对这一消息异常敏感，重提昔日有关潘兴与露易丝的流言蜚语，猜测潘兴一脚把麦克阿瑟踢出西点军校，“流放”海外，是因为麦克阿瑟博得了潘兴旧情人的欢心，他很生气。当然，这很可能是无事生非，因为当时潘兴的心正在他的罗马尼亚情人米切莱茵·里斯库身上。还有人猜测，潘兴生气是因为露易丝不听从他的劝告，无情地抛弃奎克迈耶上校。在露易丝中止与奎克迈耶非正式、未公开的婚约后几天，潘兴就写信告诫麦克阿瑟说：“通知你在本学期结束时，将有一次到美国以外的出差旅行。”他的语气很委婉，但却是一种警告。面对种种猜测，潘兴迫不得已，只得亲自出马，公开否认他陷入了和一个下属争风吃醋的三角恋爱。“都是他妈的胡说八道，”他对《纽约时报》的记者说，“麦克阿瑟将军被派往菲律宾，是因为在可派往海外服务的军官中，他是出类拔萃者。我非常了解他，他是我遇到的最杰出的军人。所有这些飞短流长，纯属毫无根据的胡说八道。”

西点军校校长没有固定任期，但麦克阿瑟的前任一般只有约 4 年的任期。麦克阿瑟正好也在任 4 年，所以，这一任命即使是潘兴出于个人动机也是无可厚非的。麦克阿瑟只能安慰自己，认为他已经永远改变了自己的母校，他的改革已经深入彻底，一切都不会像从前那样了：“在旧西点军校的废墟上，我创建了一所新的西点军校——强盛不衰、充满活力。”然而，潘兴在麦克阿瑟的鉴定报告中，把他在西点军校的表现仅列为“中上”。在陆军中，“中上”意味着平庸。在陆军的 46 名准将中，潘兴把麦克阿瑟列在第 38 位，这一排位简直令人难以置信。潘兴列在前面的 36 名准将中大部分是混事的人，过几年就要退休，只是尚未公开宣布。潘兴承认，麦克阿瑟是“一名很能干的年轻军官，在勇敢方面有着优秀的战时记录”，但这并不能改变他当前的看法，他在鉴定报告的结尾写道：麦克阿瑟“对自己评价过高”。

如果麦克阿瑟真的被派往国外，那目的地肯定不是巴拿马就是菲律宾，这两个地方都是露易丝不喜欢的，她更喜欢纽约或者巴黎的繁华都市的生活，这是那些炎热、疾病流行和赤贫的国家所不能给予她的。麦克阿瑟严肃地告诉露易丝，潘兴是想让她感到害怕，后悔与他结婚。一场风波显然并未影响这对夫妻的关系，露易丝的那股热乎劲似乎还没有消失。10 月初，麦克阿瑟携带露易丝及其两个孩子乘“托马斯”号邮轮抵达菲律宾，出任马尼拉军区司令。

回到阔别 19 年的马尼拉，麦克阿瑟难免有一种故地重游的喜悦之情，而且现任总督是他的老上司、提携过他的退职陆军参谋长伦纳德·伍德，他们通力协作、配合默契，更使他对这里的工作感到愉快和安心。同时，他还有机会增进与老朋友奎松和奥斯梅纳的个人友情，他们现已分别成为菲律宾国民党党魁和众议院议长。

然而，露易丝对菲律宾的生活十分厌倦，她留恋纽约和华盛顿旋风般的社交活动，对麦克阿瑟斯巴达式的枯燥生活及花费大量时间用于工作极为不满，两人的关系开始出现裂痕，以致她开始怀念起与奎克迈耶的恋情，甚至后悔没有和他结婚。

这是麦克阿瑟第三次来到菲律宾，并在此长期生活，但他仍不太适应这里的水土和气候，经常犯病，饱受折磨。正在他与病痛做斗争之际，他接到了母亲发病的电报。1923 年春，他告假回国看望母亲。他回到华盛顿后，玛丽的病已大有好转，又开始为儿子的军衔问题而奔走。四五年前，麦克阿瑟曾被推荐晋升少将，只因那个时候晋升军衔暂停，这事也就不了了之。如今她的健康状况越来越糟，一心想在有生之年为儿子尽最后一点力。于是，她给潘兴写信提出了这个要求。她在信中用尽热情洋溢、奉承讨好和推心置腹的语言，恳求他把麦克阿瑟提升为少将，甚至说：“你大笔一挥就可以使他得到升迁。”但她并不知道儿子与潘兴不合拍，甚至有很大隔阂，而潘兴也不是那种恋旧情的人，她的要求会让潘兴做出怎样的反应外人不得而知，但从中可以看出她对儿子的关爱之情。

麦克阿瑟并不知道多病的母亲还在为自己操心费力，他和露易丝都不想回马尼拉，但作为军人，他无法在华盛顿尽孝。他恋恋不舍地离开了母亲和哥哥，重新回到自己的岗位上。不过，他回到菲律宾后权力稍稍扩大了点，成为美军驻菲律宾部队司令（实际上只有一个旅）。他为自己能指挥一支独立的作战部队感到十分高兴，开始把精力转向制定菲律宾的防御方案，这为后来的群岛防御解决了一个难题。

同年 12 月，麦克阿瑟的哥哥亚瑟三世因阑尾炎而突然病逝。兄弟俩见面不到一年，竟然就此永别，麦克阿瑟无法接受这一事实——一个健壮的海军上校，竟然被未曾预料到的小小疾病夺去了生命。他疯狂地跑向海边，面向大海痛苦地疾呼。

世上的很多事情总是祸福相依。就在麦克阿瑟经受种种磨难考验的时候，传来了一个喜讯：他被提升为少将。也许是潘兴在退休前大发善心，终于在 1925 年 1 月让 45 岁的麦克阿瑟戴上了两颗星，成为陆军中最年轻的少将（永久军衔）。这年夏季，麦克阿瑟受命返回美国，担任总部设在巴尔的摩的第 3 军区司令。

露易丝在那里有一处名叫“彩虹山”的豪华住宅。她马上又投身于社交活动，结交政治名流和实业巨头，忙得不亦乐乎，心情也比以前好多了。她力劝丈夫退出军界，创办私人公司赚大钱。然而，这对麦克阿瑟毫无诱惑力，他对军功章的依恋可称得上执着，职业军官无疑想得到他们觉得是自己的血汗挣来的绶带、奖赏、勋章和徽章。露易丝也对军旅生活彻底失去了兴趣，当 1928 年夏天麦克阿瑟第四次到菲律宾任职时，夫妻终于反目，露易丝提出离婚。1929 年 6 月，他们正式办理了离婚手续。爱情来得快走得也快，麦克阿瑟认为是天作之合的第一次婚姻失败了。

荣任陆军参谋长

麦克阿瑟担任第 3 军区司令官期间，1925 年 9 月，他接到了来自华盛顿的一项特殊指令，让他作为最高军事法庭的成员之一，审理空军准将威廉·米切尔[1]不服从上级命令，污蔑陆军部、海军部一案。麦克阿瑟感到自己接到了一个烫手的“山芋”，他把这项任务看作是自己一生中接到的“最令人厌恶的命令之一”。

麦克阿瑟之所以这样说，至少有两个原因：其一，威廉·米切尔家与麦克阿瑟家是世交，他们的父亲在内战时都曾服务于威斯康星第24步兵团。麦克阿瑟与米切尔从小就认识，是同乡加朋友。其二，威廉·米切尔是早期空军战略家和空军倡导者之一，他和意大利人朱里奥·杜黑、英国人休·特伦查德一起，被视为空中战争理论的三位先驱。米切尔在这一方面的成就，使得他能够深刻地预见到空军发展的方向和空军在两次世界大战中的作用。战后的军事政策促使他首先敦促美国人民认识到空军在美国军事和外交政策方面的作用，从而使他成为美国空军的创始人之一，并成为美国海军航空队发展的重要推动者。

米切尔早年曾在麦克阿瑟的父亲小亚瑟的部队中服役，并在第一次世界大战时任美军航空兵指挥官，立下了赫赫战功。第一次世界大战后，他担任航空部队分管后勤的副司令，致力于创立独立空军以及对军事空中力量实施联合控制的鼓动工作。他宣称飞机已使战列舰失去了以往的作用，并引用1921年7月通过空中轰炸在21.5分钟内击沉德军无畏舰“东弗里斯兰”号的有争议的实验来证明自己的观点，这激怒了海军当局。

1923年9月在哈特拉斯角[2]成功的海军实验，促进了攻击性武器航空母舰的发展。米切尔不断地对上级施加压力，要求发展空军并改善装备，措辞十分激烈。评论家爱华·沃纳这样写道：“米切尔像激进党人那样撰写文章和发表演说，对反对派变得越来越不耐烦，而且越来越倾向于谴责反对派是愚蠢的、反动的、卑鄙的，说他们被私利蒙住了眼

---

① 威廉·米切尔（1879—1936）：美国著名的空军理论家，著有《空中国防论》，他的理论对许多国家的空军建设和作战理论产生过重要影响。

② 哈特拉斯角：美国北卡罗来纳州外滩群岛哈特拉斯岛上的一个由狭长、弯曲的沙洲形成的岬角，长约113千米。

睛。”这导致他被降为上校军衔，并于1925年4月被调到得克萨斯州的圣安东尼奥，成为第8军区的空军军官。然而，这并没有阻止他继续为强调空中力量的重要性而努力。1925年9月3日海军飞艇“谢南多厄”号在暴风雨中失事后，他公开指责陆军部、海军部的失职和无能。最能说明问题的是，陆军参谋长潘兴任命原彩虹师师长查尔斯·梅诺尔为航空兵司令，米切尔仅为副司令。这让他极为不满，跟所有飞行员一样，他认为让“门外汉”来担任司令是对空军的一种蔑视和侮辱。这给他带来了厄运。

10月28日，米切尔案正式开庭审理。最初，人们预计审讯用不了一周就会结束。但米切尔把法庭变成了宣传其理论的讲坛，使得新闻界异常活跃，大张旗鼓地进行报道，结果使审讯延续到了12月中旬。军事法庭由6名少将和5名准将组成，麦克阿瑟在整个过程中“一反常态地沉默”，他知道，多说一句话就会招惹是非。作为陆军中最年轻的少将，他不能不谨慎一点。其实，他的性格甚至着装习惯，都与米切尔有相似的地方，他们最为相似的地方正是敢做敢说，是炮筒子。但现在不是出风头的时候，沉默才是明智的选择。

审判期间，麦克阿瑟将注意力放在妻子露易丝身上，尽管他们的婚姻已经濒于破裂，但这可以作为一种掩饰，使他避开一些麻烦。最终，军事法庭成员都认为米切尔有罪，只有麦克阿瑟一人认为米切尔无罪，他说话闪烁其词，语气并不是那么坚定，建议法庭不要解除米切尔的军职，因为他的确是现代化军队需要的人才。最后，法庭判决米切尔停止军职两年半。无疑，麦克阿瑟在审讯中所采取的态度还是影响了军事法庭的判决，从而减轻了对米切尔的处罚。1926年2月1日，米切尔退居弗吉尼亚州的米德尔堡，在那里继续发表演讲和撰写文章为自己的观点辩护。

1927年秋，美国奥林匹克委员会主席突然死亡，在美国体育界引起了一场小风波。由于1928年奥运会即将在荷兰的阿姆斯特丹举行，人们便将爱好体育运动的麦克阿瑟推举出来，他很意外地当选为美国奥林匹克委员会主席。这个军区司令官（相当于军长）于1928年夏率美国体育代表团来到荷兰。在赛场上，他为每一次胜利欣喜若狂，也为每一次失败痛心疾首。他对队员们说："美国人绝不退缩。"最终，美国队创造了 7 项世界纪录和 17 项奥运会纪录，取得了非常可喜的战绩。

回国后，麦克阿瑟又奉命前往马尼拉担任最高军事职务——驻菲美军司令。和平时期，这位年轻的将军做了不少"业余"工作。他认为，在菲律宾让他有了更多的时间进行一些军事研究，比如超长战线的后勤保障、战争与经济的关系、群岛的防御与攻岛的战术，以及几个后起军事强国的军备发展态势等。他在回忆录中写道："没有什么任命比这更使我高兴的了。"

在马尼拉，他与新任总督亨利·史汀生建立了深厚的友谊。伦纳德·伍德于 1927 年去世，在美菲关系处于困难之际，菲律宾总督一职由史汀生接任，其首要任务是发展菲律宾的经济，因此他欢迎各国的投资者和移民，包括大批日本移民。他鼓励菲律宾的政治活动，但拒绝其独立，并与奎松私下达成了自治领权的协议。麦克阿瑟与史汀生在对待菲律宾的大政方针上意见一致，但他认为日本政府主张对外扩张，菲律宾不应该大量接收日本人。他经常与老朋友奎松讨论日本军事扩张问题，认为日本作为一个后起的军事强国，实行扩张政策必将带来战争隐患。

由于小约翰·卡尔文·柯立芝①总统不愿参加下一届总统竞选，商务部部长赫伯特·胡佛与潘兴成为最有可能被提名的候选人。最后胡佛略胜一筹，于 1929 年 3 月就任美国第 31 任总统。麦克阿瑟也希望胡佛当上总统，因为他们在第一次世界大战时就有过交情，彼此非常了解，这必然有利于他的前途。

此时，麦克阿瑟正在菲律宾军区司令的位子上制订工作计划，他反对将美国海军撤离而让陆军独守岛国的"橙色计划"，建议美军帮助菲律宾建立一支具有强大战斗力的部队。他的计划还没有酝酿成熟，便收

---

① 小约翰·卡尔文·柯立芝（1872—1933）：美国第 30 任总统，共和党人。他在政治上主张小政府，以古典自由派保守主义闻名。

到了陆军参谋长查尔斯·萨默罗尔将军拍来的电报，说“总统很想任命你为工程兵部主任”。这并非正式任命，而是一种征询意见的形式。对麦克阿瑟来说，眼下他有两个选择，一是近水楼台继任菲律宾总督，二是争当陆军参谋长。因为史汀生已经被胡佛总统任命为国务卿，而他的老上司、陆军参谋长萨默罗尔将军也即将退役。这是一个非常有利的时机，可惜这个商调职位并不是他想要的，这让他陷入了一种进退两难的境地。

工程兵部主任实际上相当于工程兵司令，对他来说确实是晋升了。当时，密西西比河泛滥，在十几个州造成了政治和经济危机，让他去治理这条河也算是委以重任。胡佛总统认为这是对麦克阿瑟的一种激励，他是一个“理想的人选”。但是，如果接受这一任命，那么别说是当陆军参谋长，就是接任菲律宾总督的希望都十分渺茫。而如果拒绝这一职务，他有可能会被认为不忠，像威廉·米切尔那样自毁前程。

麦克阿瑟考虑再三，决定冒一次险，拒绝接受工程兵部主任的职务。他给萨默罗尔发电报说：“本人认为选我为工程兵司令可能是个巨大的错误，这是个高度专业化的职位，而我的专业资格不够。并且，菲律宾军区正在进行根本性的重组，包括新的作战计划和项目，菲律宾群岛将首次有一个合适的防务政策。这一切都要求我在这儿至少再待一年。”

麦克阿瑟心想，这一回绝肯定会让总统生气，因为现在陆军少将有几十人，总统可用的将才并不少，恐怕很难找到像他这样拒绝升迁的人。所以，发完电报之后他一直忐忑不安，甚至有点后悔，得罪了胡佛总统，至少在他的任期内不要想有出头之日了。

作为麦克阿瑟的老上司，萨默罗尔多少知道一点他的心思。此时，他和几个华盛顿的权势人物正在为任命麦克阿瑟为陆军参谋长而到处游说，其中包括起着举足轻重作用的陆军部部长帕特里克·J. 赫尔利[①]。

---

① 帕特里克·J. 赫尔利（1883—1963）：美国政治家、外交家，共和党人，曾任胡佛政府的陆军部部长、驻新西兰公使；于 1931 年、1944 年两次出访中国，并在第二次来华后任美国驻华大使。

赫尔利只听说过麦克阿瑟的名字，从未与麦克阿瑟碰过面，起初他并不赞成向总统推荐麦克阿瑟，但他的助手乔治·莫斯利准将却极力赞成此事。赫尔利见那么多人都推荐麦克阿瑟，想必还是有些理由的。于是，他向自己的亲信第 7 军军长约翰逊·哈古德征询意见，而哈古德正是受麦克阿瑟的鼓动和帮助才当上军长的，自然极力为麦克阿瑟说好话。他对赫尔利说，麦克阿瑟是陆军中“最能干的人和最优秀的士兵”。

就这样，赫尔利加入推荐人的队伍中。他们在胡佛总统耳边大说麦克阿瑟的好话，总统终于释怀。麦克阿瑟成了陆军参谋长最有竞争力的候选人。

1930 年 8 月 5 日，麦克阿瑟收到陆军部部长赫尔利发来的电报：“总统刚刚介绍了你的详细情况，决定由你接替萨默罗尔将军出任参谋长。”胡佛总统在回忆录中讲述了他选定麦克阿瑟为参谋长的理由：“我始终认为选择年高资深的人当参谋长没有出路，因此，我在陆军中寻找年轻人，最后选定了道格拉斯·麦克阿瑟将军。他的杰出能力和优秀品质用不着我解释了。”

9 月中旬，麦克阿瑟应召回国。当盼望已久的愿望终于实现时，他反而犹豫起来了。在回忆录中，他声称：“久已盼望获此任命，但面对可怕的考验，我仍犹豫，不敢接受。我的母亲住在华府，体会到我的想法，来电鼓励我接受新职。她说如果我表现出胆怯，我父亲在九泉之下也会感到羞耻。”

麦克阿瑟表面看起来似乎很幸运，他从菲律宾回国后，于 1930 年 11 月 21 日宣誓就任陆军参谋长，领临时上将军衔，并搬进了迈尔堡 1 号营房的豪华舒适的参谋长官邸。他当时正好 50 岁，是美国陆军史上最年轻的参谋长，但他出任参谋长的大背景并不怎么好。当时全国正进入大萧条时期，和平主义情绪高涨，要想在陆军建设上有所作为，必将面临一场激烈的斗争。陆军参谋部的主要任务是：“独立地并协同海军部队制订国防计划，为保卫国防而制订使用军事力量的计划，在紧急情况下动员国家的人力和一切资源，调查和报告有关影响美国陆军作战能力和备战状态的一切问题。”制订计划并不难，难的是备战必须增加经费。世界各军事强国都在增加对军备建设的投入，尤其海军和航空兵发展迅猛，相对而言，陆军的军费受到了限制。作为陆军参谋长，他可以根据法律负责陆军全体军官的军衔和职级晋升程序，并可以陆军部长的名义下达命令，以确保陆军部的政策能在各兵种、各军区及其他部门协调一致地执行，从而使陆军的计划得以迅速而有效地实施。但是，他受到的最大挑战是在经费只减不增的情况下如何维持陆军的战斗力，保证战时扩军。

到 1930 年秋天，美国经济濒于崩溃边缘。美国的工业生产总值两年内下降了 46.2%，生产水平倒退了 20 年，大量银行和企业倒闭，1000 多万人失业。很多普通家庭背上了沉重的债务，不少人靠沿街乞讨度日。即使是有钱人家，也是除了食品什么都不买，他们不再借钱，并且停止投资。而经济学家想出的拯救办法无非是削减经费，首当其冲的是政府部门、军队、学校及靠公益经费支撑的各种组织。胡佛总统在 1930 年将陆军部的军费在财政支出中的比例削减到 7.5%，还不到第一次世界大战前的一半。裁军的呼声很高，参谋部士气低落，怨声载道。美国各地到处盛传共产党人正在渗透进工会、学校、教堂和宣传机构，鼓动示威游行，并准备发动革命。

20 世纪 30 年代初的美国陆军，正规军只有 13 万，外加 18 万国民警卫队，在各国军队中居第 16 位。陆军经费只有 3.5 亿美元。就是这点可怜的经费，总统和国会还要砍上一刀，要求陆军进一步缩减开支，关闭基地，提前退休，甚至提出要将现有的 12255 名军官减少 2000 人。对此，麦克阿瑟不知疲倦、毫不畏缩地进行了抗争。他很清楚，他当前的主要任务就是保证陆军一切工作的正常运转，以免它在这个充满永久和平幻想的时代因削减预算而逐渐衰亡。他大部分时间都消磨在国会的会议厅里，他以事实为依据，雄辩而无情地抨击和平主义者，积极为陆军辩护。“任何要维护自己尊严的国家，都必须时刻准备保卫自己，”他在一次答辩中说，“历史证明了，一些曾经声名显赫的国家由于忽视国防而销声匿迹。罗马和迦太基在哪里？拜占庭王朝在哪里？曾一度辉煌的埃及又在哪里？垂死呼号之声没有得到各国重视的朝鲜（朝鲜半岛）又在哪里?”

麦克阿瑟到参谋部上班总是穿着便装，很少会见宾客，尽量避免交际应酬。他试图在周围创造一个家庭似的氛围，或者叫作“将军之家”。他把参谋部的90多个人都称作“我的伙计们”。尽管他意识到陆军在计划、训练、编制、武器装备等方面存在许多弊端，亟待革新和改进，但他只能谨慎行事，待机行动。在他的努力下，参谋部的工作气氛比原来活跃多了。

但是，麦克阿瑟的这些努力无法解决根本问题，一年之后，他那争强好胜的本性和陆军日益恶化的形势，使他再也坐不住了。

1931年秋天，麦克阿瑟前往欧洲参观考察。他先到法国观看法军的军事演习，在那里，法国陆军部长安德烈·马奇诺授予他大十字荣誉勋章。随后，他又前往南斯拉夫观看南军演习，受到了亚历山大国王的接见，也获得了一枚勋章。考察归来后，他更加坚定了自己的立场，强烈要求保持陆军人数，并积极备战。

争取陆军预算的斗争尽管注定会失败，但麦克阿瑟始终不放弃。他到处发表演说，积极鼓动备战，严厉抨击和平主义，并对共产主义表现出极端的仇恨。1932年夏，他在匹兹堡大学①向应届毕业生发表讲话时说：

> 我们周围到处充斥着和平主义及其共枕者——共产主义。在剧院、报纸、杂志、神坛、演讲厅、大学校园中，它就像一层雾霭缠绕着美国。……这种毒瘤，日复一日，侵蚀着这个国家，而且越侵越深。我们应该时刻准备保卫我们自己……正是没有保护的财富才会引起战争。美国的财富展示出诱人的前景，这可能最终导致另一次世界大战……

他还引用《圣经》第11章第21节“壮士拿起武器，守卫自己的

① 匹兹堡大学：简称“匹大”，位于美国东北部宾夕法尼亚州，成立于1787年，是美国最早的十所大学之一、“公立常春藤”院校之一、美国大学协会成员之一，也是美国东北地区最好的公立大学之一。

家园，他的一切才会安全”这段话，作为自己的理论依据。一旦遇到集会，他就会引用这句出自《圣经》的格言，来向他的同胞阐明重振美国陆军的重要性。

一时间，麦克阿瑟成为众矢之的，被称为“大众钱包无耻的掠夺者”“战争贩子”“合而为一的三剑客”“虚张声势的好战分子”。

人生败笔：镇压“退役金”老兵

不久，美国发生了一场被称为“退役金大进军”的游行示威，麦克阿瑟在其中扮演了一个重要却不光彩的角色。

1932 年 5 月 29 日，那些一贫如洗、饥肠辘辘的退伍军人聚集在国会大厦周围请愿，并在宾夕法尼亚大街的几幢空房子里落脚，还搭起了一些破烂的帐篷栖身。舆论界把他们的聚会称为“退役金大进军”。聚集在华盛顿的老兵很快便达到了 1.7 万人，有些老兵还带着家人，但他们没有地方居住，也没有钱买食品或住宿。

胡佛总统和麦克阿瑟认为退役大军是共产党阴谋集团在幕后操纵的。为了防止请愿演变为一场推翻政府的革命，胡佛总统命令麦克阿瑟让华盛顿地区的陆军部队处于待命状态。实际上，退伍军人管理局的统计数字表明，这些游行者中有 94% 曾在军队中服役，67% 曾在海外服务，20% 为残疾军人。

7 月 28 日早晨，一部分游行者与当局不可避免地发生了暴力冲突。当时哥伦比亚区的警察试图把居住在废弃大楼中的 5000 多名老兵驱赶出来。华盛顿的官员们认为警察无法控制住游行者，于是正式请求胡佛总统派联邦军队介入。赫尔利和麦克阿瑟更进一步，恳求胡佛总统宣布军事法令，但遭到了拒绝。

退役金游行者没想到胡佛政府已经得了偏执狂症，其反应是完全过度的。当天下午，胡佛总统指示军队和哥伦比亚区的警察合作，“包围闹事地区，立即平息骚乱”。赫尔利给麦克阿瑟的书面命令不但要求他驱散退役金游行者，还要把住在华盛顿市中心废弃大楼里的老兵赶走。

胡佛总统最初给赫尔利的命令是逮捕所有游行的人，然后一一甄别，把带头的送上法庭。在征求麦克阿瑟的意见以后，赫尔利认为这个命令无法执行，可能会带来严重损失，于是自作主张，把给陆军的命令修改为扫清整个城市。麦克阿瑟接到赫尔利的命令后，说："我们去敲碎退役金远征军的脊梁骨吧。"

驻扎在迈尔堡附近波托马克河两岸的第 3 骑兵团接到了进入华盛顿平息暴乱的命令。在乔治·巴顿少校的率领下，该团急急忙忙地穿过纪念大桥，来到白宫椭圆形大楼区。200 名骑马的士兵，头戴钢盔和防毒面罩，手拿军刀，全副武装地出现在宾夕法尼亚大街上。这一景象直到 1970 年才再次出现，那是在华盛顿大规模反对越战的抗议游行中，第 82 空降师的士兵们接到命令去保卫五角大楼。

那天，麦克阿瑟和德怀特·艾森豪威尔①都是穿着便装去上班的。尽管胡佛总统已经指示这件事由警察控制，但是在 7 月的那个下午，麦克阿瑟宣布他要亲自指挥这一行动，并让一个助手到他家把制服取过来。艾森豪威尔对此十分反感，再次表示不必这么张扬，"我认为这不过是一场骚乱，而不是大规模的军事行动，所以我对他说，这样做是不明智的，作为参谋长，他不该屈尊亲自指挥"。但麦克阿瑟认为既然这是一次"军事行动"，就应该穿军装，并命令艾森豪威尔和其他人也穿上军装。军装取来了，而且是军礼服，肩上佩戴着四星上将的肩章，胸前披挂着绶带和勋章。在那天拍摄的最著名的一张照片里，麦克阿瑟嘴角叼着雪茄，艾森豪威尔则阴郁地站在一旁，脸上明显写着不快。陪同麦克阿瑟的还有托马斯·杰斐逊·戴维斯上尉，他是麦克阿瑟的助手。

大约下午 4 点，军队指挥官得到了驱散老兵的命令。巴顿的部队首先向人群（包括旁观者）发起冲击，退役金游行者在华盛顿市中心受到了步兵和骑兵的攻击。陆军的陈述是，有少数几辆坦克立刻熄火。数以千计的旁观者目击了这场冲突——他们中有些人投掷石头和砖块，结

---

① 德怀特·艾森豪威尔（1890—1969）：美国第 34 任总统、陆军上将，第二次世界大战期间任盟国欧洲远征军最高司令，被美国的权威期刊《大西洋月刊》评为影响美国的 100 位人物第 28 名。

果受到了步兵催泪瓦斯的攻击。有些人骂军队："耻辱！耻辱！""你们

德怀特·戴维·艾森豪威尔画像

都是该死的笨蛋！"这时，步兵也冲了上来，向人群投去一枚枚催泪弹，刹那间，一股股烟雾笼罩着宾夕法尼亚大街，围观者四处逃散。老兵们虽然没有抵抗，但也受到了催泪瓦斯的攻击，被800多名联邦军队的士兵赶进了胡佛村。这些士兵有一部分是巴顿的骑兵，他们拿着军刀，任何人只要敢抵抗，他们就用刀背砍。可悲的是，这些士兵在攻击同人的同时，也是在攻击他们曾经宣誓要效忠的宪法，以及他们的职责——毫不迟疑地执行指挥官的合法命令。这场悲剧的根源在于，在局面失控以前，总统和陆军部都没有找到更仁慈的办法来解决问题。

不久，胡佛总统又发布命令，要求军队不要越过阿纳科斯蒂亚桥追击游行者，也不要进入胡佛村驱逐那里的居民。由于找不到麦克阿瑟，

这道命令就传给了副参谋长乔治·莫斯利。莫斯利在回忆录中写道："我把这条命令交给了他（指麦克阿瑟），他因自己的计划被打断而感到很恼火。"60多年来，一个为人们所接受的说法是，麦克阿瑟故意不遵从总统的命令。他对这道命令十分愤慨，认为这是文官干涉军事，并宣布原定计划不变。这是他第一次有意违抗总统的命令，但并不是最后一次。

麦克阿瑟下令在第11街桥头架起重机枪，然后率领一支步兵纵队冲了过去，艾森豪威尔紧紧跟在他的身边。到了对岸后，他们兵分两路，向退伍兵营地包抄过去。当天晚上9点30分，麦克阿瑟下令部队越过阿纳科斯蒂亚桥，开始清理棚户区。有人放火烧了一片棚户，当老兵们逃进黑夜中的时候，胡佛村已经在一场大火中化为灰烬。这场火烧得很快。火是如何烧起来的，谁该对此负责，至今也没有调查清楚。在洗劫中，一个想从着火的窝棚里救出心爱兔子的小男孩，被一个士兵用刺刀捅穿了腿；两个只有几个月大的婴儿被瓦斯活活憋死。华盛顿的一些有钱人坐在自己的游艇上，观赏着这一百年不遇的夜景。

夜里11点，巴顿的骑兵部队进行了最后一次毁灭性的攻击。受攻击的人中有一个叫约瑟夫·安吉利诺的，此人曾因1918年9月26日在阿尔贡战役中救护战友有功而获得十字奖章，而那个被他救了命的人正是现在驱赶他的巴顿。

事件平息后，新闻媒体仍揪住不放。麦克阿瑟的刚愎自用又使他失去了常人的理智。他主动提出辞职，但又虚伪地为自己的行为辩解，他说退役金游行者是共产主义分子策划并鼓动造反的阴谋，那场火是老兵们自己故意放的。他夸夸其谈，危言耸听，却避而不谈自己违抗命令之事："要不是总统不到24小时就动手的话，局面势必非常严重，可能真的会发生一场战争。要是拖延一个星期，我看我国的政治制度就会受到严重的威胁了。"赫尔利补充说："这是一个大胜利。道格立了大功，挽回了危局。"当时，艾森豪威尔也忠心地维护自己的上司。但《巴尔的摩太阳报》说麦克阿瑟的讲话是"胡说八道"，在该报的带领下，新闻界几乎一致谴责麦克阿瑟和赫尔利。最后，麦克阿瑟和赫尔利招致全国各地一片声讨。

小乔治·史密斯·巴顿画像

“退役金大进军”事件后，麦克阿瑟对艾森豪威尔的工作能力更加欣赏，于1933年2月调他做自己的副官。当时艾森豪威尔的军衔只是少校，他完全是靠自己出众的能力和勃勃野心成为麦克阿瑟的左膀右臂的。

在陆军已经受到攻击、面临着更大的预算削减的年代，退役金事件所造成的长期损害是难以估量的。麦克阿瑟和陆军成了政府冷酷无情、忘恩负义的活生生的例证。对麦克阿瑟的名声来说，没有什么争议能比退役金事件造成的伤害更大。

胡佛总统渡过经济萧条时期最困难的几年后就卸任了，1933年3

月，富兰克林·罗斯福[1]就任美国第32任总统，开始在全国推行新政。罗斯福和麦克阿瑟在政见和观念上有很大不同，但他们彼此欣赏、相互尊重。正如麦克阿瑟本人所坦言："无论我们之间有多大的距离，我与他的私人友谊绝不会受影响。"

麦克阿瑟在新总统上任之际，再次提出组建4个野战集团军的计划。这个计划早在胡佛任总统时就已提出，但因经费紧张而没有真正落实。麦克阿瑟所面临的最复杂的组织问题之一，是如何建立坦克部队。当时美国陆军不但数量少得可怜，质量也差得惊人。甚至有的报刊说，美军是世界上"装备最差"的军队。麦克阿瑟手头所能掌控的陆军只有3万人，其余的都在戍边或在海外服务；坦克有1000辆，但只有部分能投入实战；飞机有1500架，但大部分已经过时。

面对这种局面，麦克阿瑟在1931年年度报告中就提出组建机械化实验部队。不久，一支由轻型坦克、装甲运兵车和卡车牵引火炮组成的小部队在弗吉尼亚的尤斯提斯堡成立了，并开始探索机械化作战的战术。训练一段时间后，该旅旅长艾德纳·查菲提出机械化部队的归属问题，建议把它配给骑兵部队。麦克阿瑟虽然对骑兵部队感兴趣，但他认为在像第一次世界大战那样的规模化作战中，骑兵已不能发挥原有的优势，必将被逐渐淘汰。而陆军的基本兵种是步兵，将机械化部队配给步兵，是提高步兵快速反应能力和大规模运动作战能力的途径。最终，他把坦克分给了步兵和骑兵。在坦克的性能上，麦克阿瑟更强调它的机动能力和速度，侧重于发展轻型坦克。他要求机械化部队要"保留骑兵精神"，长于闪击战，并在条令中明确规定：在进行突击作战时，应大量使用坦克。1934年，他领导参谋部确定了实现陆军装备现代化的先后顺序：坦克和炮兵机械化、野战部队摩托化、飞机、通信设备和新式半自动步枪。由于一时半会还得不到新坦克和大炮，他努力使步兵重新装

---

① 富兰克林·罗斯福（1882—1945）：美国第32任总统，史称"小罗斯福"。是美国历史上唯一连任超过两届（连任四届，病逝于第四届任期中）的总统，美国迄今为止在任时间最长的总统，曾多次被评为美国最佳总统，被美国的权威期刊《大西洋月刊》评为影响美国的100位人物第4名。

备世界上第一种实用的半自动步枪，并在这方面取得了成功。

同时，麦克阿瑟对空军的发展也做出了贡献。当时海军正在大力打造航空母舰，与之配套的航空兵也在紧锣密鼓的训练之中。麦克阿瑟认为，在未来的战争中，“如不掌握制空权，势必遭到惨败”。但他反对让航空兵独立，因为这将使航空兵不再作为诸兵种合成部队的一部分而承担责任。他在担任陆军参谋长的第二年，成功地与海军部部长达成协议，双方一致同意由陆军航空队负责对入侵的敌舰队进行攻击，从而解决了陆军航空队和海军之间就海岸防御问题长期存在的争端。1933 年，麦克阿瑟指示航空队在菲律宾、夏威夷和巴拿马运河区建立远程巡逻和轰炸机中队。他的努力为航空队的迅速发展创造了条件，到 1934 年，航空队的飞机数量已发展到 2320 架，而且全是最新式的；另外，航空队已有轰炸机中队 27 个、驱逐机中队 17 个、攻击机中队 11 个、侦察机中队 20 个。

麦克阿瑟任陆军参谋长期间对陆军建设的另一个重要贡献，是在 1933 年制订了一项总动员计划（六年规划）。他认为，动员计划应能提供一支中等规模（40 万人）的机动部队（紧急战备部队），以备需要时投入战斗。因此，他指示参谋部致力于一项特殊的战争计划，并力图增强总统在不受国会干扰的情况下行使部分动员令的能力。

然而，为了减少政府财政赤字，罗斯福总统于 1934 年命令麦克阿瑟把陆军预算削减将近 50%，国民警卫队和后备军的预算也要大幅削减。麦克阿瑟对此大为震惊，他立刻赶到白宫，直截了当地陈说利害："在下一次战争中，当美国士兵被敌人刺破肚皮，从被踩住的喉咙里发出诅咒时，我希望他骂的不是我麦克阿瑟，而是你罗斯福总统!"罗斯福总统气得面色铁青，大声嚷道："你怎么能这么跟总统说话!"但最后还是罗斯福做出了让步。

说起来令人难以置信，尽管资金缺乏并且受到公众耻笑，但和平时期陆军部内部的士气从 1930 年到 1935 年，从未如此高涨过。麦克阿瑟后来写道，自那次争论之后，海军出身的罗斯福总统便站到陆军一边了。由于麦克阿瑟据理力争，国会批准将 1935 年的陆军经费增为 2. 84

亿美元，并将陆军野战部队的兵力增至16.5万人。

到1934年，麦克阿瑟任期届满，但在这一年的12月12日，罗斯福总统以没有适当人选为由，宣布麦克阿瑟继续留任。同时，由于麦克阿瑟在任参谋长期间，“对制定正确的防务政策以及不断加强国家安全的法律贡献显著”，他又获得了一枚服务优异十字勋章。

1935年7月14日，这是法国的巴士底日，麦克阿瑟在演讲中再次警告人们，在一个战争随时可能爆发的世界上，不备战是很危险的。“在过去的3400年里，只有268年，也就是说只有不到1/10的时间内没有战争。”他还引用柏拉图的话说，只有死人见识过上一次战争。他对彩虹师的老兵们重述了他两年前对西点军校学员所讲的话：失去了战斗精神的富裕民族，注定要被贫穷但好战的民族征服。他还告诫官兵：

永恒的军事法则早在骑士时代之前就已来到我们中间。它是最高道德法则，能经受住任何对人类进步有益的伦理和哲学的考验。它要求我们从善如流，疾恶如仇。奉行这一法则将有益于所有受它影响的人。与所有其他的人不同，士兵要行使最高尚的宗教行为——牺牲。在战场上，在危险和死亡面前，他将表现这些崇高的品质，这是造物主以自己的形象创造人类时所赋予他的。主的圣言和对灵魂的升华本身就可以激励他，这远非人的勇气和本能所能替代。不论战争多么残酷，接受召唤的士兵将为他的祖国献身，这是人类最高尚的壮举。

1935年10月1日，麦克阿瑟离任，由马林·克雷格接任陆军参谋长。潘兴曾经反对麦克阿瑟出任参谋长，但他对麦克阿瑟的工作还是做出了中肯的评价：“对麦克阿瑟参谋长，我只有赞扬。他知道为了加强国防，我们需要加强军事实力。他主张进步，但不偏激。他敢于向上级提出正确的意见，这种精神特别令人钦佩。在他领导下的参谋部处事干练。他赢得了陆军和全国人民的信任。”

可以说，美国能在第二次世界大战爆发前保留一支准备较为充分的军队，麦克阿瑟功不可没。

第四章　守护远东练兵忙

担任菲律宾总统军事顾问

1935 年，麦克阿瑟再次面临着去向问题。从陆军参谋长的职位退下来后，他的军衔又要降为少将，如果他选择去某个野战军当司令（相当于军长），应该不会有多大问题，但那实际上是降了几级，有失身份。不过，在陆军中，除了某些有名无实的职务，没有什么职务能让他保住上将军衔。向来喜欢高高在上、大权在握的麦克阿瑟，此时不得不费一番思量。

就在去年（1934 年），美国国会通过了《泰丁斯－麦克杜菲法案》，菲律宾将结束美国的总督制，实行自治的联邦政体。曼努埃尔・奎松将出任菲律宾联邦的第一任总统。他在正式就任总统之前赴华盛顿访问，还专门造访了麦克阿瑟，并直截了当地问他："你认为菲律宾独立 10 年后会有自我防御能力吗?"麦克阿瑟的回答也很干脆："我看不行。我知道这些岛屿可以受到保护，当然你得有所需的财力。"奎松认识到，一个正走向独立的联邦政府必须拥有一支自己的军队，而不能把自己永远置于美国的保护之下。他邀请麦克阿瑟到菲律宾去帮助他管理联邦，并规划它的军事防御。尽管菲律宾尚未完全独立，但能当一国的军事总管和顾问，麦克阿瑟还是颇感兴趣的，他的父亲曾在那里当过军事总督，麦克阿瑟这个姓氏在那里具有传奇色彩，如果他重返菲律宾，完全有可能为这一传奇色彩添上浓重的一笔。更让他感到高兴的是奎松这位老朋友对他的认可和信赖。菲律宾再经过 10 年联邦制后将走向独立，现年 55 岁的麦克阿瑟离退休还有 9 年，这是他军旅生涯的最后几年，有机会创造一个崭新的国家，将是一项多么重大而有意义的事业。

麦克阿瑟与奎松会面的时候，谈到了菲律宾的军队建设和防御问题，两人的看法似乎并不一致。后来他们在各自的回忆录中都提到了这次谈话，但记述的内容有些差异。

以当时的现状来说，菲律宾根本无力组建大规模现代化军队，为此，麦克阿瑟建议采取瑞士式，即以一支小规模的正规军为核心，让这些受过良好训练的正规军步兵在和平时期帮助训练数十万乃至上百万的后备役军队，在战时则充当指挥员。这样做可以大大减少经费开支。但奎松却说，麦克阿瑟当时告诉他，菲律宾的防御无须多大开支。这显然存在误解。

麦克阿瑟口头答应了奎松的邀请，但还有一个问题不好解决：他将以什么样的身份去菲律宾任职。他希望能接替弗兰克・墨菲[①]成为菲律宾总督，墨菲的任期到 11 月份结束，但总督一职将因菲律宾实行联邦制而不复存在。最后的定夺还得由罗斯福总统说了算。

1935 年 9 月，罗斯福总统邀麦克阿瑟到海德公园共进午餐，这似乎表示两人的关系进入了一个新的阶段。席间，罗斯福总统提到了一个新的官职——美驻菲律宾高级专员。这个职务的级别可以灵活解释，既满足了麦克阿瑟渴求权力、避免屈就低职的难堪局面，又让他能去远东创造伟业，满足他迎难而上的本性。

麦克阿瑟对此感到很满意，但是，他通过向总统事务办公室的法律顾问咨询才知道，如果他接受这一任命，就必须退役，不可能既接受高级专员之职（文职），又留在军队里。他感到既沮丧又困惑，无奈之下，他选择了做军事顾问，并向罗斯福总统提出：希望在他到达菲律宾之前，不要宣布他的解职令，以便他出现在马尼拉时仍然佩戴着美国陆军上将而不是少将的军衔，好给菲律宾人留下深刻印象，毕竟他还要做

---

① 弗兰克・墨菲（1890—1949）：美国法理学家、政治家，历任底特律市市长、菲律宾总督、菲律宾高级专员、密歇根州州长、美国司法部部长以及美国最高法院大法官。

人家的军事顾问。罗斯福总统觉得他的要求滑稽可笑，除非修改法律，没有人能答应。何况以一个陆军少将的身份去当联邦总统的军事顾问也不是什么丢人的事情。但罗斯福总统也知道军阶对麦克阿瑟的重要性，不想让他太难堪，于是表示要考虑考虑。而陆军部给他的命令上也清楚地写着："将暂时停止在参谋部行使职权，但在 1935 年 12 月 15 日之前仍任参谋长。"但就在麦克阿瑟从旧金山出发之际，罗斯福总统宣布了他的解职令，让马林・克雷格取而代之，从而使他肩戴四颗星进入马尼拉的梦想破灭了。傲慢自负的麦克阿瑟非常愤怒，觉得自己受骗了，罗斯福总统让他丢了面子，他"大骂政治家，行为不检，优柔寡断，出尔反尔，目中无人，蔑视宪法，愚蠢无知，世界将由此走向地狱"。不过，罗斯福总统保留了他的军职，他仍能以少将的待遇在陆军部领取薪资。

1935 年 10 月初，麦克阿瑟一行乘"胡佛总统"号轮船前往马尼拉。这一行人中有他 83 岁的老母亲、嫂子、助手艾森豪威尔和托马斯・杰弗逊・戴维斯上尉及私人秘书等。在航程中的一次鸡尾酒会上，麦克阿瑟邂逅了一位 37 岁的未婚女子，名叫琼・费尔克洛斯。她跟几位美国朋友去上海旅游，很快就成了麦克阿瑟一行的非正式成员，沉闷无聊的海上航行变得快乐起来。

琼出生在田纳西州纳什维尔的一个名门望族，在波托马克河畔长大，从小受到良好的教育，喜欢听战争年代的故事。她仰慕军人，向往军旅生活，脑海里想的一切都与军事有关。她不仅知识广博，而且因继承了父亲的 20 万美元遗产而变得相当富有。她有着一双淡褐色的眼睛和一头黑色的秀发，身材娇小，性格开朗活泼，说话风趣。麦克阿瑟很快被这位美丽而成熟的女人迷住了。但琼似乎跟他的母亲玛丽更亲近，连续几天都去餐厅陪玛丽一起吃早餐，以致很多人还以为琼是"这位不屈不挠的老妇人给儿子的最后礼物"。实际上，琼之所以一改过去躺在床上吃早餐的习惯而去餐厅，完全是因为麦克阿瑟每天都陪母亲去那里用餐。而且，麦克阿瑟一天中只有那段时间才走出自己的卧舱，其他时间基本都陪着母亲不出来，由此，不难看出琼去餐厅吃早餐的真实用意。这一年麦克阿瑟已经 55 岁，但依然英俊潇洒，着装整洁有型，腰板挺得笔直，动作利落有力而又彬彬有礼，谈吐幽默诙谐，看上去比实际年龄至少年轻 10 岁。琼与麦克阿瑟一见如故，谈得非常投机，大有相见恨晚之意。

轮船经过香港后，玛丽的健康状况开始恶化，已经无法到餐厅用早餐了。麦克阿瑟与琼的见面机会也因此变少。

到了马尼拉，麦克阿瑟一行下了船，“胡佛总统”号继续驶往上海。琼和几位朋友原计划在上海玩几天，但船刚到上海她就改变主意，掉头回到马尼拉住进了一家旅馆。她希望能在社交娱乐场所再次见到麦克阿瑟，但她显然要失望了，麦克阿瑟因为母亲病危而取消了各种社交活动。他和母亲以及大嫂住进了马尼拉饭店。

12 月 3 日，玛丽因患脑血栓去世，麦克阿瑟悲恸万分，精神颓丧，一连几个月沉浸在失去至亲的悲痛中。他把母亲暂时安葬在马尼拉公墓，准备以后移葬到阿灵顿国家公墓，与他的父亲合葬在一起。自从母亲去世后，麦克阿瑟的书桌上除了父亲的画像外又多了一张母亲的照片，无论走到哪里他都带着她的胡桃木拐杖，枕边则放着她诵读过的《圣经》。母亲是他生活的一部分，是他的生活导师。如今母亲已离他而去，他需要一个女人来陪他一起生活。他觉得琼就是最佳人选。

因为爱情，琼返回马尼拉，并想方设法找到了麦克阿瑟。在麦克阿瑟因母亲去世而心情悲痛的那段时间，她一直陪伴在他身边。因为还在服丧期间，麦克阿瑟没有对外公开他们的恋爱关系。

与此同时，麦克阿瑟丝毫没有耽误自己的工作。他抵达马尼拉不久，奎松正式就任菲律宾联邦总统。麦克阿瑟的首要任务自然是协助奎松制订菲律宾的建军（创立正规野战部队）和防御计划。他有时把菲律宾称为“我的第二祖国”，认为自己是在完成一项近乎神圣的使命。而制订计划是他完成使命的关键一环。按照计划，他在菲律宾每年至少要训练 4 万人，到 1946 年建成一支 40 万人的部队，还要建设一支拥有 250 架飞机的空军和一支由 55 艘鱼雷快艇组成的海军，使菲律宾在军事上拥有自卫能力。

菲律宾联邦政府每年要支付 800 万美元的军费，其中，每开支 100 美元，麦克阿瑟可提取 46 美分的辛劳费，而且他同时还可以领取美国陆军部的那份薪水。这对麦克阿瑟来说是一种物质激励，他信心十足地说："截至 1946 年，我将把这个群岛变成太平洋上的瑞士，任何侵略者都必须付出 50 万人、3 年时间和 50 亿美元的代价才能征服它。这些岛屿必须守住，而且也能够守住。"

这个计划可以看作是对美国海军的"橙色计划"的补充和完善，但是麦克阿瑟并不承认这一点。他对联络官邦纳·费勒斯说："我任参谋长时根本就不赞成'橙色计划'，但我立刻意识到，试图说服别人接受我的观点是在浪费时间。"他的这项事业是白手起家。美国陆军在菲律宾的机构就是菲律宾军区司令部，司令长官相当于旅长，下辖部队根本不够一个整编旅，而且陆军地面作战部队全部分散到菲律宾部队中。麦克阿瑟不需要对菲律宾军区司令部负责，他只对奎松总统和美国陆军部负责。而作为军事顾问，他对菲律宾军区所辖的部队没有指挥权，即使是由他新组建的部队，他也不能行使指挥权。他的具体工作是在和平时期训练他们，按期完成扩军计划；在战时则让那些负责培训的军官带领他们各自的部队，按照既定的防御计划去战斗。

麦克阿瑟全身心地投入到这项事业中。他之所以这么努力，是因为他相信菲律宾人可以成为一流的士兵，他一定可以建立起一支能担负国家防御任务的菲律宾陆军。

但是，并非每个美国人都像麦克阿瑟那样把菲律宾的军队建设看得那么意义重大，相反，他们认为菲律宾对美国的安全无关紧要，甚至在最坏的情况下会成为美国的沉重负担。有关远东（尤指菲律宾）防御计划能否改变美国军事安全的讨论非常激烈，并持续了很长一段时间。麦克阿瑟反复强调，"从某些重要的方面来讲，菲律宾群岛是广义的远东地区最重要的部分"。他甚至认为，太平洋的东西向航线几乎都要经过吕宋岛。他一方面夸大菲律宾的战略重要性，另一方面又向人们保证菲律宾短期内不会遭到入侵。由于他发表观点的场合过多，以至于常常自相矛盾，难圆其说。有时他把矛头对准正在快速发展的美国海军舰队，说海军的作用就是保证与本土的联系，这使海军部及一些高级指挥官对他非常不满。

就在麦克阿瑟的防御计划遭到人们质疑的时候，德、意、日法西斯正在秘密结盟。1936 年 3 月 7 日，希特勒宣布废除《洛迦诺公约》[①]，命令 3 个营的德军越过莱茵河，向边境城市亚琛挺进。这是一次试探性的军事行动，英国首相斯坦利·鲍德温[②]在议会上宣称希特勒的行动并不意味着军事威胁。同年 7 月，德国伙同意大利干涉西班牙内战。与此同时，意大利以付出 14 万人的代价最终征服了埃塞俄比亚，建立起意属东非帝国。在东亚，日本也在积极准备发动全面的侵华战争。10 月，德、意签订军事协定，结成“柏林－罗马轴心”。11 月，德、日签订《反共产国际协定》，标志着法西斯侵略集团的初步形成。

面对日益逼近的战争威胁，以英、法、美为首的西方国家仍在做着和平的美梦，在战略上疏于防范。

麦克阿瑟起初对欧洲的局势非常关注，不久他发现日本派往东南亚的军队越来越多，于是又把主要注意力转向日本，并对他的防御计划所需开支进行了调整，由 800 万美元提高到 1.05 亿美元。许多菲律宾人对该计划所产生的高额费用感到不满，反对增加赋税。华盛顿方面也抱怀疑态度，不予支持。但菲律宾政府还是按照麦克阿瑟的提纲制定了一个国家防御法案。奎松希望有 8 万菲律宾人报名参加军事训练，结果竟有 15 万年轻人报名，这使他既惊讶又高兴，但经费问题让他特别头痛。为了表示对麦克阿瑟的支持，奎松授予他菲律宾陆军元帅的称号。麦克阿瑟对这一称号并不太感兴趣，但又不好明确拒绝。后来，他说自己是在既觉有愧又感受宠的情况下接受这一称号的。当他从奎松手中接过元帅杖时，又重复了一遍他在第一次世界大战的一次战斗中说过的话：“只有那些不怕死的人才配活着。”

既然接受了元帅授勋，比较“爱美”的麦克阿瑟自然要有一套与

---

① 《洛迦诺公约》：又称为《罗加诺公约》，是 1925 年 10 月 16 日英国、法国、德国、意大利、比利时、捷克斯洛伐克、波兰七国代表在瑞士洛迦诺举行的会议上通过的 8 个文件的总称。该公约在该年 10 月 5 日至 10 月 16 日签署，并在 12 月 1 日于伦敦获得确认。

② 斯坦利·鲍德温（1867—1947）：英国保守党领袖，历任财政部财务秘书、贸易委员会主席、财政大臣等职，并三次出任首相。

元帅相配的服装。没有现成的，他就自己动手设计了一套，是用镶金边的白色雪克斯细呢制作的，翻领的下面挂着红色勋章，镶有四颗星，整个帽子设计得金光闪闪，但穿在身上让人感觉有点滑稽。当他手拎元帅杖、身穿元帅服出现在公众面前时，一些批评家讥之为“吕宋的拿破仑”“拉美香蕉园的独裁者”。

不管怎样，麦克阿瑟跟奎松一样下定了决心，不管遇到什么困难都会坚持到底。他将计划副本交给美国陆军部，并给陆军部长助理弗雷德里克·佩恩写信说：“我所做的远不止单纯解决菲律宾群岛的安全问题，我们实际上是在弥补我们太平洋防线左翼的致命弱点。我们从未使我们在这儿的海军基地安全，海军也从未把注意力真正放在这儿。现在一切都将改变……我们真正的太平洋防线将从阿拉斯加延伸到菲律宾，这就要求在阿拉斯加有海军基地。一旦这一切完成，我们的阿拉斯加－菲律宾防线将横切太平洋上所有的航线，使我们能够完全控制太平洋……”由此可见，麦克阿瑟是想在远东地区为美国建立起一条跨洋外围防线。

招兵买马，组建防御部队

在菲律宾这个穷小国家，麦克阿瑟能否建立起一支 40 万人的防御部队确实值得怀疑。尽管这 40 万人中包含相当一部分预备役人数，但菲律宾政府肯定无法承受 1 亿多美元的庞大军费开支。1936 年，各国陆军人数对比以中国为最，约 220 万人；后起的所谓军事强国日本的陆军只有 25 万人；美国的陆军（国民自卫部队除外）也仅有 6 个师，约 13. 5 万人。但战争的胜负很多时候并不取决于军队人数的多寡，战争机器有着复杂的运作系统，除了军队的基本素质外，还取决于一个国家的战争潜力，包括人力资源、经济实力、国土大小、物质资源、科学技术的发展能力、基础设施（交通、通信、水电）以及战争指挥者的思想、国民的精神意志等。麦克阿瑟关于菲律宾防御计划的第一章名为“东亚的经济革命”，就菲律宾而言，其战争潜力非常有限，麦克阿瑟和奎松都深知这一点。但是，为了使菲律宾能够彻底独立，奎松必须努力建立起自己的军队；麦克阿瑟则想通过自己训练的军队，打赢一场现代化战争，证明自己在远东的战略是正确的。他们都不遗余力地为自己的使命和事业而奋斗。

1937 年 4 月，麦克阿瑟陪同奎松赴华盛顿争取援助。借此机会，他扶母亲玛丽的灵柩回华盛顿，把她葬在阿灵顿国家公墓中父亲的墓旁。玛丽落葬后，潘兴第一个发来唁电，对玛丽表示悼念，其言辞华丽而生动，令麦克阿瑟大为惊讶和感动。

这桩事情了结之后，他迫不及待地赶到纽约去见琼，并正式向她求婚。琼很爽快地答应了这迟来的求婚。他们在纽约市政大楼举行了清静文明的结婚典礼，然后双宿于沃尔多夫饭店。对此，麦克阿瑟在日后的回忆录中写道："这是我一生以来最有价值的一件事。从那天起，她成了我最亲密的朋友、爱人、伴侣和忠诚的支持者。这些年来，她承受我怪癖的个性，我真不明白她是怎样过来的。我的夫人，不论在巴丹、科雷希多还是西南太平洋的战场上，她都和我在一起。我的部下对她都很敬爱。"

麦克阿瑟的个人私事进行得很顺利，但在公事上却遇到了不少麻烦。原来，从菲律宾出发前，奎松要求美国政府同意菲律宾于 1938 年 12 月 31 日独立，比原国会通过的法案提前了 7 年。这一要求引起了华盛顿的反感和恼怒，遭到了议员们的坚决反对。因此，当奎松到达华盛顿时，罗斯福总统不想邀请他到白宫去。麦克阿瑟只得去找那些政府要员周旋。当他以菲律宾元帅的身份出现在他们中间的时候，受到了不少讽刺。参议员乔治・摩西阴阳怪气地说："我发现我们有位元帅做伴，这让我想起了一位美国海军陆战队的上尉，他被派去训练一个小国家的军队。这个小国封他为准将，当然，他对自己的新将军服感到非常骄傲。他也回到华盛顿，并设法使自己应邀出席陆海军军官宴会。然后，他问一名陆战队上校，他应该穿什么制服出席宴会——是穿海军上尉服呢，还是那支小军队的准将服？上校说：'在华盛顿，你那种军队的准将只配在厨房吃饭。'"周围的人一阵爆笑。面对挖苦，麦克阿瑟只能忍气吞声。他在把落在身上的雪茄烟灰弹掉时，费了好大的劲。最终他忍住了，然后又厚着脸皮去劝说罗斯福总统改变主意，但罗斯福总统也没有给他面子。麦克阿瑟十分生气，不管不顾地与罗斯福总统大吵了一顿，罗斯福终于做出了有限让步——同意与奎松会谈，前提条件是他不得重提独立之事。

奎松在与罗斯福总统见面的时候，十分谨慎小心，不该提的就不提，但武器装备和经费问题是当务之急，奎松竭力要求美国陆军部提供装备，要求总统给予军费援助。众所周知，在美国即便是总统也不可能大笔一挥就拨出一大笔经费来，哪怕是本土的军费开支预算，也要经过两院审核同意。而这时，只有美国海军的开支有所增加，因为他们正在打造航空母舰，并由切斯特·威廉·尼米兹[①]等人负责训练海军航空部队。这一切都要从预算内的军费中开支，其他开支都要精打细算。家大有家大的难处，当然，罗斯福总统对菲律宾人的信任不够以及对麦克阿瑟的防御计划尚存疑虑也是一个重要因素。

奎松了解到这些情况以后，大失所望。麦克阿瑟因早有思想准备，并不像奎松那样沮丧，相反，他与新婚妻子琼在美国度过了一段快乐的时光，然后又带着她回到了马尼拉。

麦克阿瑟与琼回到马尼拉后，对他们的爱巢进行了精心布置。这套位于 6 层顶楼的 7 间套房是全菲律宾最豪华的住所，仅次于奎松所住的马拉卡南宫。硕大的客厅里挂着麦克阿瑟心目中英雄人物的镶银框肖像，如潘兴、伦纳德·伍德等，上面都有他们的亲笔签名。和所有的大房间一样，客厅的天花板很高，窗户很大，挂着威尼斯窗帘和厚缎织锦布窗帘。此外还有一间书房、几间卧室、一间餐厅和一间盥洗室。最让他们满意的则是楼顶平台，从那里可以鸟瞰全市和马尼拉湾，远处的巴丹半岛和科雷希多岛也依稀可见。他们平时吃饭在餐厅，餐厅的风格可以说是好莱坞式的，还有一个巨大的丝质屏风，上面绣着各种水鸟，这是麦克阿瑟非常喜欢的图案。对麦克阿瑟来说，最重要的当然是书房，

---

① 切斯特·威廉·尼米兹（1885—1966）：美国海军五星上将。参加过第一次世界大战，第二次世界大战时任太平洋战区的盟军总司令，战后任海军作战部部长。

美国海军五星上将　尼米兹

那是他的圣地。一张小桌子上有两本烫金叶红皮革封面的册子，其中一本是他父亲的命令集，包括从中尉起直到退休前下达的命令。其他几张桌子上都有不同意义的摆设。他可以从中获得巨大的精神力量。

1938 年 2 月 21 日，琼为麦克阿瑟生了个儿子，取名为亚瑟四世 · 麦克阿瑟。一位朋友向麦克阿瑟祝贺时，不禁调侃道："没想到将军现在还宝刀不老。"因为他已经 58 岁了。亚瑟四世是他们唯一的儿子。

此后，一家三口过着和谐而简单的家庭生活。傍晚时分，他们喜欢在平台上散步，瞭望风光旖旎的马尼拉湾，那里有晚霞映照下的海水及周围绿色的原野和冉冉升起的炊烟。晚上，他们或是看电影，或是坐在书房里看书、交谈。白天的大部分时间，夫妻俩一般是各忙各的，麦克阿瑟去办公室，琼则忙些家务或从事一些社交活动。她弄来了许多育儿方面的书籍，仔细阅读并指导保姆去做。

这时，麦克阿瑟已经不打算依靠美国本土的资助来实施自己的防御计划了，他说服奎松“自力更生”。奎松也感到自己任重道远，必须要有像麦克阿瑟这样死心塌地的人来分担，所以他对麦克阿瑟几乎是言听计从。随后三年，麦克阿瑟在经费极其有限的情况下，精心训练他那支数量不多的陆军。他无法达到每年训练4万人的目标，但他仍在努力接近这个目标。建立一支能保卫菲律宾的军队所带来的紧张感，足够他这样一个实干家在经费紧张的情况下应付下来。有一天，一个朋友对他说：“如果菲律宾落入日本人手中，你担心什么呢？你个人已经尽了最大努力。”麦克阿瑟回答道：“就我个人而言，我一定不会失败。世界的明天在很大程度上依赖这里的成功。也许这些岛屿不是控制太平洋的门户，甚至不是这个门户的锁。但对美国来说，它确实是打开这把锁的钥匙。我绝不让这把钥匙丢失。”

8月，麦克阿瑟接到通知，他将被召回美国另作安排。他闻讯怒不可遏，立刻发电给陆军参谋长马林·克雷格，电文的措辞很尖锐：

你的信令我震惊。你的建议等于是解除我的职务……由于我的军阶和地位，这只能被理解为受到违纪处理……我的名声和职业声誉受到了这一处理的威胁……即使是刚入伍的新兵犯错误，我军也严格按传统予以合理的处理，我几近40年忠贞不贰的效力至少应受到相同的对待吧？

为了平息麦克阿瑟的愤怒，罗斯福总统让他挑选美国境内他喜欢的任何指挥职位。但麦克阿瑟并不领情，因为只要他提出条件，就等于宣布他在菲律宾的使命失败了。他很严肃地宣称，哪怕是退出现役，也不离开菲律宾。自此，他的军事顾问一职不再是美国军方官职，但他顾问办公室里的参谋和工作人员仍在美国陆军部领取薪水。

总统和陆军参谋长都有放弃菲律宾的打算，他们更愿意接受海军的观点。菲律宾群岛的面积与大不列颠（英国）相近，但需要保卫的海岸线却比美国的还长。美国海军认为，守住这些群岛是根本不可能的事情。但麦克阿瑟代表陆军始终强调马尼拉湾的战略价值，这主要是出于政治目的：美国的政策就是要保护自己的属地。海军则用纯军事的眼光来看待这一问题，如果菲律宾不是美国的属地，那么马尼拉湾几乎毫无军事价值，保护它的代价远远超出它在军事上的战略价值。不过，海军方面也犯了一个纯军事化的错误，因为他们似乎还没有洞悉日本海军对两洋航线的企图。

世界形势风云变幻。1938 年 3 月，德国吞并奥地利，英、法推行绥靖政策，在一定程度上助长了法西斯主义的嚣张气焰。9 月，希特勒制造了臭名昭著的“慕尼黑阴谋”，迫使英、法以牺牲弱小国家捷克斯洛伐克的利益，来达到祸水东引的目的，将更多的欧洲国家卷入战争。在远东，日本人继七七事变后加紧了在中国的侵略步伐，占领了中国 13 个省 100 余万平方千米的国土，相当于日本本土面积的 3 倍。之后，他们继续北上的计划受到了严重挫折，于是将侵略计划调整为北上南进。南进的主要目的是夺取包括东南亚在内的亚太地区资源，最重要的是石油、钢铁、橡胶等。菲律宾刚好在日本南下的路线上，这预示着将发生一场无法回避的战争。对此，麦克阿瑟严肃地警告奎松：“由于国际安全形势的日益恶化，尚未做好准备的菲律宾被卷入战争的危险与日俱增……因此，我认为重要的是立刻购买我原计划的给养和装备，以便将来能有足够的物资。”奎松与麦克阿瑟相知已久，并且是麦克阿瑟之子的教父，两人之间的关系非常微妙，但可以肯定的一点是，他们的政治目标并不一致。

正当奎松进退两难之际，纳粹德国与苏联签订了互不侵犯条约。德国解除了后顾之忧后，于 1939 年 9 月 1 日向波兰发起“闪电式进攻”。9 月 3 日，英、法被迫对德宣战，第二次世界大战全面爆发。不到一个月时间，德军就攻占华沙，侵占了波兰。德国对波兰的侵略战争，是希特勒称霸世界的战争总计划中的一个重要组成部分。但中欧战场与美国没有多大的利益冲突，美国朝野多数人都坚决反对美国卷入战争，根深蒂固的孤立主义大行其道。美国政府对外宣称保持中立，其防务方针没有发生任何大的变化。

此时麦克阿瑟任菲律宾军事顾问已将近 4 年，可惜他并未按期完成菲军的训练目标，这虽然不是他的错，但他依然感到脸上无光。他坐在菲律宾防务办公室的一张椅子上，眺望马尼拉湾，除了波光粼粼的海水，还可望见紫色的薄雾中若隐若现的巴丹山脉。他想到父亲曾经在这里创造了麦克阿瑟家族的传奇，觉得自己正是续写这一传奇的人。他拥有陆军中最优秀的两名年轻军官：德怀特·艾森豪威尔和詹姆斯·奥德。大家都习惯称艾森豪威尔为艾克，他能力出众，工作勤勉，由参谋晋升为负责防务问题的参谋长，其实他最想做的是指挥作战部队，但麦克阿瑟为了留住他这支“生花妙笔”，一直不愿放他走。留了 3 年多，终于留不住了，陆军部要调艾森豪威尔回国（应该说是他自己要求的），担任美国西部军区司令部的后勤计划官。尽管这不是艾森豪威尔最想要的，但总算是跟作战部队在一起了。艾森豪威尔离开马尼拉时，麦克阿瑟和琼一起到船上为他送行。他们似乎友好地分开了，没有明显的对立。

接替艾森豪威尔顾问助理之职的是理查德·萨瑟兰①少校，他原本属于在中国的第 15 步兵团，有着坚韧不拔的工作精神、精明强干的办事能力和令人钦佩的组织才能。仅仅 3 个月，他就证明了自己是个能力出众的参谋军官。他英俊潇洒、聪明过人，但为人冷漠、性情孤傲。这种性格也使他在工作中表现出过于独立、自以为是的风格。他常常为上司挡驾，越俎代庖，做出一些超出职权范围且本不该由他做的决定，因而不太讨人喜欢。

不管怎样，麦克阿瑟仍在努力完成自己的训练计划。每年训练 4 万人，相当于 3 个师，10 年就可建成 30 个师，这对保卫一个岛国来说足够了。但拿什么来养活这么多人呢？就 3 年多时间的训练来看，后备役队员除了基本的军事训练外，还对其中不识字的人进行了基本的文化教育，首次正规健康检查，调整食物结构，加强体格锻炼。然而，他们一返回村庄便和以前一样营养不良，体质羸弱。真要打起仗来，他们能拿

① 理查德·萨瑟兰：生卒年不详。美国陆军将领，参加过第一次世界大战，第二次世界大战期间任麦克阿瑟的参谋长，帮助麦克阿瑟抓菲律宾的军队建设；1945 年参与了日本投降仪式，并在仪式上指出日方代表签署错误的地方。

得动枪吗?

麦克阿瑟的部下极力为新生的菲律宾陆军寻求装备。他们通过借贷的方式从陆军部得到了一些物资，但陆军部和国务院都反对将武器发给成千上万政治立场不明确的人。在这种情况下，麦克阿瑟又想了很多办法。无论何时何地，一旦发现可用之才，他就想尽一切办法将其网罗到自己麾下。

奎松想开发群岛的水利资源以提供廉价能源，于是成立了菲律宾能源发展公司，并从美国招来了两名备受尊敬的陆军工兵军官——卢修斯·D. 克莱上尉和休·J. 凯西上尉，来监督大坝的修建。麦克阿瑟扩建了维多利亚一号堡，为工兵军官提供办公室。他对部下说："我让他们上这儿来的真正目的是为我们所用，虽然他们由能源发展公司付钱，但当他们不忙时，可以让他们帮帮我们。"他说服克莱和凯西为自己效力。"他跟我和凯西谈了一个小时菲律宾，"克莱后来写道，"关于菲律宾的经济、政治、与美国的关系等，这是我所听过的最激励人心的谈话。"凯西同样也被打动了，最终加入了麦克阿瑟的参谋部，直至第二次世界大战结束。几乎就在克莱和凯西到达的同时，威廉·霍格中校奉命前来指挥菲律宾军区的第 14 工兵团。尽管这位中校对麦克阿瑟没什么好感，但麦克阿瑟还是极力把他拉拢过来。霍格中校同意上午在第 14 工兵团工作，下午为菲律宾陆军工作。

防御计划还要求建立一支陆军舰队，大约包括 55 艘鱼雷艇和一些运输舰船。这需要海军专家的协助，但当麦克阿瑟向美国海军请求援助时却遭到了拒绝。英国愿意帮他制造小型舰艇，但造价较高，预算军费根本支付不起。麦克阿瑟只得通过私人关系找到正在病休中的海军中尉西德尼·赫夫，邀请他做参谋，并把他请到设在维多利亚一号堡的顾问办公室。麦克阿瑟问道："中尉，我想装备一支现代化摩托鱼雷快艇部队，假如我弄到钱，10 年内你能造多少艘快艇?"西德尼·赫夫十分惊愕，他大声回道："您是说摩托鱼雷快艇吗，将军? 我一生中还没有见过这玩意儿。"麦克阿瑟愣了一下，坚定地说："没关系，你会见到的!"

麦克阿瑟没有放弃他的这一计划。他想，即使将来这支部队不能成为菲律宾海军部队，至少也能成为陆军的海上机动作战部队。但在两年多时间里，他一艘快艇也没有造出来。1940 年 10 月，美国海军给亚洲舰队新派来一名司令官——托马斯·哈特上将。麦克阿瑟也许有过一闪而过的念头，他终于有了一个同情他、愿意听他说话的人，所以他还坚守着自己的梦想。

麦克阿瑟还计划建立一支拥有 250 架飞机的菲律宾空军或者说陆军航空兵部队。他在参与审判米切尔一案时就觉得航空兵十分重要，米切尔在某些方面的做法是正确的。他向美国陆军航空兵部队请求援助，他们还算友好，派了两名中尉军官来协助他。他太缺乏这样的教练了，而且也缺少战斗机和教练机。造飞机虽然比造快艇便宜，但在某种意义上，建造一架战斗机比建造一艘快艇还难。麦克阿瑟训练的预备队员很多连汽车都没有见过，想“让他们爬下水牛，钻进飞机”，可以想象有多么困难。但麦克阿瑟“从不让你做他认为你做不到的事，所以，如果他让你做某件事，你就一定得做到”。为了显示自己的决心，不久他就驾驶一架小型教练机穿越台风飞了 12 个小时，给一个与世隔绝的麻风病基地送血浆。这让两位中尉大为感动，他们很快发现麦克阿瑟的航空知识并不比他们少，对航空兵的训练了如指掌，而且个人飞行技术也不赖。

在这几年间，美国派驻菲律宾的高级专员是保罗·V. 麦克纳特，他最初对麦克阿瑟的防御计划也持怀疑态度，但当他看到麦克阿瑟的不懈努力后，转而积极支持麦克阿瑟的计划，这让麦克阿瑟的日子好过了一些。不久，亨利·史汀生出任陆军部部长，乔治·马歇尔任陆军参谋长。这位对麦克阿瑟心存芥蒂的参谋长在工作上还是支持他的，马歇尔指示菲律宾军区新司令乔治·格鲁纳特少将尽量与麦克阿瑟合作。这两个人都相信，只要有足够的钱和装备，在 1946 年前建立起菲律宾的防御体系是很有希望的。

1940 年，美国国会通过了《增强美国防务法案》，授权总统禁止或限制输出国防需要品。5 月，国会应总统之请拨款 15 亿美元用于国防建设，接着追加 1 亿美元加强海军航空兵的力量。6 月，国会又增拨 17 亿美元的国防费用，并同意把陆军正规军从 28 万扩大到 37. 8 万，授予总统征召国民警卫队服现役的权力。9 月颁布征兵法。9 月 26 日宣布对日禁运废钢铁，支援那些抵御侵略的国家。

1940 年是第二次世界大战战火蔓延最快的一年。5 月 10 日，德军决定采用“曼斯坦因计划”完成对丹麦、挪威、荷兰、比利时、卢森堡、波兰、法国等西欧国家的侵略。德军首先将进攻矛头指向荷兰、比利时，吸引英法联军主力北上，随即以强大的装甲部队从阿登山区杀出，至 5 月 20 日已经抵达英吉利海峡，英法联军约 40 万人被困于敦刻尔克[①]海岸地区。由于担心装甲部队孤军深入会遭遇危险，并考虑要保留实力南下，加之德国空军元帅戈林保证用空军即可消灭被困的联军，希特勒下令装甲部队停止推进。英国政府抓住机会，从 5 月 26 日晚到 6 月 4 日，从敦刻尔克将 33. 8 万名联军官兵撤至英国。6 月 10 日，意大利向英、法宣战，战火烧到了地中海和非洲。6 月 22 日，法国投降。随后，希特勒提出愿与英国在重新瓜分世界的基础上和谈，英国处境十分艰难，但英国军民在首相丘吉尔的领导下，同仇敌忾，士气高昂，不畏强暴。为此，希特勒于 7 月发布“海狮计划”，准备入侵英国，他首先要做的是夺取制空权。这样一来，为争夺制空权而展开的空战就成为不列颠之战的主要方式，正如丘吉尔所言：“在人类战争的领域里，从来没有过这么少的人对这么多的人做过这么大的贡献（指英国空军飞行员）。”德国集中约 2400 架飞机，从 7 月 10 日起连续不断地大规模空袭英国本土，英国皇家空军奋力抵抗。9 月上旬，德军又转而对伦敦等大城市不分昼夜地狂轰滥炸，企图瓦解英国人民的斗志，但仍未奏效。9 月 17 日，希特勒被迫下令不定期推迟实施“海狮计划”。同时，德、意先后在北非、巴尔干采取行动。7 月至 9 月间，意大利从东非的埃塞俄比亚和北非的利比亚向英属索马里、肯尼亚、苏丹和埃及发起进攻。

---

① 敦刻尔克：位于法国东北部靠近比利时边境、南临多佛尔海峡的一座港口城市，以第二次世界大战中 1940 年发生在此地的敦刻尔克战役和英法军队敦刻尔克大撤退而闻名。

年底，英军在东非展开反击。

在远东，日本近卫文麿[①]再次出山组阁，于 7 月 26 日确定了《基本国策纲要》，即“建设以日本皇国为中心，以日满华的牢固结合为主干的大东亚新秩序”。其方针是南进政策及强化与德、意的政治联合，把英、荷、法的太平洋属地，以及菲律宾、澳大利亚、新西兰等囊括在所谓的“大东亚共荣圈”里。9 月 23 日，日军开始进占法属中南半岛北部，迈出了南进的第一步。9 月 27 日，德、意、日在柏林签订《三国同盟条约》，德、意和日本分别承认对方在欧洲和亚洲建立新秩序的领导权，同时将矛头直指美国，准备大举南进。

欧洲战场形势危急，再次连任总统的罗斯福开始认识到，如果英国被德国打败，那么美国将成为它的下一个侵略目标；与其等到那时孤军奋战，不如现在援助英国使之免于灭亡，以牵制德国。他与英国首相丘吉尔协商后决定，英国把西印度群岛和纽芬兰的领地租给美国使用 99 年，以换取 50 艘美国驱逐舰。为了抵偿英国向美国订购武器的货款，美国还派船到南非运走了英国仅有的黄金储备。这对英国来说是势在必行，又十分痛苦的事情。丘吉尔认为，罗斯福这么做完全是出于好意，他用心良苦，想引起美国各界认识到英国的牺牲和困难，从而改变孤立主义的立场。后来，罗斯福决定以“租借”的方式为英国提供军火，他在说服国会通过“租借法案”时用了一个生动的比喻：邻居家失火了，我们应该立即把水龙带借给他，等火熄灭后把水龙带拿回来就是了！1940 年年底，罗斯福又发表了“炉边谈话”，告诫美国人民：“危险就在眼前……大不列颠一旦崩溃，我们整个美洲的人都将生活在枪口之下……我们必须竭尽全力就我们所能支配的人力和物力，生产武器和舰只。……我们必须成为民主国家的大兵工厂。”这次谈话标志着美国对英国的公开支持和中立主义的结束。

但对日本，美国则奉行了完全不同的政策。在远东，长期存在着美

---

① 近卫文麿（1891—1945）：日本第 34、38、39 任首相，日本侵华祸首之一，法西斯主义的首要推行者。1945 年日本投降后，在麦克阿瑟传讯逼迫下，畏罪服毒自杀。

国与日本的利益碰撞，两国之间的关系时而紧张时而缓和。20 世纪 30 年代至太平洋战争爆发前夕，国际形势动荡不安，美国为了保障自身最大的经济利益，对日本采取了绥靖与遏制相结合的政策。在打击德国的同时，美国在亚洲和太平洋地区采取防御战略，稳住太平洋局势，推迟或避免与日本发生直接军事冲突。美国还试图以牺牲中国的利益为代价来换取日本放弃南进计划。美国表面上资助蒋介石抗日，实际上是宁可让日本人继续北上，也不愿意日本人南下。

中、英、菲等国都在向美国求援，美国有望在这次战争中成为最大的债主。尽管美国也在进行着各种准备，但仍不希望过早卷入战争。

烽烟四起，主力“橙色 -3 计划”

1940 年 12 月，已经回国的艾森豪威尔给麦克阿瑟写了一封长信，告诉这个前领导和良师，陆军部已经出台了美国历史上第一部和平时期征兵法案，根本无暇顾及菲律宾。这让麦克阿瑟很失望，但信中有一句话又让他有点欣慰，艾森豪威尔说，陆军采用的新兵训练计划看上去就好像是菲律宾陆军防御计划的翻版。

就在麦克阿瑟整天忙于防御计划时，他的儿子也在不知不觉地长大。阿瑟四世已经会走路和说话了。孩子长得很可爱，麦克阿瑟和琼十分疼爱他，给他起了个绰号叫“中士”。每天早上，小“中士”都会赶在父亲起床前抱着自己心爱的玩具跑进来。麦克阿瑟赶紧下床，陪儿子玩一会儿。自从有了儿子，他的部下发现他有了很大变化，看人不再总是仰着头，说话也常常和颜悦色，变得容易接近了。

麦克阿瑟深爱着琼，更溺爱自己的儿子。有一次，他在祷告时专门为儿子祈祷，祷词正体现了一个将军对儿子的真正的爱。

主啊！求您塑造我的儿子，使他够坚强到能认识自己的软弱，够勇敢到能面对惧怕；在诚实的失败中，毫不气馁；在胜利中，仍保持谦逊温和。

恳求您塑造我的儿子，不致空有幻想而缺乏行动；引导他认识您，同时又知道，认识您和自己乃是真知识的基石。

我祈祷，愿您引导他不求安逸、舒适，相反，经过压力、艰难和挑战，学习在风暴中挺身站立，并学会怜恤那些在重压之下失败的人。求您塑造我的儿子，心地纯洁，目标远大；使他在指挥别人之前，先懂得驾驭自己；永不忘记过去的教训，又能伸展未来的理想。

当他拥有以上的一切，我还要祈求您，赐他足够的幽默感，使他能认真严肃，却不致过分苛求自己。

恳求您赐他谦卑，使他永远牢记，真正伟大中的平凡，真正智慧中的开明，真正勇力中的温柔。如此，我这做父亲的，才敢低声说："我没有虚度此生。"

此时的麦克阿瑟表面看似平静，内心却波涛汹涌。

自 1941 年春开始，美国在对日本采取各种遏制措施的同时，与日本进行了长达 8 个月之久的谈判，以作缓兵之计。谈判双方威逼利诱、软硬兼施，或讨价还价、虚与委蛇，或针锋相对、寸步不让，谈判中笼罩着战争的阴云。

与此同时，德国的军队迅速席卷了中欧、西欧大陆、北欧和巴尔干半岛，同时控制了欧洲包括法国、波兰西部、荷兰、挪威等 16 个国家的人力和物力资源。

同年 4 月，苏联在苏德关系非常紧张的时候，与日本外相松冈洋右在莫斯科正式签订《日苏中立条约》，该条约除了规定互不侵犯外，还互相承认了对方在外蒙古和中国东北的现实利益，苏联中止了大部分对华援助。

在德军横扫欧洲之时，斯大林意识到如此强大的德国必然会威胁苏联的国家安全，开始着手采取防范德国的系列措施：将苏联的重工业和军事工业有计划地迁移到乌拉尔山以东；与德国和谈，避免刺激德国；为稳住东方的日本，和日本签署中立条约；建立"东方战线"，增加战略纵深；等等。然而，斯大林的希望很快破灭了。6 月 22 日凌晨，德军在北起波罗的海、南至黑海的1800多千米的漫长战线上，分为北方、中央、南方3个集团军群，向苏联发动突然袭击，向苏联境内推进。

苏德战争爆发后，美国才彻底放弃了避免与日本产生冲突的幻想。苏、德开战，为日本加速推行其“大东亚共荣圈”侵略计划提供了大好机会，它可以将北上的兵力分派到南面战线。天皇御前会议确定了“不管遇到什么障碍”，都要奉行向南扩张的政策。7月初，日军得以进入法国在中南半岛的海空军基地，这使日军在东南亚处于军事优势，能够掠夺他们想要的大部分资源。

从1941年4月至6月，美国政府内部仍然在为是否切断对日石油出口、冻结大多用来购买石油的日本资金而喋喋不休地进行着争吵。轴心国与美国显然正在一天天地走向直接冲突。7月26日，美国宣布冻结日本在美资产，并对日本实行包括石油在内的全面禁运；紧接着，英国和荷兰也采取了同样的措施。但日本对美国的反应不予理睬，于7月28日强行接管了中南半岛南部，控制了西贡机场。

7月27日，即美国宣布冻结日本资产的第二天，麦克阿瑟在阳台上一边踱步，一边小心翼翼地避开儿子布满橡皮玩具的浅水塘。尽管西太平洋上空战云密布，但仍没有理由相信日本想和美国开战，更不用说攻击美国本土。他只担心驻菲美军力量过于单薄，更担心那些高高在上的军政要员看不到这一点。

但麦克阿瑟的忧虑显然是多余的。政要们并非看不清形势，只是比他多了一份对国家整体利益的担忧而已。华盛顿已采取紧急措施，力求迅速加强菲律宾的军事力量，下令动员菲律宾陆军（约12个步兵团）与美国驻军部队合并。同时，罗斯福宣布以中将军衔将麦克阿瑟召回美军现役，并成立由他领导的远东美军司令部，统辖远东全部陆军和空军，海军除外。麦克阿瑟目前一艘舰艇也没有，华盛顿要给他运输武器装备和给养，得依靠美国舰队亚洲分舰队。亚洲分舰队以潜艇为主，以前主要承担情报搜集和侦察任务。罗斯福着令海军部加强亚洲分舰队的力量，并让这支小小的舰队全力援助麦克阿瑟。

罗斯福还从应急资金中拨出1000万美元供麦克阿瑟动员菲律宾的

军事力量。陆军参谋长马歇尔也向他保证将提供 340 架轰炸机和 130 架战斗机。

8 月 15 日，麦克阿瑟将菲空军编入美国空军服役。9 月 1 日，菲陆军的 12 个团宣誓参加美国联邦军队。稍后，50 多架战斗机，其中包括 9 架新型的 B－17“空中堡垒”轰炸机[①]飞抵克拉克空军基地，交给了麦克阿瑟的部队。

军事力量的迅速增强，让麦克阿瑟深受鼓舞。他在接到命令的头一天，就把参谋长萨瑟兰找来，向他提出了一个问题：用已经接受过训练的 3 个预备师，加上受过严格训练的美国野战部队的 1 个旅，能否整编成一支能够抵抗日军的军队。萨瑟兰看着麦克阿瑟，嗫嚅地说：“将军，这简直不可能。”

麦克阿瑟瞟了萨瑟兰一眼，说道：“你很坦率，但我要告诉你，群岛必须而且一定会守住。”

麦克阿瑟感到这一天终于到来了，以萨瑟兰为参谋长的远东美军司令部迅速建立起来。麦克阿瑟称之为 AFE，与 AEF（美国远征军）的三个字母相同。

10 月 1 日，麦克阿瑟要求重新审定“橙色计划”，同时向华盛顿提出了新的作战计划。原“橙色计划”是由一支小规模的美国警卫部队在美国亚洲分舰队的支援下，驻扎在菲律宾的主要岛屿吕宋岛上。假如吕宋岛遭到敌人来自海上力量的袭击，这支警卫部队及其在海上的支援力量将坚持作战 6 个月，以迟滞敌人的行动，然后撤退到多山的巴丹半岛[②]和马尼拉湾海口处的要塞岛屿——科雷希多岛[③]一线，与敌决战，绝不让敌人进入马尼拉湾。在美国舰队的协助下，在海上将敌人歼灭。麦克阿瑟觉得这个计划根本没有可行性，于是修改了该计划。

---

① B－17“空中堡垒”轰炸机：美国波音公司于 20 世纪 30 年代研发，其速度快、性能好，是第二次世界大战初期美国的主要战略轰炸机。

② 巴丹半岛：位于菲律宾吕宋岛西南部、马尼拉湾和苏比克湾之间。以第二次世界大战时期美、菲投降军在日军逼迫下进行的“巴丹死亡行军”而闻名。

③ 科雷希多岛：位于菲律宾马尼拉湾入口处、巴丹半岛以南的海面上，是第二次世界大战时期美军与日军争夺的战略要地。

根据“橙色－3计划”，驻菲美军的首要任务是确保马尼拉湾的入口不被日本海军占领和利用。当时除了吕宋中央平原之外，并没有规定美军必须要保卫的区域。美军的第一目标任务是阻止日军登陆。一旦无法阻止日军，他们必须击败日军已经成功登陆的部队。如果日军突破了美军的所有防线，长驱直入，那么要完成保卫马尼拉湾的使命，唯有退守巴丹半岛，依托半岛的有利地形与日军周旋。

“橙色－3计划”将吕宋岛分为6个主要分区和1个机动预备队。具体防御计划由分区司令官负责。美军菲律宾师作为总预备队，在分区遭到日军进攻时进行支援，同时负责组织巴丹防御体系。巴丹半岛是控制马尼拉湾的关键所在，也是美军在菲律宾的最后防线。麦克阿瑟声称，轰炸机的到达“改变了亚洲地区的整个面貌”，他的部队已做好在滩头击退任何入侵者的准备，而无须在吕宋岛放马后炮。他认为，只要给养和飞机能及时到达，并迅速动员菲律宾陆军，答应增派的美军能够赶到，那么到1942年4月，不用撤到巴丹半岛，也完全能够制止住日军进攻的势头。根据他的分析预测，日本至少要到第二年的4月份才能发动进攻，而到那时，他的地面部队将达到20万人。

在麦克阿瑟的乐观情绪影响下，美国参谋长联席会议于11月初同意了他的方案。提供给他的所有军需装备也将如期抵达。当新任远东空军司令刘易斯·布里尔顿①少将把这个消息带给麦克阿瑟时，他高兴得像孩子似的跳了起来：“刘易斯，你像五月的鲜花那样受欢迎。”他一面说着，一面激动地从办公桌后面跑过来和布里尔顿拥抱，同时对他的参谋长萨瑟兰喊道：“迈克，他们要给我们所要的一切东西！”

当然，其中还是不包括舰艇。这是麦克阿瑟非常想要得到的东西，因为菲律宾的海岸线比美国的还长。8月9日，麦克阿瑟到造船厂参加他梦寐以求的一艘舰艇的下水仪式。在人群的欢呼声中，奎松总统挥舞着一瓶香槟，为西德尼·赫夫的第一艘本地生产的鱼雷快艇剪彩，并为

---

① 刘易斯·布里尔顿（1890—1967）：第二次世界大战时美国陆军第9航空队中将、盟军第1空降集团军司令。他的协调能力、管理能力都较强，但其良好声誉却因在克拉克机场和阿纳姆的两次惨败而受到影响。

之取名为Q－112。这样一来，麦克阿瑟就拥有了2艘舰艇。同时，亚洲分舰队又增添了6艘鱼雷快艇，以及3艘巡洋舰、13艘驱逐舰。

8月15日，麦克阿瑟在马尼拉市老城区维多利亚一号堡召开了驻菲律宾美国陆军高级军官会议，菲律宾唯一的陆军野战师师长也出席了会议，主要讨论“橙色－3计划”方案。麦克阿瑟解释了自己的群岛防御设想。他将征召7.6万名菲律宾陆军后备役人员，把他们组织成10个师。菲律宾师作为正规师将提供帮助，把他的人员分散到这10个师中负责训练和领导，这样，到11月底，菲律宾将能够把约8.5万人用于海岸防御，另有4万人可在1942年年初组成更多的师。

随后，哈罗德·乔治空军上校写了一份报告总结道：日本可能向菲律宾调遣1000架陆基轰炸机和近1000架战斗机。尽管日本空军很强大，但乔治认为只要美国有272架重型轰炸机、162架俯冲轰炸机或轻型轰炸机和586架战斗机在菲律宾待命，加上几百架运输机和侦察机，群岛还是可以守得住的。

然而，亚洲分舰队司令托马斯·哈特海军中将对这一新计划持怀疑态度。他认为，即使有一支比麦克阿瑟所想象的还要大10倍的空军力量，凭他所指挥的3艘巡洋舰、13艘驱逐舰和29艘潜艇这样有限的海军支援力量，要防守比美国海岸线还要长的菲律宾群岛也几乎是不可能的。

日本方面，自美国全面切断对日本的石油供应后，从8月开始，没有一滴油从美国流向日本。10月2日，美国政府正式拒绝举行美、日首脑会晤。不久，鸿井皇太子因为拿不出取代战争的可行办法而倒台。10月18日，好战的东条英机①取代鸿井皇太子当上了日本首相。作为陆军大臣，东条英机始终认为外交手段毫无用处，反对与美国达成任何妥协。从10月到11月，日本最高军事指挥部和政界领袖经常集中在皇宫的一间小型会议室，辩论关于战争的最后决定。11月3日，天皇批

① 东条英机（1884—1948）：日本军国主义的代表人物，第40任日本首相，第二次世界大战的甲级战犯，侵略中国和发动太平洋战争的重要罪犯之一。因独断专行、凶狠残暴，在关东军中有“剃刀将军”之称。

准了联合舰队司令山本五十六[①]制订的袭击珍珠港的计划。两天后，御前会议最终决定对美、英、荷开战，时间是12月初。

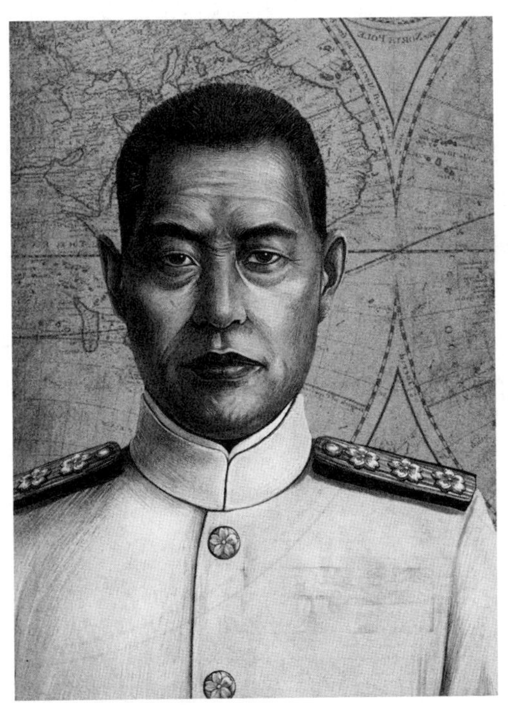

山本五十六画像

11月6日，日本陆军大本营发布南方作战部队战斗序列令。南方军以11个师团、9个坦克联队、2个飞行集团和其他直属部队作为骨干，陆军大将寺内寿一为南方军总司令官。南方军下辖第14军（负责菲律宾攻略，司令官为本间雅晴[②]中将），第15军（负责泰国和缅甸攻略，司令官

① 山本五十六（1884—1943）：原名高野五十六，日本帝国海军大将，第二次世界大战期间担任日本海军联合舰队司令，是偷袭美军珍珠港和发动中途岛海战的谋划者。后在视察部队途中，其座机被美军飞机击落而身亡。

② 本间雅晴（1887—1946）：日本帝国陆军中将、英国问题专家、诗人将军。因在菲律宾击败麦克阿瑟，后又被麦克阿瑟蓄意报复而出名。

为饭田祥二郎中将)，第 16 军（负责荷属东印度攻略，司令官为今村均[1]中将)，第 25 军（负责马来亚和新加坡攻略，司令官为山下奉文[2]中将)和南方军直属第 21 师团、第 21 独立混成旅团、第 4 独立混成旅团、第 3 铁道部队，南方军直属通信、宪兵和兵站部队，第 3 飞行集团（辖 3 个航空联队，合计 12 个飞行战队)，第 5 飞行集团（辖 2 个航空联队，合计 7 个飞行战队另 2 个中队)，另 4 个独立飞行队。作战兵力约 25 万，加上后勤人员，总兵力接近 40 万，都是日军颇具战斗力的部队。

与此同时，日本海军大本营命令除了以战列舰为主的第 1 舰队留在濑户内海待命外，联合舰队的其他海上部队几乎全部出动，与陆军一同进行南方作战。

华盛顿很快也从“紫色”密码机破获的日本外交电报中发现，与日本进行的外交谈判已是徒劳无益。11 月 27 日，海军部给哈特发来电报：

> 可把这封电报视为战争警报。与日本进行的谈判已经陷入僵局。日本在几天后就可能采取侵略行动。日军的数目和装备及海军特混舰队的组成都表明，日本要对菲律宾、泰国、克拉克半岛，或许还有婆罗洲，发动两栖进攻。你们要采取适当的防御措施……

同一天，陆军参谋长马歇尔向麦克阿瑟发出了同样的警告：“看来，与日本的谈判业已中断，谈判已无任何实际意义。日本政府不可能再回到谈判桌上来继续谈判。日本今后如何行动很难预料，但随时都可能出现敌对行动。如果敌对行动不可避免，美国也不打算开第一枪。”

接到电报后，麦克阿瑟和哈特简单地交换了一下意见，命令各自的部队进入一级战备。但麦克阿瑟极端错误地估计了日本人的能力和企图，他认为，如果日本人真要发动进攻的话，那也是 1942 年 4 月以后

---

① 今村均（1886—1968)：日本陆军大将，1936 年任关东军副参谋长，参与策划了七七事变和太平洋战争，后任日本第 8 方面军司令。战后被宣判为乙级战犯，判处 10 年徒刑。

② 山下奉文（1885—1946)：日本帝国陆军大将。曾任驻外武官、步兵团长等职。第二次世界大战时期曾担任第 14 方面军司令，率部在菲律宾吕宋岛负隅顽抗，直到日本败降。1946 年在马尼拉被处以绞刑。

的事了。

此时，麦克阿瑟手里的兵力只有13.4万人，其中美军约1.2万人，菲律宾军队约1.2万人，民兵11万人。作战飞机只有150架，其中B－17轰炸机35架、P－40B战斗机72架，剩下的则是老掉牙的菲律宾空军飞机。而可供B－17重型轰炸机使用的机场只有一处，即马尼拉西北约80千米的克拉克机场。美国驻菲律宾的海军部队——亚洲舰队虽然负有协助麦克阿瑟守卫菲律宾的任务，但是他们只有3艘巡洋舰、13艘驱逐舰、29艘潜艇以及其他小型舰艇若干，除了一部分潜艇是新造的，其他舰艇都较陈旧，战斗力极其有限。

1941年12月7日晨6点整（夏威夷时间），由日本海军中将南云忠一①统率的日军特混舰队先后出动183架、168架舰载飞机，对美国太平洋舰队停泊在珍珠港海军基地的86艘军舰和飞机场发起突然袭击。经过2个多小时的轮番轰炸，美军有约18艘大型舰只被炸沉、炸伤，损失188架飞机，伤亡3681人；日军只损失了29架飞机和几艘小型潜艇。

9点40分（马尼拉时间凌晨3点40分），尚在睡梦中的麦克阿瑟接到了来自华盛顿陆军部作战计划处的越洋电话。

“珍珠港遭到日军偷袭！具体情况还不清楚，但是日本人已经打响了第一枪，太平洋战争爆发了！”

“珍珠港？”麦克阿瑟一脸难以置信的表情，问道，“那可是我们在太平洋最强大的堡垒！”

对方并不理会他的惊愕，直接说道：“将军，不久以后，如果你那里遭到攻击，完全不会出人意料。”

麦克阿瑟不假思索地答道：“告诉乔治（指陆军参谋长马歇尔）不用担心，这里没有问题。”他放下电话，立刻赶往设在维多利亚一号堡的司令部。

---

① 南云忠一（1887—1944）：日本海军大将（追晋）。太平洋战争爆发后任日军联合舰队第1航空舰队司令，指挥日本航母舰队参加了偷袭珍珠港、空袭亭可马里、中途岛战役，第一、第二次所罗门海战。

1941 年 12 月 7 日清晨，日本海军的航空母舰舰载飞机和微型潜艇突然袭击美国海军太平洋舰队在夏威夷的基地珍珠港以及美国陆、海军在瓦胡岛上的机场，太平洋战争由此爆发。图为日军偷袭珍珠港现场

此时，麦克阿瑟和司令部的参谋们并不知道，日军对珍珠港的袭击已经接近尾声，港内的美国太平洋舰队的舰艇遭受重创，而日军南下部队对菲律宾的攻势也即将开始。

第五章　孤军奋战菲律宾

遭遇日军突袭

对于菲律宾这块宝地，日本早已垂涎三尺。1941 年 12 月，几乎就在珍珠港遭到偷袭的同时，一场灾难降临到菲律宾美国远东军的头上，首当其冲的正是麦克阿瑟视如珍宝的航空队。

远东空军司令是刘易斯·布里尔顿少将，他是在一个月前随首批新式飞机抵达菲律宾的。当时，美空军在菲律宾群岛上共有各种战斗机、轰炸机及其他飞机 200 余架。在吕宋岛马尼拉西北的克拉克机场，有 35 架 B－17 轰炸机，另外还有几十架旧式 P－40B 战斧式战斗机。在克拉克机场正北方向，位于吕宋岛西海岸的伊巴机场，驻防着拥有 18 架柯蒂斯 P－40E 型“战鹰”式战斗机的第 3 驱逐中队；在马尼拉东南的尼科尔斯机场，驻防着第 17、第 21 驱逐中队，各拥有 18 架新式“战鹰”式战斗机。此外，在其他机场还有一些破旧的老式 P－35、P－26 飞机。布里尔顿一到菲律宾，就忙着组建部队，紧急修建飞机场及支援设施，准备迎接即将前来菲律宾的大批飞机和人员。然而，日本人没有给他时间。

12 月 8 日黎明之前，日军先遣部队已经在巴坦岛登陆，占领和整修了岛上的简易机场，随后又分出一部分兵力，占领了建有水上飞机基地的卡米金岛（位于吕宋岛北部 56 千米）。这一切都可谓神不知鬼不觉。

布里尔顿头一天还在几个机场巡视了一遍，发现能用以保卫这些设施的雷达和高射炮很少，飞机备件也非常缺乏。5 个机场虽然可以起降 72 架新式 P－40B 战斗机，但只有马尼拉以北 80 多千米的克拉克机场和远在南边棉兰老岛的德尔蒙特机场，可以起降 35 架 B－17 重型轰炸机。显然，这样的机场还达不到实战要求。

12 月 8 日清晨，台湾海峡浓雾弥漫，自西向东蔓延，能见度很低，但日军空袭菲律宾的战斗机已经在台湾的机场待命起飞。日本陆军第 5 飞行集团的 43 架水平轰炸机已经抢在浓雾袭来之前起飞南下，为先遣队护航。而承担空袭任务的主角——海军第 11 航空舰队却因机场大雾弥漫而无法起飞。同时，日本联合舰队第 3 舰队航空母舰派出的侦察机也发来电报，马尼拉地区也是大雾弥漫，轰炸机难以寻找轰炸目标。

第 11 航空舰队（为岸基航空部队）司令是冢原二四三①中将，大雾使他的偷袭计划受阻。偷袭就是靠突然性，先发制人摧毁这些无法起飞的飞机。时间不能拖延下去，否则就会暴露日军对菲律宾实施空中打击的意图，弄巧成拙。他如坐针毡，一筹莫展。若失去战机，付出的代价是无法预知的。

飞行员们的心情和上司一样沮丧，他们干坐在驾驶舱里，提心吊胆地仰望天空，唯恐美军的 B－17 轰炸机突然从云雾里钻出来，把他们连人带机炸成碎片。

陆军第 14 军司令官本间雅晴也坐立不安，在机场跑道边来回踱步，望着满天的大雾摇头不止。空袭菲律宾的部队还没出动就遇上这种糟糕的天气，而南云忠一率领的机动舰队偷袭珍珠港已经成功，山下奉文的第 25 军主力也已经分乘 20 艘大型运输船浩浩荡荡地杀向马来半岛。唯独他还未出师就遇上老天阻挠，后果让人担忧。他的作战参谋们更是急得像热锅上的蚂蚁，只能默默祷告皇天保佑，祈求浓雾赶快散开。

上午 9 点，日本海军的一架舰载侦察机从菲律宾上空发来电报称：

---

① 冢原二四三（1887—1966）：日本帝国海军大将，曾任“大井”号、“赤城”号舰长，海军航空本部总务部长，第 2 航空战队司令，第 2 联合航空队司令，镇海要港部司令，第 11 航空舰队司令，海军航空本部部长兼军令部高级次长，横须贺镇守府司令。

“马尼拉上空出现断云，地面目标清晰可见。”冢原和本间两人得报后，脸上终于露出欣喜之色。

为安全起见，前一天上午麦克阿瑟下令将所有的35架B－17轰炸机转移到德尔蒙特机场，因航程限制，那个机场在日机的攻击范围之外。但布里尔顿只派了17架B－17轰炸机飞到德尔蒙特，因为他打算让即将到达的大部分B－17轰炸机驻扎在那里。这样一来，德尔蒙特机场就没有地方可以容纳他留在克拉克机场的18架B－17轰炸机了。他们没有预料到灾难会马上降临。日军袭击珍珠港的消息传来后，布里尔顿于12月8日清晨5点赶到麦克阿瑟在马尼拉的办公室。他有个大胆的想法，打算主动出击，派停放在克拉克机场的18架B－17轰炸机去攻击日本在台湾的军用机场和军舰。但是，参谋长萨瑟兰没有让他与麦克阿瑟见面。当然，布里尔顿的这个设想是否可行还很难断定。因为18架B－17轰炸机无法对日本海军第3舰队构成威胁，很可能是飞蛾扑火。

上午9点15分，冢原二四三一声令下，100余架日军飞机发出刺耳的轰鸣声起飞了。随后，在空中完成编队的几个大机群，飞过波涛滚滚的大海，朝马尼拉方向扑去。

布里尔顿离开后半小时，大约在清晨5点30分（日军开始袭击珍珠港后约4个半小时），华盛顿下达了作战命令。但在3个小时左右的时间里，萨瑟兰没有给布里尔顿下达任何命令，也没有进一步联系。布里尔顿虽然没有见到麦克阿瑟，但他坚持认为日军随时会在菲律宾登陆，要求派出飞机空袭可能出现的日军登陆舰队。这也许是日后被美军和历史学家称为“第二次世界大战中美军最没出息的指挥官”的布里尔顿一生中最正确的提议。可惜，在麦克阿瑟下达命令之前，布里尔顿不能擅自行动，B－17轰炸机只能像活靶子一样静静地躺在克拉克机场上。

早晨8点刚过，设在马尼拉以北约140千米伊巴机场的一部雷达发现了朝吕宋岛飞来的日军飞机。菲律宾群岛上响起了警报声，阿诺德建议布里尔顿尽可能让飞机升空。在此情形下，布里尔顿决定不再等待麦克阿瑟的指示，下令 B－17 轰炸机立即升空警戒。布里尔顿幻想着与日机一战，因此飞机升空后只是在盘旋，而没有飞往德尔蒙特。

2 个多小时后，布里尔顿再度请求出动飞机搜索菲律宾附近海域。但由于缺乏足够的情报，不知道日军登陆部队究竟会在何时何地出现，美国远东军司令部对出动飞机的可行性依然持怀疑态度，没有批准。布里尔顿无奈，只得将先前进行警戒飞行的 B－17 轰炸机全数召回，整备员们为轰炸机安装了 45～136 公斤不等的炸弹。战斗机也返回基地补充燃料。之后，布里尔顿第三次要求迎击日本舰队，麦克阿瑟终于同意航空兵在午后出动，一旦在菲律宾海域出现日军登陆舰队就进行攻击。

飞行员们得知午后将要出动，抓紧时间吃完了午餐。布里尔顿心里仍然很不踏实，万一让日本航空兵抢先一步，原本数量就不占优势的远东航空队处境将更加艰难。

正如布里尔顿所担心的那样，此时 108 架日军轰炸机由 84 架零式战斗机护航，正飞往菲律宾上空。吕宋岛北部监测站的一台雷达——也是菲律宾唯一一台可以工作的雷达，屏幕上已经出现了大片日军飞机信号。北部监测站立即向尼科尔斯机场的传真印刷室发出警报，片刻工夫，菲律宾所有监测站都报告发现了大批向马尼拉上空运动的敌机。

上午 11 点 45 分，尼科尔斯机场发电报通知克拉克机场，同时用无线电波向整个菲律宾的各个机场发出通报。但是，无线电波遭到日军干扰，克拉克机场的电报接收员无法接收。紧急情况下，尼科尔斯机场的美军指挥官乔治上校命令第 34 驱逐中队立即起飞，去保卫克拉克机场上空；第 17 驱逐中队去保卫巴丹半岛；第 21 驱逐中队负责马尼拉地区。驻守伊巴机场的第 3 驱逐中队接到紧急命令，立刻前往南海上空侦察敌情。

中午 12 点刚过，日军第一波 27 架轰炸机组成的机群以“V”字队形出现在克拉克机场上空。一名值班上尉接到从伊巴机场打来的紧急电话，但为时已晚。大批日机呼啸而来，机炮喷着火舌，重磅炸弹急速掉落，与空气摩擦发出的怪声令人毛骨悚然。克拉克机场的 2 个B－17轰炸机中队和一个 P－40 战斗机中队刚刚装备好弹药，而正要赶来的尼科尔斯机场的第 34 驱逐中队刚刚准备加油。当炸弹纷纷爆炸时，大地剧烈颤抖，机场变成了一片火海，数十架飞机被毁。

美军防空兵的所有高射炮一齐向空中射击，糟糕的是，由于没有装备最新型的高射炮弹，炮弹在日军飞机下方 600～1200 米的空中就爆炸了，对日机根本无法造成任何威胁。这波日军轰炸机又轰炸了 15 分钟才扬长而去。

第一波日军轰炸机刚走，34 架零式战斗机又从东南方向突入机场上方，地面上的美军都可以清楚地看到机身上喷涂的大红色的太阳旗标志。携带炸弹的零式战斗机也可以作为战斗轰炸机使用，它们迅速抛下携带的炸弹，接着开始扫射整个机场。美军四散开来，慌忙寻找掩体，躲避枪林弹雨，很多人中弹倒下。

日机轮番进行了地毯式的轰炸，无数炸弹同时落到机场上，平整的跑道被炸出一个个巨大的弹坑，多枚炸弹直接命中停在跑道上的美军飞机。

美军第 3 驱逐中队在南海上空并没有发现日舰，因燃油将尽，返航后刚要在伊巴机场降落，正好碰上日军的 54 架轰炸机和 50 架零式战斗机，于是对这波日机进行了反击，成功击落 2 架日机。但是，日军轰炸机还是成功炸毁了伊巴机场的营房、仓库、装备和通信站。

整个袭击持续了约一个小时，使美国远东空军遭到了致命打击。开战伊始，美军就损失了 18 架 B－17 轰炸机、55 架战斗机和 26 架其他飞机，这意味着开战当天，美军在菲律宾的航空兵力就报销了一半，而战果是第 3 驱逐中队和 3 架好不容易从克拉克机场升空的 P－40B 战斗机一共击落了 5 架日机。另外，第 192 坦克营 B 连一位叫巴道斯基的士兵用机枪打下了 1 架零式战斗机。

就在日机对克拉克机场和伊巴机场进行袭击的时候，阿诺德将军从华盛顿给布里尔顿打来电话，他非常愤怒，狠狠地斥责道："真是活见鬼，像你这样一位有经验的空军指挥官怎么会在那么多的警报之后还被炸了个措手不及呢?"布里尔顿觉得很委屈，认为自己已经及时做出反应，航空队在有限的工具和时间内，采取了各种可能的预防措施，但对敌情确实不是很清楚。挨训后，他只得向麦克阿瑟汇报，麦克阿瑟压住怒火，劝慰他说："你不要把这事放在心上，只需回去战斗就可以了。"

美国海军又会有什么样的遭遇呢？美国舰队亚洲分舰队并不归远东美国陆军司令管辖，但美国海军表示将全力支持麦克阿瑟。舰队司令托马斯·哈特海军上将认为潜艇是"近海防御"的最好打击力量，这一观点与麦克阿瑟不谋而合。当时亚洲分舰队有 17 艘先进的新式潜艇，是最新配备的，特别让麦克阿瑟信心大增的是，亚洲分舰队拥有美国最新研制成功的秘密武器——自导鱼雷。12 艘最先进的潜艇可以发射磁性雷管鱼雷。磁性雷管鱼雷发射后可以自动寻找敌舰，而且威力极大，只需 2 枚就足以炸毁一艘战列舰或重型巡洋舰。有了这样威力无比的秘密武器，麦克阿瑟认为一旦战争爆发，让他像最初"橙色计划"所预定的那样退守巴丹半岛，未免太消极了，因此他才要求修改原"橙色计划"。而且，哈特在菲律宾还有另一个秘密武器：由密码破译员和日语语言学家组成的熟练的技术侦察分队。陆军破译员破译了重要的日本外交密码——"紫色"密码。海军破译员揭开了日本海军 JN－25 密码的秘密。马尼拉密码破译分队刚装备了阅读"紫色"密码和 JN－25 密码的机器。他们在搜集日军的重要情报方面发挥了不可估量的作用。

但是，哈特对麦克阿瑟防守菲律宾的计划仍持怀疑态度。他和麦克阿瑟在工作上只是一种平行关系，各自对自己的上司负责，加之两人的私交也极为一般，彼此成见颇深，相互很少联系，因此，他们之间几乎是各自为政，毫无协作可言。

哈特凭着丰富的经验和敏锐的判断力，早在几个月前就强烈预感到日本人必将从台湾渡海进攻菲律宾，因而采取了严格的防范措施，包括把海军家属送回国内，把水面舰只调到荷属东印度群岛的西里伯斯（今苏拉威西岛）和婆罗洲，以避开日机的空袭。而潜艇部队连同 3 艘支援舰仍留在马尼拉湾，以执行支援陆军保卫菲律宾的任务。

甲米地（位于马尼拉湾）是美国远东海军最大的一个基地。12 月 8 日、9 日两天，亚洲分舰队执行沿海及海外作战任务的潜艇先后驶离甲米地。12 月 9 日晚些时候，哈特得知远东空军损失惨重的情况后，决定让2艘支援陆军的新式潜艇支援舰驶离甲米地海军基地向南撤离，只留下一艘旧式的“卡诺帕斯”号。

12月10日，日军第11航空舰队的轰炸机群再次“光临”菲律宾。52架日军轰炸机由100架零式战斗机护航，对北吕宋的军事目标展开了第二轮空袭。美军出动20架P－40、17架P－35战斗机迎战，但是，面对数量占压倒性优势的日机，尤其是性能优越的零式战斗机，美机几乎没有还手之力。日军另一波80架轰炸机在52架零式战斗机的掩护下，对甲米地海军基地和造船厂展开了攻击。日机连续轰炸了2个小时。一枚枚炸弹拖曳着红光在军港内掀起了滔天巨浪和滚滚烟火，整个基地成为一片火海，最后还引爆了潜艇部队储存的200多枚磁性雷管鱼雷。

当时，麦克阿瑟的儿子和夫人琼正站在马尼拉饭店的楼顶平台上，目睹了这一可怕的场景。

哈特站在距离基地仅600米的司令部——火星人大厦楼顶，近距离目睹了这场灾难，险些被爆炸产生的气浪冲倒，他失神自语道：“完了，我们的潜艇……秘密武器……”海军基地被彻底摧毁了，潜艇部队受到重创，2艘潜艇被炸毁，5艘潜艇受伤，雷管和自导鱼雷尽数报销。

经过日机10天的轰炸袭击，美国舰队亚洲分舰队潜艇配合陆军作战的计划被迫放弃。原来指定的战略预备队驶向大海，加入到已派出巡逻的潜艇编队之列。原来的29艘潜艇还剩27艘，但只有22艘可以使用。其中，4艘摆在从南面接近吕宋岛的位置，5艘派往吕宋岛东海岸，13艘部署在吕宋岛西海岸及中国南海一带。这些潜艇统由哈特的潜艇部队司令约翰·威克斯指挥。

就在同一天，位于新加坡的英国远东舰队的王牌——号称永不沉没的“威尔士亲王”号战列舰和“反击”号战列巡洋舰，被日本海军航空队的轰炸机击沉。美国舰队亚洲分舰队的最大外援无法再依靠，几天之后，哈特留下潜艇部队，率领劫后余生的舰只撤往荷属东印度。

开战刚刚两天，日军的前两次袭击就将麦克阿瑟的航空部队摧毁，10天就将海军舰队击溃，使得麦克阿瑟企图在日军登陆之前进行的先发制人、近海防御作战计划胎死腹中，而且菲律宾制空权和制海权完全被日军掌握。

节节阻击日本法西斯

1941 年 12 月 8 日凌晨，一辆黑色轿车悄无声息地从马尼拉饭店开出，向有着坚固城墙的老城区驶去。坐在车内的麦克阿瑟心潮澎湃，他最担心的事情终于在他还没准备好之前发生了。在日军第 11 航空舰队对菲律宾进行 2 次轰炸袭击后，日本陆军第 14 军司令本间雅晴立即发起了第三次袭击——日本陆军先遣队在菲律宾登陆了。而麦克阿瑟修改"橙色计划"的要点之一，就是在日军登陆之前进行最大限度的阻击，把日军挡在"近海防线"之外。

战争爆发前，美国部署在菲律宾的陆军为 1 个师和 2 个独立团，菲律宾政府组织了 10 个步兵师。之前，麦克阿瑟多次要求华盛顿总部向菲律宾增援兵力，但都未能如愿，如今战端一起，他终于逮到了机会。他对被称为"空中堡垒"的 B－17 重型轰炸机特别感兴趣，认为在菲律宾部署相当数量的 B－17 轰炸机，不仅可以保护该地免遭日军的渡海进攻，而且可以遏制日军进攻马来地区与荷属东印度的行动，必要时还可以使用这种飞机对日本本土进行袭击。陆军参谋长马歇尔答应了麦克阿瑟的上述要求。

但是，麦克阿瑟没有料到，日军的进攻时间比他判断的提前了近半年，他所要求的海空力量要到 1942 年 5 月才能全部到位。他对华盛顿指挥当局说"这里没问题"，一方面说明他有所准备，另一方面也说明他有基于战略判断失误之上的麻痹轻敌思想。

麦克阿瑟从骨子里蔑视日本人，认为他们没有魄力和能力在西太平洋这样广大的地区同时展开大规模作战行动。直到 12 月 8 日下午 4 点左右，他来到自己的司令部，参谋们向他详细汇报情况，他才意识到事情的严重性。"他妈的，这些家伙终于动手了！"麦克阿瑟骂道，他知道自己现在需要做些什么，他必须摆脱这个危机。

在此之前，麦克阿瑟将整个菲律宾群岛划分为几个防区：乔纳森·温莱特[①]将军指挥的北吕宋部队（被视为最精锐、最有战斗力的部队），负责防守阿帕里、维甘滩头阵地，最有可能成为日军主力登陆地区的马尼拉西北180千米的林加延湾海岸，最有可能发生大规模战斗的中央平原地区，作为美军撤退的防御阵地巴丹半岛；乔治·帕克将军指挥的卢塞纳部队，负责防守比科尔半岛；艾伯特·琼斯将军指挥的南吕宋部队，负责控制巴丹到黎牙实比的海岸；切诺·韦恩将军指挥的米沙鄢部队，负责防守中部岛屿；威廉·夏普将军指挥的棉兰老部队，负责该岛的全部防务。另外，驻菲远东航空兵大队设在克拉克机场，由布里尔顿将军负责；科雷希多港口的防务，由穆尔将军负责指挥。麦克阿瑟迅速浏览了一下驻菲部队的部署表，让作战参谋立刻给各参战部队下达了命令。

日军大本营对“南下”前期的既定作战方针是：“在陆海军的紧密配合下，对菲律宾和英属马来西亚同时作战，争取在短时间内达到作战目的。”首先对美国在珍珠港的海军进行突然打击，使之丧失战斗力；紧接着的目标就是菲律宾、马来西亚、泰国，以及中国香港；然后尽快进入英属婆罗洲。其他攻击部队要占领关岛、西里伯斯、荷属婆罗洲（现加里曼丹）、南部苏门答腊等目标，利用占领的岛屿建立基地，使日军作战飞机能向前集中，以支援对爪哇的入侵。

第一阶段的任务完成后，接下来再以占领区为基地，向新不列颠岛、新几内亚岛、澳大利亚进击。因此，菲律宾这个“被美国摆在日本门前石阶上的一块石头”，已经被牢牢套在了日军瞄准镜的光环上。

为了按计划（初定为50天）拿下菲律宾的首府马尼拉，日军大本营已经准备好了强大的陆军和海军部队。日军将此次作战称为“M作战”，其中，负责攻占菲律宾的陆军部队是以本间雅晴为司令官的第14军。该军辖第16师团（17个常设师团之一）和第48师团2个整师团、

---

① 乔纳森·温莱特（1883—1953）：美国陆军上将。第二次世界大战时接替麦克阿瑟任美国驻菲律宾总司令，在弹尽粮绝之后为了保全士兵的性命而投降日本，后被长期关押，直到日本投降。

2 个坦克联队、2 个中口径炮兵联队，另有 1 个大队、3 个工兵联队及 3 个高射炮大队，还有第 65 混成旅团做总预备队，总共 6. 5 万人。表面看来，日军第 14 军的人数不到菲律宾守军的一半，但是菲律宾守军的战斗力显然无法与日军一较高低。另外，陆军第 5 飞行集团由小畑英良[①]中将指挥，拥有九七式战斗机等 307 架，其中 194 架专用于菲律宾。

负责攻占菲律宾的海军部队是以第 3 舰队为基干组成的菲律宾部队（指挥官为高桥伊望中将），包括各种作战舰艇 43 艘；零式战斗机、一式攻击机等 444 架作战飞机，其中 279 架用于菲律宾；加上第 3 舰队指挥的大约 80 架舰载机和陆基飞机，日本海军将在菲律宾投入 359 架作战飞机。

上述所有参战部队已于 1941 年 12 月 7 日之前完成战略部署，分别集结在中国台湾和帕劳群岛[②]等前沿阵地。12 月 8 日空袭马尼拉附近的克拉克等航空基地，是日军进攻菲律宾的序曲。

日军第 14 军司令官本间雅晴是业余作家出身，身高 1. 77 米，站在矮小的日本人中显得高大威武。他有着强健的体格，剃着光头，相貌让人看一眼就能留下深刻的印象。他头脑清晰，反应灵敏，具有丰富的作战经验，又行事谨慎，思维缜密。同时，日军大本营还为第 14 军配备了一众幕僚人员，包括菲律宾问题专家、参谋长前田正实少将，原参谋本部第 3 课课长中山源夫大佐、牧达夫中佐和中岛义雄中佐，以及参谋本部作战课的佐藤德太郎少佐等人，研究菲律宾作战的具体细节问题。本间雅晴及参谋们考虑到驻菲的航空兵特别是 B－17 重型轰炸机对进攻部队最具威胁，因而决定在开战之初首先组织一场航空歼灭战，为登陆输送队的海上航渡和登陆战斗夺取制空权。

日军大本营认为，只要偷袭珍珠港成功，使美国太平洋舰队无力反

---

① 小畑英良（1890—1944）：昭和时期的陆军大将。七七事变后由陆军转入航空兵，第二次世界大战时期历任第 5 飞行集团团长、第 5 飞行师团师团长、第 15 军司令官、第 3 航空军司令官、第 31 军司令官，后在马里亚纳群岛战役中因孤军无援而自杀。

② 帕劳群岛：位于西太平洋菲律宾海的南部岛链、关岛以南 700 英里处，在菲律宾棉兰老岛之东，是太平洋进入东南亚的门户之一。

击，日本海军在西南太平洋就能所向无敌，而菲律宾海域的美国亚洲分舰队根本就微不足道。菲律宾首都马尼拉是美国在远东的主要海空军基地，又是菲律宾的政治、经济中心，占领马尼拉便可以控制菲律宾全境，因此，菲律宾战役将以攻占菲律宾首都马尼拉为主要目标，并力争在进攻马尼拉周边地区的战斗中歼灭美、菲军主力。

但是，对于登陆地点，本间雅晴和参谋们不得不反复斟酌。考虑到美军向菲律宾增派了新型潜艇，如果在水深的八打雁登陆，很容易遭到潜艇伏击，因而主登陆点最终还是定在了林加延湾①和拉蒙湾②两地。11 月 13 日至 15 日，本间雅晴召集第 14 军各级指挥官和第 5 飞行集团指挥官在山口县岩国召开军事会议，商讨菲律宾攻略战的细节问题。高桥伊望指挥的第 3 舰队负责运输菲律宾登陆部队、海上补给和掩护任务。在本间雅晴的陆军登陆之前，高桥伊望负责指挥海军和航空部队作战。

12 月 7 日傍晚，一支由 490 人组成的日军小型先遣队率先在巴坦岛登陆，占领了岛上的机场，供第 24、第 50 战队使用，作为进攻吕宋岛的陆军航空兵基地。

12 月 8 日，原显三郎海军少将指挥的海军第 1 急袭队，护送第 14 军所属第 48 师团的田中支队，以驻中国台湾第 2 步兵联队的 4 个步兵中队为基干，配属第 48 山炮联队的 2 个山炮中队、第 1 机场整备部队和工兵等部队组成，共计 2 万余人，由第 2 步兵联队队长田中透大佐指挥，在吕宋岛北部卡加延河入海口阿帕里港滩头登陆。

当天上午天气情况恶劣，海上东北风怒号、白浪滔天，转乘登陆艇作业非常困难。即使抵达海岸的那一段距离，艇身也在剧烈颠簸。最初的 2 个中队登陆以后，田中透决定更改主力登陆地点，转向阿帕里以东 32 千米的堪萨加登陆。这样一来，最先登陆的 2 个日军中队就被孤立了，处境十分危险。不过，由于负责防守林加延湾以北地区的菲律宾第

① 林加延湾：位于菲律宾吕宋岛西北，圣地亚哥岛和圣费尔南多角之间。
② 拉蒙湾：位于菲律宾吕宋岛东部。

11 师在战前两个月才被动员起来，缺乏训练，也没有炮兵和运输车辆，这样的一个师要负责吕宋岛北部广阔区域的防卫，实在是捉襟见肘。守卫卡加延河谷的部队也只有一个营而已，因此他们一开始甚至没有发现日军已经在阿帕里海滩登陆。

中午 12 点 30 分，一架 B－17 轰炸机向堪萨加的日军登陆点投弹。一个小时后，另一架 B－17 轰炸机投弹，重创原显三郎的旗舰“名取”号巡洋舰左舷，舰上 7 人炸死、6 人重伤、1 人轻伤，原显三郎只得改乘“长月”号驱逐舰指挥。日军另一艘驱逐舰“春风”号和一艘扫雷艇也被美机炸伤。不过，这丝毫没有阻挡日军登陆的脚步，田中支队很快与另 2 个先遣支队会合了。

12 月 10 日凌晨 1 点 45 分，菅野支队进入吕宋岛西北海岸的维甘港预定登陆海域。他们也遇到了和田中支队一样的麻烦，由于风浪太大，不得不将登陆地点向南推移了 6 千米，直到凌晨 5 点 30 分才开始登陆作业。登陆进行得十分艰难，美军侦察机不久便发现了菅野支队的动向。上午 10 点 30 分，日军第一梯队上岸以后，立即向维甘进发。与此同时，美军的 5 架 B－17 轰炸机和一个 P－35 战斗机中队开始对登陆中的菅野支队发动攻击。在阻击日军登陆的战斗中，陆军航空部队无疑做出了最大的努力，但实际效果十分有限。

当天上午，驻守阿帕里的连长阿尔文·C. 哈德利中尉接到命令，让他指挥菲律宾第 12 步兵团第 3 营的 1 个连，把阿帕里的 2 个日军步兵中队赶下海。以 1 个连的兵力去对付日军的 2 个中队，哈德利认为这是指挥官让他去送死，所以，他还没有跟日军碰面就向后撤退了。

12 月 11 日中午，田中支队占领了阿帕里的飞行跑道。

随同菅野支队登陆的第 14 军情报参谋中岛义雄，在维甘附近设立了先遣情报所。菅野支队随后占领了维甘机场，当天早晨，第 24 飞行战队的 18 架战斗机进驻该机场。

已经掌握制空权的日军获得了在吕宋岛的航空基地，继续对美军航空基地进行狂轰滥炸，由于所剩不多的美军飞机在空中遇上大批日机，如同羊入虎口，损失进一步扩大，最后只能承担警戒任务，不再与日军周旋。麦克阿瑟和布里尔顿得知战况，内心隐隐作痛，此时美军如果能有几十架飞机，就可以把阿帕里和维甘的日军登陆部队赶下海，但这显然是一种奢望。

田中支队在阿帕里地区集结完毕后，迅速向卡加延河谷进逼。美军温莱特得知日军已经在阿帕里登陆，估计兵力不会超过一个加强旅团（这个判断正确无误，实际上田中支队只有 2 个大队），立即调兵遣将，试图阻止日军南下。卡加延河谷和阿帕里之间只有一条山路，温莱特认为只要以少数兵力守住这条路，即使日军数量再多，也无法轻易通过。于是，他赶紧命令菲律宾第 26 骑兵团派遣侦察汽车前往卡加延河谷，并尽快和菲律宾第 11 师取得联系，会合后部署防御。麦克阿瑟认为这一部署是可行的，为了争取时间，他亲自下令炸毁卡加延河谷的所有桥梁，并在巴雷特山口设置路障，让日军寸步难行。

田中支队正沿兹凯卡拉奥的 5 号公路南下，美军飞机冒着被占绝对优势的日机攻击的危险，在田中支队前方展开轰炸，将沿途一切看起来像是目标的物体全都炸了个粉碎。但是，由于田中支队正面的菲律宾第 12 团第 3 营畏敌如虎，生怕日军别动队截断他们的退路，于是不发一枪一弹，一路撤向卡加延河谷南方，美军航空兵的努力付诸东流，田中支队顺利通过河谷。

日军继续在多个地点登陆，不到 2 万人的美军和 1 万余人的菲律宾野战部队，根本不可能在那么长的海岸线上建立起牢固的防御，而 10 多万菲律宾预备部队的战斗力又实在太差，因此，日军在吕宋岛登陆的主力没有遇到多大阻力就全部上岸了。12 月 12 日凌晨 5 点 30 分，田中支队的先头部队已经深入菲律宾内陆 80 千米，抵达图格加劳机场。

与此同时，维甘方向的菅野支队进展也很顺利，于黄昏时分占据了北伊罗戈斯省府拉瓦格附近的机场。

12 月 14 日，第 14 军参谋长前田正实和参谋佐藤德太郎飞抵阿帕里，向田中透传达了军司令部的最新命令。田中透的新任务是统一指挥两个支队向林加延湾方向前进，策应日军另一路主力向马尼拉推进。

12 月 15 日，前田正实返回第 14 军司令部，由佐藤德太郎辅佐田中透进行新的作战。田中透留下大约 1 个步兵中队及 1 个小队的兵力守卫阿帕里机场和登陆点，支队主力则于 12 月 17 日从阿帕里出发，来到维甘与菅野支队会合。会合后的部队统由田中透指挥，进击林加延湾。田中透留下 3 个中队的兵力守卫维甘的机场，等工兵部队将机场修整完毕后交给第 5 飞行集团使用。

12 月 20 日午后，田中透率领支队主力从维甘出发，一路修补被美军飞机炸毁的交通设施，于 21 日抵达北吕宋美菲军基地圣费尔南多以北 12 千米的巴克诺达，准备在主力部队登陆时向圣费尔南多进攻。

日军第 14 军另一路在南吕宋黎牙实比登陆的日军先遣队，由第 16 师团步兵指挥官木村直树少将指挥，总兵力 2500 余人。海军吴镇守府第 1 特别陆战队的 2 个中队协同木村支队作战，久保九次海军少将指挥的海军第 4 急袭队为木村支队护航，还有高木武雄海军少将指挥的海军南菲律宾护卫队策应。

12 月 9 日，运载木村支队的日军运输船队、高木武雄指挥的海军护卫队和“龙骧”号航空母舰，在菲律宾以东 160 千米的外海会合，然后向黎牙实比进发。

美军 S－39 号潜艇发现日军登陆部队后，立即发射鱼雷攻击。由于孤军作战十分危险，在遭到日舰深水炸弹反击后，S－39 号潜艇被迫撤离。

12 月 12 日凌晨 2 点，木村支队开始在黎牙实比滩头登陆。当天天气晴朗，微风吹拂，木村支队登陆异常顺利，既没有遭到美军飞机的轰炸，也没有遭遇陆军阻击。驻守南吕宋的美菲部队离这里约 200 千米！

其实，麦克阿瑟已经估计到了日军的企图，认为这几次小规模的登陆行动，不过是为了掩护即将到来的主要行动而采取的牵制性攻击，因此，他除了派小部队与之周旋外，主力仍按兵不动。马尼拉湾才是真正的要地，守住马尼拉等待支援，是他目前唯一能做的事情。

这时，日军先头部队已占领火车站。当天下午 3 点 30 分，10 架美军飞机发动了空袭，但由于遭到“龙骧”号航母舰载机队的阻挠，并没有取得多大成果。

驻守南吕宋的司令官阿尔伯特・琼斯将军打算集结足够对抗日军的强大兵力，把日军赶回海里去。但是集结起来再奔赴 200 千米前往海边，日军会给他那么多时间吗？即使时间来得及，他的部队才几千野战军，加上万余民兵，有把握打赢这场战吗？

南吕宋的比科尔半岛地势狭长，四周有 5 个海湾环绕，分布在多处的 5 个海湾总长 400 千米的海岸线都很适合登陆作战。琼斯很快否定了自己的设想，只命令小乔治・帕克准将指挥菲律宾第 51 师南下，全力破坏南吕宋的道路和桥梁，以延缓日军的推进速度。由于菲律宾第 51 师对南吕宋的交通设施进行了卓有成效的破坏，木村支队的推进速度明显放缓，当木村支队推进到比科尔半岛北部时，更是遇上了不小的麻烦。菲律宾第 52 加强步兵团与日军正面交火，邻近的其他各连迅速做出反应，依托有利地形对日军进行合击。菲军虽然付出了不小的代价，但给了木村支队当头一棒，日军只得撤退。这是菲军在日军入侵期间取得的第一次胜利。

与此同时，日军第 16 军也派出 2 个先遣支队在棉兰老岛登陆。其中一支先遣部队是第 56 师团步兵指挥官坂口静夫少将指挥的坂口支队，另一支是第 33 步兵联队副队长三浦俊雄中佐指挥的三浦支队。根据日军大本营的作战计划，这两个支队的任务是占领棉兰老岛，为第 16 军进攻荷属东印度群岛打开通路和建立前进基地，同时切断盟军的运输线，使盟军在这一地区的各个岛屿被孤立。

鉴于如此不利的形势，美国海军作战部部长欧内斯特・金①海军上将在得知日本在菲律宾海域部署有强大舰队之后，命令正前往马尼拉执行支援任务的“彭萨科拉”号护航舰队立即改变航向，开往澳大利亚，以免遭到日本军舰的拦击。这就意味着海军不仅不能完成“橙色－3 计划”给它规定的维持海上补给线的任务，更谈不上护卫接防地面部队及

① 欧内斯特・金（1878—1956）：美国海军五星上将，参加过第一次世界大战，第二次世界大战中担任美国海军作战部部长，在海军中被尊称为“全能的上帝”。

与日本舰队决战了。麦克阿瑟的一切救援希望很快就成了泡影，这也意味着“橙色-3计划”宣告失败，从而注定了厄运的降临。

退守巴丹半岛

日军第16军在棉兰老岛登陆，处于吕宋岛的美、菲军境况十分艰难，防守反击已经毫无指望。美、菲军的高炮手每天架着高射炮，对着不时从头上飞过的日机进行射击，但只有当少数几个莽撞的日军飞行员冒险进行超低空飞行时，才有可能被击落。每当这种奇迹出现时，人们都会对着坠落的日机鼓掌欢呼。这给已经临近的圣诞节增添了一些节日气氛。

开战不过几天，日军就使美、菲军失去了大部分海军和航空兵力。在两个岛登陆的4支日军先遣支队不过万人，却让美、菲盟军只有招架之功，没有还手之力。而日军的后续登陆部队还在源源不断地赶来，目标是林加延湾。

在林加延湾登陆的日军部队以第14军直属部队及土桥勇逸中将指挥的第48师团（含台湾第1步兵联队、第47步兵联队等）为核心，包括炮兵、工兵、侦察兵、技术兵、运输兵，还有第16师团的上岛支队和第5飞行集团的地勤等诸兵种部队。为了这次登陆，日军调用了将近200艘登陆艇。登陆点被山地和海湾环绕，呈带状地形。吕宋岛的主干道3号公路沿着这个带状地带向四周蔓延，通过山路把碧瑶和博安两地连接起来。除了3号公路之外，还有很多通过中央平原抵达马尼拉的道路。

12月21日傍晚，日军第47步兵联队和第一批坦克最先在林加延湾最南端，距离达摩蒂斯不到5英里的阿克海滩登陆。正在林加延湾附近巡逻的“红鱼”号潜艇艇长在潜望镜里看到远处有一缕缕黑烟，铺天盖地有30千米长，正在向林加延湾逼近。

12月22日凌晨，天还一片漆黑，日军第14军第48师团主力在舰炮的掩护下，开始在3个滩头堡登陆。30分钟后，台湾第1步兵联队和第二批坦克在阿克海滩以北 11 千米的卡巴登陆。又过了 30 分钟，上岛支队（以第 16 师团第 9 步兵联队主力为基干）在卡巴以北 11 千米的博安登陆。

担任北吕宋防御的部队是菲律宾陆军预备队第 11、第 21 师，以及美、菲混编师一部，其中只有 1 个师有少量炮兵。海湾南端部署着美军菲律宾师所属第 86 野炮营的 4 门 155 毫米火炮，日军护航舰队进入其射程以后，受到了很好的“招待”，前后有 3 艘运输船和 2 艘驱逐舰被击沉。东侧沿岸由菲律宾第 11 师负责，开战后还紧急配属了第 71 师的第 71 步兵团，这个师才刚刚训练了 10 周。他们在滩头阻击日军。上岛支队顶住了海岸防卫队的火力阻击之后，凭借优势兵力在滩头展开进攻。防御部队所起到的作用，仅仅使日军 3 路会合延迟了几个小时。天亮后，日军在阿克和博安之间建立了全长 24 千米的登陆场。

本间雅晴下令，登陆部队上岸以后不必集结，立即向岛内纵深挺进。上岛支队在博安登陆以后，分为两部：一部北上与先期登陆的田中支队会合；另一部在夺取纳吉里安机场后，向碧瑶进军。若能夺取碧瑶，就可以阻止美军越过山区，向东方展开反击。第 47 步兵联队和台湾第 1 步兵联队将南下夺取达摩蒂斯，然后再择路南下。

麦克阿瑟虽然料到日军主力可能在林加延湾登陆，如果他手中有足够有力的部队，肯定会对日军予以迎头痛击，可惜巧妇难为无米之炊，他手中并没有足够的本钱。

博内特中校指挥的菲律宾第 71 步兵团在 12 月 21 日接到的命令是去圣费尔南多阻击先期登陆的田中支队。其中一个营已经与田中支队迎头撞上，展开了激烈的战斗；另一个营试图迂回包抄田中支队的左翼。如果能够迅速行动，第 71 步兵团是能击败田中支队的，但是装备低劣的菲军无法迅速有效地完成这种战术任务。

12 月 22 日上午 11 点，上岛支队的巡逻队和田中支队的一个巡逻队员取得了联系。下午 2 点，2 个支队的主力顺利会师。与此同时，上岛支队的第 2 大队已经进入博安，于下午 5 点占领了整个博安镇及其周边地区。随后，上岛支队第 3 大队按照预定计划沿博安－碧瑶一路向东，进攻纳吉里安机场。

12 月 24 日拂晓，日军第 16 师团的主力 7000 余人在南吕宋东海岸距马尼拉仅 110 千米的拉蒙湾登陆。乔治·帕克将军指挥的 1.6 万南吕宋部队在稍作抵抗后，同样被打得落花流水，迅速崩溃。随后，日军第 65 混成旅的 1 万人也在拉蒙湾登陆。

麦克阿瑟得知日军主力已经成功在林加延湾登陆，只得打出自己最后的王牌，命令韦弗上校的坦克部队火速增援前线。温莱特则命令北吕宋集团战斗力最强的菲律宾第 26 骑兵团，立即向罗萨里奥开进，支援达摩蒂斯。

当皮尔斯上校率领的第 26 骑兵团主力刚刚抵达罗萨里奥时，侦察排的汽车已经迅速抵达达摩蒂斯侦察敌情。他们发现达摩蒂斯一名日军也没有，接着他们沿海滨公路一直向北搜索了几千米，发现日军第 48 侦察联队和第 4 坦克联队的先头部队正在逼近，于是立即返回达摩蒂斯，向第 26 骑兵团团部和北吕宋集团司令部通报敌情。

还在罗萨里奥待命的皮尔斯当机立断，立即率领第 26 骑兵团北上达摩蒂斯，阻击日军登陆。下午 1 点，第 26 骑兵团刚刚进入达摩蒂斯阵地，就遭到拥有飞机支援的日军优势兵力的迎头猛攻。皮尔斯竭力维持住自己的阵地，同时向温莱特求援。这时，温莱特得到情报，一支日军机械化部队正迅速接近达摩蒂斯。他心急如焚，但因为没有获得对坦克部队的指挥权，他只能请求坦克团团长韦弗派出至少一个坦克连去支援达摩蒂斯。韦弗把这个任务交给了距离达摩蒂斯最近的第 162 坦克营 B 连。

B 连连长唐纳德·汉斯上尉原计划率领全连的 M3 坦克在格罗纳加满油之后，再直抵达摩蒂斯。但他们在阿克附近与日军第 4 坦克联队的一个九五式轻型坦克集群遭遇，这是美国“二战”史上的第一次坦克遭遇战。

B 连交战失利，固守达摩蒂斯的第 26 骑兵团由此失去了坦克的支援。日军台湾第 1 步兵联队和第 48 山炮联队一部也加入了达摩蒂斯的攻击阵容。第 26 骑兵团寡不敌众，皮尔斯只能率部撤退到达摩蒂斯以东的防御阵地。

日军在达摩蒂斯留下少数守卫部队以后，以第 48 侦察联队开路，今井大佐的台湾第 1 步兵联队和第 48 山炮联队第 3 大队组成的主力随后，一路向西进发，试图一举打垮疲惫的第 26 骑兵团。皮尔斯下令炸毁了罗萨里奥西面几千米一条小河上的唯一一座桥梁，迫使日军坦克停止前进。

在最初几天的战斗中，日军第 14 军主力在林加延湾的登陆部队取得了理想的战果，占领了博安、阿克等沿岸重要据点，从北、南、东三个方向将美军的防线撕扯得支离破碎，与先期登陆的田中支队顺利会合。日军步兵、炮兵、坦克兵和航空兵各部队成功进行了诸兵种协同作战，并且占领达摩蒂斯、罗萨里奥两个重镇，确保了主力后续部队的登陆安全和继续向内陆进军的桥头堡，前锋直指吕宋中央平原。

这一天，麦克阿瑟乘坐吉普车巡视了林加延湾前线，目睹了被温莱特称为“一群乌合之众”的菲律宾部队被日军打得兵败如山倒的情形。直到这时，麦克阿瑟才真正意识到他的军队已经危在旦夕。很明显，日军的企图是实施南北夹击，将麦克阿瑟的部队合围在中吕宋平坦开阔的地域一举全歼，然后以吕宋为基地继续向南推进。

当天晚上（平安夜），在菲律宾的马尼拉饭店，刚刚被提升为陆军上将的麦克阿瑟把副官西德尼·赫夫中校叫来，对他说：“西德尼，带上琼和阿瑟，我们准备去科雷希多。”赫夫知道麦克阿瑟的意图，也知道科雷希多是个什么地方。那个小岛面积不过 5 平方千米，形状如同蝌蚪，却驻有 4000 人的作战部队和 4000 名非作战人员，外加 2000 名平民，拥挤不堪。这个小岛位于马尼拉湾入口处，北距巴丹半岛只有 3 千米，东北部与马尼拉城隔水遥遥相望。当地人管这个小岛叫“岩石堡”，岛上山峦起伏，隧道纵横，是个易守难攻的好地方。该岛的形状就像一个瓶塞，也像一夫当关的勇士，扼守着马尼拉湾，只要守住这个岛屿，日军就无法通过和利用马尼拉湾。

随后，麦克阿瑟通过无线电命令全体部队马上开始执行“橙色－5 计划”——退守巴丹半岛。麦克阿瑟后来在回忆录中说：“敌人从两面夹击，如果让他们把我的主力逼进中部平原以防御马尼拉，那简直无异于自寻死路。退入半岛，我还可以尽量灵活地调动全军，争取生存的机会。”

12 月 25 日上午，赫夫找来了一辆大卡车。他们装上一些生活必需品后，匆匆赶往码头，登上“唐埃斯塔班”号客轮，前往科雷希多岛。美国远东军司令部也随之搬迁。奎松总统一家及其他菲律宾政府官员和美国驻菲高级专员弗朗西斯·塞尔一家，也撤到了科雷希多。

要执行撤退计划，困难重重。为了给各部队，特别是军需后勤部队争取时间，让他们尽快抢运作战物资，麦克阿瑟特别要求温莱特不惜一切代价顶住日军的进攻。

抢运物资给养的工作进行得很不顺利，司令部的参谋们把主要精力用于对付日军的进攻，而把向巴丹半岛抢运物资的命令简单地通知下去，并没有进行督促、检查，许多部队抢运物资的工作拖拖拉拉，进展缓慢。更有甚者，有的部队在撤退时顾不上炸毁后勤仓库就落荒而逃，致使大部分弹药和食品落入日军手里。

在科雷希多，为了便于直接观察战场情况，也为了鼓舞士气，麦克阿瑟把司令部和家设在岛上最高的山顶上，并在那里高高升起美国国旗。日军很快发现了司令部所在地，并进行多次轰炸，直到把山顶的房屋炸为平地。在警卫人员的劝告下，麦克阿瑟被迫将司令部和家人搬到山脚下的马林塔隧道里。

此时，被一些历史学家称为“远东敦刻尔克”的退守巴丹的计划仍在争分夺秒地加紧实施。按照计划，在南线部队和马尼拉的战略预备队向巴丹撤退时，温莱特将从林加延湾到巴丹半岛的各条战线上，对南下的日军进行阻击；同时，勤务部队要紧急动员，向巴丹运送尽可能多的给养和弹药。

在位于马林塔隧道的司令部里，麦克阿瑟不停地来回走动，显得焦躁不安。他时而低头思索，时而拿起电话了解各个部队的情况，给战地指挥官下达命令。他力图把自己的部队从日军的钳形攻势下解救出来，12 月 26 日，他和奎松总统商议后，向报界宣布马尼拉为“不设防城

1942 年 3 月，菲律宾巴丹半岛，困守于岩洞里的麦克阿瑟将军

市”，希望以此减轻战火对这座城市和平民的蹂躏与伤害，减少战争给菲律宾造成的损失。

在整个迟滞作战中，温莱特及其北吕宋部队肩负重任，起到了关键作用。温莱特一边阻击日军，一边收拢被打散的美、菲盟军，在林加延湾至巴丹半岛之间步步设防，建立起 5 道临时阻击防线；然后利用士兵熟悉地形的优势，沿途抵抗，交叉掩护，且战且退。在阿格诺河防线，温莱特利用有利地形，率领几乎弹尽粮绝的部队硬是把过了河的上岛支队给顶了回去，并击毙了支队长上岛大佐，使南吕宋部队得以乘车快速通过马尼拉进入巴丹。同时，他组织多个工兵小分队沿途炸毁桥梁，破坏道路，设置路障，有效地阻滞南下日军主攻部队的进军速度，为南吕宋部队和马尼拉的战略预备队向巴丹撤退并迅速建立防线，以及后勤部队抢运弹药和给养赢得了时间。在整个行动中，美、菲盟军损失很小，共有 9 个师 8 万人，外加 2.6 万名难民撤到了巴丹半岛。

这个连日军也大加称赞的“伟大的战略行动”之所以能够顺利完

成，除了温莱特等指挥官临阵不惊、指挥有方外，还因为日军犯了几个错误：他们一心想按期攻占马尼拉，而没有想到围截美、菲盟军，忽视了运用空中优势摧毁美、菲盟军撤退必经之路——卡隆比特河上的两座桥梁。而美、菲盟军主动放弃马尼拉，大张旗鼓地宣布马尼拉为不设防城市，使本间雅晴误以为是麦克阿瑟设下的“空城计”，“谨慎为妙”的想法使他一度放慢了进攻速度。

1942 年 1 月 1 日凌晨，当最后一批撤退部队连滚带爬地撤到河对岸时，温莱特看着从后面追上来的日军，下令道：“炸掉它!”早晨 6 点 15 分，随着两声巨响，卡隆比特河上的两座大桥坠入河中。在本间雅晴的部队尚未形成两面夹击之前，美、菲盟军成功跳出了包围圈。

1 月 2 日，日军没用一枪一弹便进占了马尼拉，在城里到处升起太阳旗。本间雅晴原以为只要拿下马尼拉，菲律宾政府就会投降，但他完全没有料到，由于未能围歼麦克阿瑟的主力部队，日军将为此付出沉重而惨痛的代价。

麦克阿瑟的主力部队钻出日军的夹击圈，顺利撤退到巴丹半岛，完全打乱了日军南进战略的时间表，使美国有时间在澳大利亚和西南太平洋组织防御，美国国内人心大振。麦克阿瑟为此十分得意，认为向巴丹撤退的决定是他在整个战争中最为关键的一个决策。他在回忆录中写道：向巴丹撤退的决定是我做出的最重要、最关键的决策之一。“巴丹半岛和科雷希多岛成了全球的抗日象征，也是一种精神鼓舞……”日本的历史也记载说，“巴丹半岛的抗战产生了一种影响力，一种精神上的影响力”。

然而，麦克阿瑟丝毫未提自己的过失：一方面，由于防守时过于分散兵力，使得将日军挡在海上的计划毫无成效；另一方面，他撤退的命令下得太晚，部队撤退过于匆忙，使得原本足够使用 5 年的稻谷被迫丢弃。1942 年 1 月 5 日，麦克阿瑟不得不对部队下令只发一半的口粮。

不管怎样，麦克阿瑟毕竟是一个意志顽强的职业军人，困难不会让他屈服。早在开战前，他就利用巴丹半岛多山与密林的地理优势，在岛上构建了两道防线：第一道防线位于巴丹半岛北部，依托纳蒂布山脉

（海拔约1287 米）建立；第二道防线位于半岛中央蜂腰部，依托马里韦莱斯山脉的巴丹山（海拔1433 米左右）建立。当撤退下来的部队集结之后，他立刻进行改编，根据山脉的走势将部队分为两大部分，分别防守大山的东、西两侧：以温莱特指挥的北吕宋部队为第1 军，约2. 3 万人，负责防守山西一侧（左翼）；以帕克指挥的南吕宋部队为第2 军，约2. 5 万人，负责防守山东一侧（右翼）。

巴丹半岛防御战尚未打响，美、菲盟军官兵便知道他们已无路可退，身后就是大海，唯有背水一战，殊死抵抗，才能生存，因此部队上下同仇敌忾，士气高昂。麦克阿瑟相信，只要有外援，他的巴丹守军至少能够坚持6 个月。为此，他一再向华盛顿求援，华盛顿也多次表示会尽最大努力尽快派来援军，各种增援手段都在考虑和准备之中。麦克阿瑟备受鼓舞，他坐在马林塔隧道的办公室里想得很远，以至于发电建议华盛顿说服斯大林从西伯利亚派轰炸机摧毁日本的石油储备，牵制日军向东南亚扩张的南进战略，减轻日军对菲律宾的进攻压力。但是，华盛顿对这一建议保持沉默，因为丘吉尔已经派外交大臣罗伯特·安东尼·艾登[①]拜访过斯大林，斯大林婉转地拒绝了这个战略建议。

1 月5 日，陆军参谋长马歇尔来电说，有一大批战斗机正在运送至菲律宾的途中，并且说，总统“看了您的全部来电，正指示海军尽可能向您提供各种支援”。麦克阿瑟请求苏联配合的战略建议虽然没有消息，但毕竟得到了这个许诺。美国驻菲高级专员塞尔在对菲律宾人民的广播讲话中说：“肯定援助正在到来，援助的力量是足够强大的，必须把侵略者从我们的国土上赶出去……”为了稳定军心，麦克阿瑟于1 月6 日巡视了巴丹半岛的纳蒂布山防线，他对驻防部队说：“援助肯定无疑地正在来到。我们必须坚持到援兵的到来。”

然而，时间一天天地过去，巴丹守军什么援助也没有等到，等到的只是日机的狂轰滥炸及投下的让他们赶快投降的英文传单。麦克阿瑟苦

---

① 罗伯特·安东尼·艾登（1897—1977）：英国政治家、外交家。第二次世界大战期间任英国国防委员会委员、陆军大臣、外交大臣和副首相等职，战后任英国伯明翰大学校长、英国首相。

苦哀求华盛顿派遣一批飞机飞越菲律宾上空，以便压一压“敌人宣传的气焰”，并消除巴丹散兵坑里饥肠辘辘的官兵们普遍存在的一种担心。此时麦克阿瑟自己心里也没底，因为华盛顿正紧盯着当时几乎被德国潜艇封锁所扼杀的欧洲大陆和英国，以及非洲和中东。凡是可以调动的空军和海军力量，大都被集中到远离巴丹半岛的另一个半球去了。虽然对巴丹也采取了一些增援措施，但是效果小得可怜。事实上，华盛顿方面已经打算放弃巴丹半岛上的守军。

与此同时，在巴丹半岛纳蒂布山防线对面的圣费尔南多日军第 14 军司令官部里，本间雅晴和他的参谋们虽然为没有成功合围美、菲军，让其撤至巴丹半岛而大为遗憾和惋惜，但是仍然自信而乐观，即使他们对美军在巴丹半岛的大规模军事设施和坚固的工事一无所知。本间雅晴和参谋长前田正实都认为，敌人已经进入巴丹半岛笼城，还能有多大气候？他们根据前一阶段的作战情况判断，只要集中力量发起进攻，巴丹守军很快就会举手投降。为此，他们立即进行了进攻准备。

1 月 9 日，日军第 65 混成旅到达前沿阵地，接替第 48 师。第 65 混成旅原本是台湾守备部队，被人称为“步枪部队”，没有重武器，根本不是一支野战部队，不但装备极差，而且大部分士兵是中年人，原计划是让这个旅接管菲律宾占领区的治安和驻守仓库。

第 65 混成旅兵分三路向纳蒂布山防线右翼发起了全面进攻，两路正面强攻，一路企图翻越纳蒂布山峰，从背后迂回包抄巴丹守军防线的右翼。日军的正面强攻一度突入巴丹守军阵地，但在关键时刻被帕克及时调来的支援炮火和巴丹守军的反冲击击退。而奉命迂回包抄的那路日军根本就没能翻越纳蒂布山，更谈不上按时包抄美、菲盟军防线了。他们在热带雨林中迷了路，转了一个星期，又回到原地，而且损失惨重。

1 月 10 日，麦克阿瑟收到了日军司令部的一封信：“你的末日将临，对此你心中清楚。你们的给养严重缺乏，坚持不了多久了。你的部队一直在英勇作战，我钦佩你本人和你的部下的斗志。你的声誉已经保住了。为了挽救你的部队，避免不必要的流血，我奉劝你投降。”

麦克阿瑟没有理睬这封劝降信，但是，巴丹守军的给养确实在一天天地减少，局势越来越严峻，最后不得不把每天的配给量减少到正常量的1/3～1/4。军马已没有饲料可喂，温莱特含泪下令把所有的马都杀了，一来节省饲料，二来用马肉充饥。

1月12日，本间雅晴大举进攻帕克的部队。在残酷的战斗中，菲律宾民兵第51师土崩瓦解，停止了抵抗。一个星期以后，本间雅晴的部队以同样猛烈的攻势攻打温莱特的防区，菲律宾部队的一个营被打得七零八落，但其他部队仍然在坚持战斗。

麦克阿瑟显然不愿承认“橙色－5计划”也最终失败，但他又不得不面对日益严峻而残酷的现实。他再次向华盛顿苦苦求援，但由于与“先欧后亚”的战略不合拍，因此还是得不到回应。当时，日本“东京玫瑰”无线电广播电台天天都在说美国的援助正源源不断地运往英国和苏联，巴丹人听到后大惑不解，菲律宾总统奎松也目瞪口呆，麦克阿瑟更是气愤无比，但又无计可施。

当然，本间雅晴的日子也不好过。经过一个多月的紧张战斗，他的部队已筋疲力尽，却还未能控制马尼拉湾。同时，他的后勤供应也陷入困境，正准备要求东京派遣增援部队。

1月15日，麦克阿瑟明明知道援助是没有影子的事，但是他也学华盛顿用谎言安慰他那样，不得不用谎言安慰他的部下，以鼓舞士气。他发布通告说：“美国的援助正在途中。华盛顿正在调运数以千计的兵员和数以百计的飞机……我们在巴丹的部队比进攻我们的日军多得多……我们坚持战斗，就会胜利；我们撤退，就会毁灭。”然而，那“数以千计的兵员和数以百计的飞机”到底在哪里，连他自己也不知道。他为自己用这种明显的谎言来欺骗部下而感到羞愧不安，甚至不敢再去见手下的官兵，以免见面时彼此尴尬。

1月17日，日军调整部署，将第16师团投入作战，再次对纳蒂布山防线发起全面攻击。日军出动5000多人，对负责防守左翼阵地的温莱特部队实施正面强攻，双方展开了激烈而残酷的拉锯战，日军的正面进攻一度受挫。

此时，日军拿出了最大的耐心来等待、寻找战机。经过反复侦察，他们发现了纳蒂布山防线的漏洞，即温莱特的防御阵地仅仅延伸到纳蒂布山南的半山腰。日军第 16 师团师团长森冈皋当机立断，派遣 700 名精兵避开守军防御阵地，翻越山峰，从背后包抄温莱特指挥的盟军主力。这一次日军成功了，经过三天四夜的艰苦跋涉和攀山越岩，他们奇迹般地出现在美军左翼阵地后方，把纳蒂布山防御阵地从后面给攻破了，整个第一道防线岌岌可危。

1 月 20 日夜，日军第 16 师团主力在师团长森冈皋的亲自指挥下，借着夜色发起攻击。在一阵猛烈的炮击后，日军上刺刀进行敢死冲锋，加之迂回包抄的日军从守军阵地背后发起冲击，纳蒂布山防线的左翼很快被冲垮了。麦克阿瑟急调预备队增援，但是已经来不及了。这时，右翼的帕克部队也被日军突破，第一道防线开始全线崩溃。

参谋长萨瑟兰到前线视察后，发现巴丹半岛上的部队显然坚持不住了，于是向麦克阿瑟建议把部队撤退到半岛中部马里韦莱斯山脉的第二道防线。麦克阿瑟接受了这一建议，于 1 月 26 日完成了撤退行动。第二道防线以巴丹山为中央，也分为东西两段（即左右两翼），负责指挥的将领仍是温莱特和帕克。

本间雅晴拿下纳蒂布山防线后，痛感经过一个多月的作战，自己的部队渐渐失去了攻击锐势，而美军的新防线地形更为复杂，更不利于机械化部队的进攻，遂于 1 月 28 日下令停止正面攻击。

在随后的 8 个星期里，巴丹战场上呈现出异乎寻常的平静状态。这让麦克阿瑟又有点飘飘然了，他兴高采烈地宣称，日军的进攻被制止了。但他很快便发现，食物快要吃完了，而且毫无补充的希望。他的部队实际上正在挨饿。前线饥肠辘辘的士兵们似乎也看穿了他的谎言，越来越感到华盛顿抛弃了他们，麦克阿瑟抛弃了他们。有的士兵在钢盔上画了个“V”字母，但是它不是代表“胜利”（victory），而是代表“炮灰”（victim）。没有胜利希望的连续不断的战斗，把他们的锐气和斗志消磨光了，因饥饿和药品短缺而造成的非战斗减员日益增多，绝望的情绪在滋长蔓延。

2 月初，日本内阁为了破坏巴丹的抵抗，采取分化瓦解政策向菲律宾人保证：日本将给予菲律宾独立，只要它进行合作并承认日本建立“大东亚共荣圈”的纲领。身患肺病住在地道里的奎松总统，因失望而对罗斯福总统越来越气愤，他和他的内阁于2月8日起草并通过了一份文件：罗斯福应当立即承认菲律宾完全独立；实现菲律宾中立化；与日本达成协议，日本和美国的部队都从菲律宾撤走。

麦克阿瑟收到文件后，与驻菲高级专员塞尔进行了磋商。塞尔认为，如果美国的援助“不能到达，或不能及时到达而发挥作用”，那么奎松的建议“是正确的解决途径”。麦克阿瑟把奎松的建议和塞尔的主张电告罗斯福，同时谈到巴丹－科雷希多的严峻形势：“由于没有空军或海军的支援，我这个司令部随时都有可能被摧毁。你要尽快做出决定，是采纳奎松的权宜计划还是要我继续坚持战斗，来进一步执行阻击任务……”

这封电报让华盛顿大吃一惊。罗斯福立即回复麦克阿瑟和奎松：“本政府绝不可能同意奎松总统建议中的政治内容。”同时，他授权麦克阿瑟在必要时可安排菲律宾部队投降，但“只要还存在任何抵抗的可能性，美国部队将继续保持我们的国旗在菲律宾飘扬”。

麦克阿瑟接到最高指示后，立刻复电表示：“我丝毫没有要我指挥下的菲律宾部队投降的念头。我打算在巴丹和科雷希多岛战斗到底，直至毁灭。”

罗斯福对远东的局势十分清楚，深知继续抵抗下去无疑是让美军做无谓牺牲。2月22日，他直接给麦克阿瑟下达了撤离科雷希多的命令。起初，麦克阿瑟想辞去自己的职务，作为志愿兵加入巴丹守军。他是个要面子的人，担心由于没有履行与巴丹守军共存亡的诺言而有损形象。但萨瑟兰和其他参谋人员都不赞成他的想法，希望他出去后能尽快率领援军重返巴丹。因此，他最后还是服从了罗斯福的命令，以便将来有一天能重返巴丹半岛。

按计划，奎松偕同他的家人和副总统等人，于2月20日乘“旗鱼”号潜艇撤离。“旗鱼”号潜艇返回后，又将驻菲高级专员塞尔一家及随行人员送到澳大利亚。麦克阿瑟不愿意坐潜艇，并坚持最后一批撤离。

第六章　厉兵秣马再反击

冲出包围圈

1942 年 3 月初，在罗斯福总统向麦克阿瑟下达向澳大利亚撤退命令 10 天后，日本获悉麦克阿瑟可能要离开菲律宾，“东京玫瑰”电台扬言要“活捉麦克阿瑟，在东京帝国广场斩首示众”。为安全起见，也因为盟军总司令一职急需麦克阿瑟去上任，陆军参谋长马歇尔发电敦促他赶快动身。

3 月 11 日傍晚，麦克阿瑟一行 22 人（除他的家人外，还包括萨瑟兰等参谋人员和 2 名海军军官在内的 17 位部下），分乘约翰·巴尔克利海军上尉指挥的 4 艘鱼雷快艇驶离马尼拉湾。

按照原来的计划，海军本来准备派潜艇去接他，但是，麦克阿瑟执意不坐潜艇而率领由他掌握的最后 4 艘鱼雷快艇冲出日军的海上封锁线。有人猜测，他之所以如此冒险，是想以此证明冲破日军的海上封锁并非难事，他要让海军感到难堪。

临行前，温莱特前来马林塔隧道司令部话别，麦克阿瑟向他移交指挥权。

“吉姆，”麦克阿瑟说，“我是多次反对无效后才不得不离开的。这一点，我请你和你的部下理解。”

“是的，艾克。”温莱特不知说什么好。

“坚持下去，我相信你能坚持下去，吉姆！”

“我会尽力而为。”温莱特的语气中有几分伤感、几分勉强。

麦克阿瑟把最后一包香烟和两瓶刮脸膏作为告别礼物送给他，并嘱咐道："如果我能到达澳大利亚，你知道，我会很快回来的，尽量多带些东西回来。"说完，他转过身来向科雷希多岛做最后的告别。他看上去面容苍白而憔悴，褪了色的军服由于体重减轻了 25 磅而显得宽松肥大。他那疲惫而有神的双眼扫视着被战火烧过的岛屿。当他登上巴尔克利的 PT－41 号鱼雷快艇时，依依不舍地最后扫视着战火中的岛屿，听着远处断断续续传来的炮声。头上，繁星点点。一时间，骄傲、悲戚、懊恼、悔恨之情一起涌上他的心头。

鱼雷快艇将由库约群岛的塔加瓦延岛，驶往菲律宾群岛最南端的棉兰老岛北岸的卡加延湾，麦克阿瑟等人将从那里的德尔蒙特机场改乘飞机前往澳大利亚。途中他们要突破日军海上封锁线，飞行 35 个小时，驶过 600 多海里的海面。

由于不能开灯，且要保持无线电静默，4 艘鱼雷快艇走着走着便失去了联系，各自向集合地点驶去。当 PT－41 号鱼雷快艇行驶到卡夫拉岛时，遇到了日本巡逻舰队，所幸没有被发现。巴尔克利立即改变航线，绕过日舰溜了过去。

3 月 12 日拂晓前，日军巡洋舰上的观察哨似乎听到了引擎声，忙打开探照灯向海面上搜索，但没有发现什么，于是又熄灭了灯光。

正当麦克阿瑟等人庆幸又躲过一劫的时候，却险些挨了自己人的鱼雷。当时，超过 PT－41 号鱼雷快艇而行驶在前面的 PT－32 号鱼雷快艇艇长看到一艘舰艇从后面追来，航速为 30 多节，以为是日本驱逐舰，于是立即清理甲板、装填鱼雷，准备战斗。在即将发出开火号令之前，他们才看清所谓的驱逐舰原来是 PT－41 号鱼雷快艇，PT－32 号鱼雷快艇艇长吓出了一身冷汗。事后，他心有余悸地解释说，PT－41 号鱼雷快艇"在黎明的微光里被奇异地放大了"。

下午 4 点，这两艘鱼雷快艇到达集合地点——库约群岛中的塔加瓦延岛，另一艘鱼雷快艇 PT－34 号已在那里等候多时。原计划海军的一艘潜艇于当天晚上到那里去接他们，但麦克阿瑟仍决定继续乘坐快艇。傍晚，麦克阿瑟下令 PT－32 号鱼雷快艇留下等候潜艇，其余 2 艘起航前往棉兰老岛的卡加延湾。

晚上 7 点左右，夜幕完全降临了，2 艘快艇再度起航，PT－34 号鱼雷快艇在前，PT－41 号鱼雷快艇在后，高速驶出隐蔽地点，继续航行。

那个夜晚的航行险象环生，先是遭遇了海上刮起的大风。海面上波涛汹涌，巨浪滔天，小小的快艇犹如大海中的一片树叶，随着波浪上下起伏、左右颠荡。当小船与高达 15 英尺的海浪拼搏时，舱室里的麦克阿瑟等人被折腾得死去活来，一个个几乎把肠胃都吐了出来，脸上和身上被撞得到处都是伤。海水涌上甲板，灌进了后舱，人人都浑身湿透，冻得瑟瑟发抖，嘴唇青紫。麦克阿瑟后来称这是一次“在混凝土搅拌机里的旅行”。

日落时分，海平线上出现了一艘日本巡洋舰的轮廓，距离大约为 5 海里。这艘巡洋舰可能是开往马尼拉湾的，由于双方距离太近了，要躲避或者逃跑都不太可能。指挥航行的巴尔克利紧张极了，下令关掉发动机，准备发射鱼雷。

在危机持续的 30 分钟时间里，麦克阿瑟一声不吭。琼弯下身子，搓着他的手，试图改善他的血液循环。麦克阿瑟后来回忆说：

> 当时，我们几乎停止了呼吸，等待那即将让我们暴露身份的第一批炮弹打过来……几秒钟过去了，几分钟过去了，敌人的战舰没有发出任何信号，只是穿过我们的航道缓慢地向西行驶过去。

这里已经远离封锁线，日军完全没有料到他们遇到的小船里竟有东京悬赏捉拿的头号敌将麦克阿瑟，所以他们虽然看到了麦克阿瑟乘坐的快艇却没有引起警觉，而是按照原来的速度继续向前开。事后，日本人得知麦克阿瑟乘坐快艇出逃的消息，追悔莫及。

3 月 13 日上午 7 点，经过 35 个小时的航行，麦克阿瑟一行终于到达卡加延湾。不久，另一艘鱼雷快艇 PT－35 号在走散后直接驶抵卡加延湾。夏普将军将麦克阿瑟安排在加雅甘德尔蒙的菠萝种植园下榻，他们吃上了自马尼拉撤退以后再也没有吃过的丰盛饭菜。席间，麦克阿瑟专门走到罗克威尔海军少将和巴尔克利上尉的座位前，端着酒杯对他们说："这一次是以真正的海军作风干的，我将非常高兴而荣幸地授予全体船员银质奖章，以表彰他们在极为不利的条件下所表现出来的坚毅和勇敢。"他还说："你们把我从虎口中救了出来，我是终身不会忘记的。"

而后，他们驱车驶往德尔蒙特机场。麦克阿瑟原以为至少会有4架B-17轰炸机等着他们，但下车后，他看到的是一块在菠萝地里建起来的简易机场，而且只有一架B-17轰炸机。他用烟斗抽着雪茄，左臂下夹着胡桃木拐杖，把陆军元帅帽又向上推了推，露出一副迷惑不解的神情。他根本不知道，尽管美国驻澳大利亚的高级官员乔治·布雷特中将派出了4架最好的飞机，但其中竟有3架出了故障。谁也不敢保证，剩下的这架油迹斑斑的飞机能顺利飞到澳大利亚。麦克阿瑟非常恼火，经过一番交涉，上面才从美国海军驻澳部队那里派出3架完好的飞机。

3月17日，麦克阿瑟一行乘B-17轰炸机飞往澳大利亚。飞机原本准备在达尔文机场降落，但是中途被前去轰炸达尔文机场的日本轰炸机发现并尾追，被迫改在巴切勒机场降落。多亏日本轰炸机捣乱，迫使麦克阿瑟的座机在空中及时改变航向，否则他很有可能在达尔文机场被日机炸得机毁人亡。在巴切勒机场下飞机后，麦克阿瑟对萨瑟兰说："打得太激烈了，但这就是战争，要么赢要么输，不是生就是死——差别只在一瞬间。"

随后，麦克阿瑟一行又换乘C-47"空中火车"运输机[①]，于当天下午1点安全抵达澳大利亚小城爱丽丝泉，然后改乘火车前往最终目的地——墨尔本。

途经阿德莱德车站时，麦克阿瑟检阅了一支人数不多、衣着破烂不整的仪仗队。他问一位美国军官，美国集团军驻在澳大利亚的什么

---

① C-47"空中火车"运输机：第二次世界大战时美国陆军航空队装备的机种之一，主要用于空运物资和兵员，也可空投伞兵，现在仍在一些国家服役。

地方。那位军官答道："长官，据我所知，这儿没有驻什么集团军，最多只有一个团。"麦克阿瑟有些失望地对萨瑟兰说："肯定是他弄错了。"

这时，一群记者围上来向麦克阿瑟提问，于是，他发表了一个世界军事史上非常著名的恺撒式的声明：

据我所知，美国总统命令我冲破日军防线从科雷希多来到澳大利亚，依我之见，总统是要我组织美军对日军的进攻，其中一个主要目标就是解放菲律宾。

我脱险了，但我还要回去！

"我还要回去！"从此成了麦克阿瑟的一句名言。这句话通过媒体传播到世界的每一个角落，被人们写在报纸、杂志上，被涂抹在营房的墙壁上，被刻在海滩上，被印在香烟盒、火柴盒、邮票上，甚至在教堂、修道院里广泛传诵。它成为处在日军铁蹄之下的苦难民众的希望，成为地下反抗者的火炬，成为前线士兵的战斗号角。

麦克阿瑟将临时指挥中心设在墨尔本市的蒙特雷大楼，然后开始专心致志地研究马歇尔在电报中所说的在这儿组建一支强大陆军的提议。这是马歇尔3月初发给他的一份电报批示，要求他把在澳大利亚的部队扩充到4万人。可是，他不知道到哪里去找兵员。澳大利亚有4个精锐师在北非，要把他们召回来需要很长的时间。澳大利亚最好的皇家空军部队在中东，澳大利亚皇家海军部队的部分战斗部队也在地中海地区。但麦克阿瑟没有因此而沮丧，他的到来首先改变了这个国家的气氛，美国驻澳大利亚大使纳尔逊·特拉斯勒·约翰逊对这种变化的快速和深刻感到震惊："将麦克阿瑟派到这儿是一个天才的举措……他令低落的士气重新振作起来……"一个没有了军队却又能深孚众望的将军，在美国军界中也是一个少有的例外。

日军方面，麦克阿瑟的轻易逃脱，使东条英机对本间雅晴大为恼火。他责令日军大本营修改菲律宾方面的作战计划、增加兵力，以棉兰老岛上的达沃为跳板，把手伸向菲律宾以南的婆罗洲、西里伯斯、安汶及巴丹小岛。

至4月初，日军向巴丹增派了超过2个师团的兵力，包括第4师团，第5、第18、第21师团各1个团，重炮兵1个团又1个连（装备口径240毫米火炮），山炮1个团，飞行第60、第62战队（两个战队均装备重型轰炸机）。

巴丹半岛位于马尼拉湾与苏比克海湾之间，是向南突出的半岛，东西约25千米，南北约50千米，面积约1370平方千米，是控制马尼拉海湾的要塞。南面与科雷希多岛相隔最近处不到4千米。

本间雅晴深知，如果不能在雨季到来之前结束在巴丹的战事，后果难以想象。4月3日，日军发起总攻，主攻目标是岛上最险峻的马里韦莱斯山支脉巴丹山。这是一个易守难攻的险地，但被围困在巴丹、科雷希多两个小岛上的美菲军队，由于极度缺乏粮食和弹药，加上热带流行疾病的爆发，作战力量已近枯竭。

上午10点，日军集中轰炸机和各种火炮进行炮火准备。日机投下的高爆炸弹和火炮发出的大口径炮弹，如雨点般落在美、菲盟军防线中央的纳蒂布山高地，使盟军的阵地好像刚刚被犁过的庄稼地，士兵们躲在散兵坑里，捂着耳朵不敢探头；有些士兵实在忍受不住，便跳出散兵坑，钻进不远处茂密的丛林里。不一会儿，日军轰炸机投下了大量燃烧弹，引燃了那一片灌木丛和树林，阵地上到处燃起熊熊大火，烧死了不少士兵。

在巴丹守军的心目中，麦克阿瑟仍然是最伟大的人物之一，但是，越来越多的人感到麦克阿瑟正在抛弃他们，无论是美国军队还是菲律宾军队，都传唱着由战地记者弗兰克·休利特用《共和国战歌》改写的讽刺歌谣：

老麦老麦真窝囊，做事谨慎不能算胆小，富兰克林造的金星他保护得好。四星上将和巴丹的美味一样小，可知他手下的士兵饿得发慌了。

在日军强大的攻势面前，美、菲盟军一触即溃，纷纷弃阵而逃。巴丹东半部防线出现了一道 3 ~5 千米长的大缺口，帕克派出预备队企图堵住缺口，但是根本无济于事。

到下午 3 点左右，美、菲盟军的第一道防御阵地基本被炮火摧毁。4 月 3 日原本是耶稣受难日，这天却成了巴丹守军的殉难日。

本间雅晴趁机扩大战果，调整兵力，开始向巴丹防线左翼展开攻击。双方围绕前沿防线反复厮杀一日。又至黄昏，美、菲盟军在萨马特山的前沿防线被日军撕开了多道口子。

4 月 5 日，激烈的战斗进入第三天，双方在整个巴丹战场胶着在一起。这里是坚持得最久的阵地，直到中午，萨马特山被日军占领后，巴丹防线再也无险可守，第二道防线迅速崩溃。

在对面科雷希多岛上关注着战况的温莱特看到巴丹山上的太阳旗后，立即给麦克阿瑟发电告急，麦克阿瑟收到电报后也急了。他命令温莱特："任何情况下都不许投降！如果食物弹药不足，你们可以发动一次反攻，从敌人那里夺取。"但这道命令显然是行不通的。士兵们的肚子是空的，许多人连走路都打晃，还谈什么反攻呢？尽管如此，温莱特还是服从了这一命令，要求前线指挥官爱德华 · 金少将立即发动反攻。对此，金少将回答说，这是根本不可能的，我们再也没有力量进行有组织的抵抗了。

4 月 8 日黄昏，金少将的前线司令部被日军的炮火摧毁。午夜，他召开了最后一次会议。为了挽救更多人的生命，他决定停止抵抗，率部投降。在做出如此重大的决定之前，他没有请示温莱特。他本以为他是牺牲了自己的荣誉来挽救 7.5 万人之多的巴丹守军，投降的时候，他特意留下了大部分汽车和两座油库，以便将来运送战俘。他本以为主动向日军缴械投降会得到善待，然而日军送给他们的却是"巴丹死亡行军"。一路上，战俘们头顶烈日、脚踏热土，连续行军 5 天，饿了不给东西吃，渴了得不到水喝，走慢了就要受到毒打，掉队了就被刀刺或者枪毙。不少人被折磨得倒在地上就断气了，有的还没有死就被弃之路旁或者被活活埋掉，还有的被兽性大发的日本兵用刺刀活活挑死。手无寸铁的盟军士兵受尽非人的侮辱和折磨，前后有1万多名战俘在日军的暴行下丧生。其实，他们还有可能面临一个更危险的境地，日军曾经计划让他们做人肉盾牌，去进攻当时还未被攻克的科雷希多岛。

1942年4月，在巴丹半岛投降的美、菲盟军战俘在日本士兵的押运下，从马里韦莱斯机场东面3.2千米的167号里程碑开始徒步行军，前往120千米以外的奥德内尔集中营。这次行军暴露了日军灭绝人性的本质，被称为“巴丹死亡行军”

美国陆军中校威廉·迪易斯是“巴丹死亡行军”的幸存者之一，对这一死亡行军有着刻骨铭心的记忆。他在回忆录中说：

我们第21中队尚存的160名官兵连同另外500名美国和菲律宾士兵被集合在一起。

我们在热得要命的阳光下站了一个多小时，日本人又打又骂，百般侮辱。搜查身体终于结束，我们开始了长途跋涉……我们走后又有数百名战俘被押上路。他们不久就跟随我们离开巴丹，开始长途跋涉。

日本人似乎不打算给我们吃的，我们自1942年4月10日开始步行，自前一天早上起我们大都没有吃过东西，有的人已经4天没有进食。我们的水壶里有一点温水，此外就什么也没有了。我们不时看见路旁堆放着一堆堆牌子熟悉的美国食品，这使我们的饥饿感更加难以忍受。

我们走近小碧瑶，不久来到两天前曾经饱受轰炸的第一野战医院。原来的医院只剩下一片焦土，受伤的美国士兵在焦黑的瓦砾间茫然而立，到处可见倚着拐杖的伤兵，有的失去了一条手臂，有的是双臂全失。他们愕然地望着战俘的行列。

日本军官看到这些受伤的士兵，立即把他们集拢起来，推入行进的行列。伤兵们尽力走着，但是只有少数能够跟上队伍。日本兵把倒下的人踢到一旁，有人想拉这些人一把，但也被踢开，甚至被日本人用刺刀乱戳。受惊的伤残者挣扎着走了差不多2千米，由于力气实在不济，渐渐落后，最后就一个一个地倒毙，被弃置路旁。

……

日本人肆意虐待我们战俘的伎俩还多着呢。第一天，不许吃东西，只给一点水喝；第二天，没有现成的干净水喝，只让喝路边水沟里的脏水；第三天，仍旧不给吃的，只许喝些水。

那天晚上，我们在街外由铁丝网围起来的地方过夜。看起来只够容纳500多人的地方，日本人硬逼着我们2000多人挤在那里。几百名战俘染上了痢疾，遍地便溺，蛆虫随处可见。

第四天早上，日本人说有早饭吃，我们痛苦难当，根本无心理会。太阳逐渐升高，气温在迅速升高。极度的饥饿、疲劳、酷热和臭气，使许多人头痛欲裂、眼花缭乱。有的人开始精神错乱，发狂地叫喊，在地上乱滚，把剩余的精力耗尽，逐渐进入昏迷状态。有些人就这样死去，昏迷一阵就断气了。日本兵走进来，命令美国士兵把精神错乱者放到100多米外的一个草棚下，把尸体拖出去掩埋。

我们本以为已经见识完了日本人的暴行，没想到却错了。坟坑挖好，尸体都推了下去，恰恰就在这时，又有一个美国士兵和两个菲律宾人昏迷过去，被人抬离现场。一名日军士官拦住抬运的人，强令把三个昏迷者丢进坑里去，然后往他们头上填土。潮湿的泥土落在昏迷者的头上，使他清醒了过来，他拼命往外爬。两个日本兵用刺刀逼着负责铲土掩埋的菲律宾士兵赶快抛土，不久坑就填平了，那三个人就这样被活埋了。

金少将投降后，麦克阿瑟给华盛顿的马歇尔拟写了一封电文，请求允许他立刻返回菲律宾科雷希多岛，亲自率军向本间雅晴发起反击。华盛顿方面没有同意他的请求。4 个星期后，科雷希多岛最后的日子来临了。

日军对科雷希多岛的炮击持续到 4 月底，使美军部署在岛上的炮兵阵地全部遭到破坏，为后续登陆扫清了障碍。同时，岛上的供水设施也遭到了彻底的破坏，危机迫在眉睫。

4 月 29 日晚，为了给天皇的生日献礼，日军的 150 多门重炮又开始猛烈炮击，铺天盖地的炮弹覆盖了仅 5 平方千米的小小的科雷希多岛，暴露在海滩阵地上的美、菲官兵死伤无数，唯一能够躲避弹雨的地方是马林塔隧道，因此那里挤满了人。营养不良、疟疾和痢疾消磨着他们的生存意志，许多士兵出现了一种特有的被称为“坑道综合征”的神经性错乱。

5 月 3 日夜，一艘潜艇冒着危险，悄悄地靠近科雷希多，接走了 13 名女护士。温莱特对潜艇艇长说：“他们只有打过来才能接近我们，不然他们是无法接近我们的。”对温莱特来说，他深知这将是最后一次向来自岛外的人道别了。随后，他向远在澳大利亚的麦克阿瑟告急：这里的局势已近绝望，敌人随时可能发起最后的总攻。

5 月 5 日夜，日军又向岛上倾泻了 1.6 万发炮弹。晚上 10 点 45 分，本间雅晴下达了总攻命令。日军突击队员冒着守岛部队发出的猛烈火力，从嶙峋的岩石往上攀缘，首先从科雷希多岛的尾部抢滩登陆。次日黎明时分，美、菲盟军派出海军陆战队的敢死队，在威廉斯少校的率领下发起反击，以一股鱼死网破的决心与勇气，一度成功夺回了被日军占领的炮兵阵地，但是，在日军坦克与大炮的轰击下，美、菲盟军建立的临时防线迅速被击垮。随后，日军开始向马林塔隧道口逼近。

5 月 6 日天亮以后，日军的坦克、炮兵开始登陆。守岛部队虽然英勇抵抗，拼死力争，但由于缺乏足够的反坦克武器，根本抵挡不住日军坦克的横冲直撞。经过白天一整天的激战，美军陆战第 4 团伤亡惨重，不得不放弃在科雷希多岛的前沿阵地，向主阵地马林塔山后撤。马林塔隧道里躲着几千名伤病员，温莱特十分担心他们的安危，直接给罗斯福总统发电报，说他将“怀着一颗破碎的心，因为悲伤而不是羞愧地低下头”。随后，他对前沿指挥官发布命令：“告诉日本人，我们将马上停火。”当日军堵住马林塔隧道东口时，他下令打出了白旗。

5 月 7 日下午，温莱特被带到马尼拉，受尽羞辱和折磨。最初，他拒绝在“所有驻菲律宾美军停止抵抗”的投降书上签字，本间雅晴暴跳如雷，威胁他说，如不照办，就让他返回科雷希多岛继续交战，看看日本人如何大开杀戒。在万般无奈的情况下，为了避免不必要的牺牲，温莱特含着眼泪，接受了这一奇耻大辱——在“停止一切抵抗”的投降书上签了字，并哽咽着宣读日本人口授的广播稿。20 分钟以后，哽咽之声淹没了他的话语，备受侮辱的他再也无法继续念下去了。

就这样，巴丹、科雷希多，在历经 124 天艰苦、饥饿、疾病的摧残和悲壮激烈的战斗后，终于沦落敌手。科雷希多岛上的 1.5 万名美、菲官兵成为日军的俘虏。

远在澳大利亚的麦克阿瑟听到温莱特让菲律宾美军停止一切抵抗、缴械投降的消息后，悲愤万分。而最令他感慨万千的是金少将、温莱特将军，这些他昨日的忠诚部下，没有一个执行他一而再、再而三发出的要他们组成游击队，不惜一切代价继续战斗的命令，竟然一个接一个地选择了投降这种方式来结束巴丹和科雷希多两岛的战事。他电告驻守棉兰老岛的夏普将军“投降的命令无效”。但是没过几天，日军命令温莱特的一位助手飞抵棉兰老岛，敦促他们停火，否则就屠杀被关押的战俘。无奈之下，5 月 10 日，驻守棉兰老岛的美、菲盟军投降了。5 月 18 日，班乃岛的盟军也投降了。

1942年，菲律宾马尼拉湾，日军占领科雷希多岛上的美军炮兵阵地

麦克阿瑟在回忆录中称，巴丹和科雷希多是他在第二次世界大战乃至一生中所经历的最为悲痛的事件。新闻记者克拉克·李在一本书中写道：

当将军发现在澳大利亚的军事力量如此微弱，毫无能力援救他在菲律宾的部队时，确实使他大吃一惊。将军认为，这是整个该诅咒的战争中最使人震动和吃惊的事件。那些日子里，麦克阿瑟脸色十分苍白，嘴唇抽搐。长时间的沉默之后，他常常情不自禁地伤感地说道，上帝可怜我们吧。

向死而生，积极备战

太平洋战争全面爆发之初，在太平洋西岸拥有势力范围的西方国家结成了同盟，并任命英国的阿奇博尔德·韦维尔①爵士担任总司令。但

---

① 阿奇博尔德·韦维尔（1883—1950）：英国陆军元帅，参加过第一次世界大战，并在战争中受伤失去左眼，后任英国远征军总司令部参谋。第二次世界大战中任中东英军总司令。

是，大家的利益着眼点差异很大：荷兰想不惜一切代价保卫荷属东印度；英国将关注的焦点放在了马来亚和新加坡；澳大利亚想将其物资和兵员用在守卫本国领土上；美国知道在太平洋西岸挡不住日军的进攻，于是将澳大利亚看成战略重点，把派遣部队的优先权给了澳大利亚，力图将澳大利亚变成稳定战局的堡垒和反攻基地。

就在各国还在为相互协防的问题扯皮的时候，日军已经马不停蹄地展开了席卷西太平洋地区的军事行动。关岛、婆罗洲、西里伯斯、安汶、马来亚、苏门答腊、爪哇、帝汶岛先后落入日军的魔掌。

当时，恐惧笼罩着整个澳大利亚，绝大部分澳大利亚人存在着失败主义情绪，预计他们不久就会遭受像北部邻邦那样的厄运。他们对主要由民兵组成的极为薄弱的澳大利亚防御力量毫无信心，认为这样一支部队根本不可能击退日军的进攻。军方决策者甚至已经决定撤退到布里斯班到阿德莱德一线，准备把整个澳大利亚的3/4 拱手让给日本人。而日军在围攻巴丹、科雷希多的同时，又气势汹汹地朝着南太平洋一路扫荡而来。他们强占了澳大利亚的领地新不列颠岛，并以此作为前进基地，继续向南进犯，前突到了巴布亚新几内亚的莱城和所罗门群岛中的布干维尔岛，严重威胁着澳大利亚在巴布亚东南部的前哨基地莫尔兹比港及在南太平洋诸岛的补给基地。

此时，美国国内的军政界高层仍在为“欧洲第一”还是“亚洲第一”的战略问题进行着激烈的争论。以欧内斯特·金海军上将为首的海军作战部，试图修改“欧洲第一”的战略，主张向太平洋增援部队，尽早向日军发起进攻，阻止其南下进攻澳大利亚。金上将认为，澳大利亚必须守住，“因为这对世界上非白种人必然产生影响”。以马歇尔和艾森豪威尔为首的陆军参谋部，则坚持“欧洲第一”的战略，认为德国的垮台必定导致日本的毁灭，要想最终打败轴心国，把力量集中在大西洋战区是绝对必要的，即使失掉澳大利亚也在所不惜。在 1942 年 3 月 16 日的参谋长联席会议上，陆军部取得了最后的胜利——仍维持“欧洲第一”战略，在太平洋的战略方针是“防御为主，进攻为辅”。

麦克阿瑟心急如焚。这一天天刚亮，一辆标有四星将军徽章的褐色吉普车，从墨尔本孟席斯饭店的大门驶出，拐上主道向澳大利亚首都堪培拉驶去。车上坐着的正是麦克阿瑟，他穿着一件卡基布军装，戴着一副宽大的墨镜，口里衔着一个用玉米棒芯制作的大烟斗，一顶镶着金边的帽子歪歪斜斜地扣在头上，显得有些俏皮。经过将近一天的奔波，在堪培拉华灯初上的时候，麦克阿瑟抵达了总理府。澳大利亚总理约翰·柯廷①早已等候在总理府门内，他一边伸出手去，一边说："欢迎您，麦克阿瑟将军。"

他们的会晤进行了一个多小时，取得了圆满成功，双方达成了"通力合作，坚持到底"的共识。在为麦克阿瑟举行的宴会上，柯廷发表了讲话："我们深信我们将取得最后的胜利，这是任何人都阻挡不了的。为了实现我们共同的奋斗目标，我今晚在这里，向各位明确表示我们誓死夺取胜利的决心。"

柯廷的态度令麦克阿瑟大受感动。他在宴会之后也向柯廷和澳大利亚政府表明了自己的深情谢意和决心：

我对澳大利亚政府给我的欢迎，深为感动。贵国对外宾的热情是举世周知的，我做梦也没有想到会受到如此深厚的礼遇。这虽然是我第一次访问澳大利亚，但我觉得如同在国内一样。我们两国之间的关系，是超出在同盟条约、外交礼范之外的另外一种东西结合而成的。我们之间的关系比这些东西更深，由无形的一种血缘关系而来。因此，我们具有同样的抱负、同样的希望、同样的理想，以及对未来的前途抱有同样的愿景。我们今天在这里已经具体地表现出了我们之间的团结，我深信我们将会取得最后的胜利，这是任何势力也阻挡不住的。为了保卫我们伟大的目标，我今晚在这里，向各位明确表示我们军人不知失败的精神，这就是：不胜利只有死。我在这里宣誓，为了打赢太平洋战争，要贡献我的祖国的巨大力量，以及我们同胞的最后一滴血为止。

---

① 约翰·柯廷（1893—1945）：澳大利亚著名政治家、第14任总理。因在第二次世界大战中带领澳大利亚进行顽强的斗争，而被后人尊称为最伟大的政治家。

罗斯福对太平洋战场的局势显然也很明了，1942 年 4 月 17 日，他任命麦克阿瑟为西南太平洋战区盟军的最高司令官。这个战区是从美国海军在太平洋的三个战区中划出来，另外两个战区由海军上将切斯特·尼米兹负责。在麦克阿瑟的战区内，澳大利亚集团军司令托马斯·布莱梅①担任盟军地面部队司令，布雷特担任盟军空军司令，海军中将赫伯特·F. 利里负责指挥同盟国的海军部队。这些司令官没有一个是麦克阿瑟的老部下或亲信。麦克阿瑟根本不信任他们，时常拿他们中的某人出气。由于澳大利亚是美国最重要的战略伙伴，为体现对这一重点国家的重视，美国还专门成立了一个以罗伯特·戈姆利②海军中将为首的南太平洋战区司令部（属海军部管辖）。

但麦克阿瑟认为这个司令部的存在对自己有害无益，因为他不仅要与尼米兹分权，还要与戈姆利分权，他所拥有的对内、对外指挥权，都受到了极大的约束。他认为在华盛顿始终存在着一个与他作对的“海军阴谋小集团”，过去正是这个阴谋小集团剥夺了他在菲律宾的增援部队，现在又是这个阴谋小集团使他不能担任太平洋地区的最高统帅。

根据美国参谋长联席会议的指示，为了协调整个太平洋战场的作战，西南太平洋战区的很大一部分指挥权将保留在参谋长联席会议手中，以避免太平洋几个不同的战区日后发生争执。这样一来，凡有作战计划，麦克阿瑟都不得不向马歇尔汇报请示，并从他那里接受命令。如果他与太平洋战区的尼米兹发生冲突，将由参谋长联席会议来解决。

不管关系多么复杂，不管麦克阿瑟有多少不满和抱怨，战事迫在眉睫，国家利益是高于一切的。急剧变化的形势，容不得麦克阿瑟继续怨天尤人，他需要迅速组织力量来阻挡日本侵略者的脚步。这时，整个澳大利亚的所有武装力量加起来还不到 2.5 万人，除了一些工兵和后勤支

---

① 托马斯·布莱梅（1884—1951）：澳大利亚“二战”中唯一的元帅。参加过第一次世界大战，第二次世界大战中历任中东澳大利亚师团司令、驻中东地区英军副总司令、澳大利亚集团军司令、西南太平洋战区盟军地面部队司令。1945 年代表澳大利亚在日本投降书上签字。

② 罗伯特·戈姆利（1883—1958）：美国海军中将，第二次世界大战期间历任南太平洋部队和地区司令、夏威夷地区海军司令、欧洲水域美国海军司令哈罗德·斯塔克的参谋长。战后任驻德美国海军司令，负责解散德国海军。

援部队外，绝大多数作战部队都已开往中东，只剩下一个训练不良的暂编师（也就是麦克阿瑟刚到澳大利亚时检阅过的那支部队）。另外，拥有 250 架飞机的空军，由于缺乏零部件和引擎，只有极少数还能参加作战。而美国亚洲分舰队没有航空母舰和战列舰，只剩下 25 艘急待彻底检修的潜艇，它们已连续 4 个月出航，艇上人员精疲力竭，同时由于装备一再出现故障而士气低落。久经沙场的麦克阿瑟，深知在大敌当前之际，只有坚定信心才能勇敢而强韧。

他将刚成立的西南太平洋战区盟军总司令部的 11 名高级军官找来商议，提出要执行的当前战略是全面防御，他没有兵力再去执行其他任务。他采取了一项积极防御措施，就是摒弃“布里斯班防线”计划，而通过在新几内亚的战斗来保卫澳大利亚，即将防线移到巴布亚东部，在新几内亚境内的欧文·斯坦利山脉阻击日军，把保卫澳大利亚的战斗放到澳大利亚境外去进行。麦克阿瑟的这个作战计划，不仅将战线的重心向前推进了 1500 多英里，如果取胜的话，澳大利亚就可以免受侵犯，并且可以创造一个转守为攻、争取主动，以期日后发起反攻的有利条件。麦克阿瑟后来写道：

这是我最困难、最危险的决定，但这个极为重要的决定，后来成为世界上最具有决定性的战略。我们的将士克服重重困难，立下了不朽的功勋，说明我对他们的信赖是正确的，其结果完全证实了我的一切希望，而且无疑拯救了澳大利亚。

当然，这需要美国海军的协助。也就是说，麦克阿瑟的计划还需要美国参谋长联席会议的批准。这不仅涉及西南太平洋战区盟军海陆空部队的协调合作，还涉及与尼米兹的太平洋舰队和戈姆利南太平洋战区的合作，关系十分复杂，矛盾较多。后来，麦克阿瑟每提及此事，都会痛心疾首地说：“关于战争的一切错误决定中，最令人费解的也许就是未能对太平洋战争实行统一指挥，在逻辑上、理论上，甚至在常识上都不能自圆其说。这样做的结果是使力量分散，既分散又不必要地浪费了我们的部队，过分延长了战争，增加了伤亡和费用。”

在这段接连遇到挫折的日子里，麦克阿瑟对儿子更加关注了。赫夫回忆说，将军从在菲律宾时就开始了，每天早晨都要给阿瑟一件新礼物，实际上是两件同样的礼物，以便阿瑟能把一件给他的小伙伴。麦克阿瑟的夫人琼及几个亲密助手也都搬到了孟席斯饭店6楼的住所里。麦克阿瑟一家被当成了澳大利亚的民族英雄，经常受邀出席各种社交活动，在公共场合露面和发表演说。但是，琼很快就厌倦了这些表面的东西，她更需要一个宁静、安谧的环境，尽量为丈夫营造一种舒适、温馨的家庭氛围。

时间过得很慢，麦克阿瑟度日如年。其实，华盛顿方面，特别是马歇尔正在想方设法给麦克阿瑟调遣人员和武器装备。早在3月中旬，罗斯福和英国首相丘吉尔就达成了一致意见，必须拯救澳大利亚，以便把它作为最后反攻日本的跳板，并决定将澳大利亚在北非作战的三个第一流的陆军师中的两个调回澳大利亚。马歇尔下令将美国陆军第32、第41师（当时正在美国受训）立即运往澳大利亚，一道运去的还有一些防空分队、工兵分队和支援部队，使美国部队的总数达到10万人。另外，罗伯特·艾克尔伯格[①]中将率领一个军级司令部的全部人马，也奉命前往澳大利亚归麦克阿瑟指挥。

海军方面也拿出了实际行动。金上将派出了6艘驱逐舰、2艘潜艇补给船及6艘老式的S级潜艇，已先后驶抵澳大利亚港湾。8个拥有战斗机、轰炸机的空军大队，正在澳大利亚的基地备战。澳大利亚制订的扩军计划也正在实施之中。

这一切又让麦克阿瑟看到了新的希望，信心倍增。不过，他仍担心部队的给养问题。由于运输工具极为缺乏，许多武器装备、补给物资只能由兵员自己携带，所以很难开展较大规模的行动，只适合“小规模和次要的军事行动”。他认为，为了加快部队的建设，推动积极的作战行

---

① 罗伯特·艾克尔伯格（1886—1961）：美国陆军上将。第二次世界大战时期历任第77步兵师师长、第1军军长、第8集团军司令。曾因坚持训练和重整撤退到澳大利亚的美、澳军队而被称为“残忍的普鲁士人”。著有回忆录《从丛林打到东京》。

动，夺取战争的主动权，要克服给养短缺的困难，就更需要制定各种具体灵活的战略战术，形成更优化的指挥体制。所幸随着各部队的到来，一些极富才能的指挥官先后来到了麦克阿瑟的司令部，使他大受鼓舞。其中，斯蒂芬·钱伯林准将是西点军校的专家，足智多谋，具有大胆的战略思想，是新兴力量的台柱；罗伯特·艾克尔伯格中将曾担任西点军校校长，以富有管理能力而著称，被公认为第一流的指挥官，临阵无畏，特别受人爱戴。

美国陆军上将　罗伯特·艾克尔伯格

此外，在司令部里，鲁道夫·费比恩的"卡斯特"密码破译分队（美国海军原在科雷希多岛设立的无线电监听分队，又称科雷希多情报组），被认定是一件真正有价值的"秘密武器"。它驻在墨尔本澳大利亚皇家海军情报处层层设防的蒙特雷大楼里。在行政上，"卡斯特"密码破译分队仍受美国海军管辖，但是他们搜集到的绝密情报每天都送给麦克阿瑟。

在麦克阿瑟的领导下，西南太平洋战区司令部这个不仅有美国人、澳大利亚人，而且还有英国人、新西兰人、菲律宾人的“国家成分”很多的指挥机构里，众人通力合作，工作紧张有序。

“卡斯特”密码破译分队搬进司令部才几天时间，就获得了一份激动人心的情报，可以说是美国参战开始以来获取的最有价值的情报之一。这是一份日军的作战命令，详细地说明了日军在南太平洋近阶段的作战意图：

为了扩大“外防御圈”，日军决定继续向西南太平洋推进，夺取新几内亚和莫尔兹比港以及所罗门群岛的图拉吉岛，以便扩大以拉包尔为中心的防御体系，夺取对澳大利亚北部和新几内亚的海空控制权，为而后向南太平洋实施切断作战取得出发阵地。日军将于5月初发动一次钳形攻势，实施两栖作战，企图以大部分兵力占领巴布亚的澳大利亚前哨阵地莫尔兹比港。该计划称为“MO”作战计划，规定的作战顺序是：5月3日，攻占图拉吉岛；5月10日，攻占莫尔兹比港；5月12日，攻占新几内亚东南角的萨马赖岛；5月15日，攻占吉尔伯特群岛的瑙鲁岛和大洋岛。

麦克阿瑟对这份情报格外重视，马上向华盛顿和珍珠港方面进行了通报。

美国太平洋舰队总司令尼米兹在珍珠港也有一个专业、高效的情报小组，他们证实了情报的真实性。尼米兹起初估计日本海军和陆军大概会在布纳登陆，但那样就必须越过海拔4038米的欧文·斯坦利山脉，从背后进攻莫尔兹比港，其艰难程度可想而知。最后他判断，日军更有可能的进攻方向是由海军舰船掩护运送，从海上进抵莫尔兹比港，然后直接从正面进攻。

莫尔兹比港对美国海军和陆军来说相当重要，若日军占领这一基地，既能保护拉包尔以及新几内亚的己方军事要地，又可使澳大利亚北部的敌方航空基地无法发挥作用，这样一来，日军进攻新喀里多尼亚、斐济群岛及萨摩亚群岛时，侧翼就有了保障。制止日军的进攻是当务之急，刻不容缓。

此时，尼米兹正在整顿遭受重创的太平洋舰队。自从威克岛失陷以来，海军一蹶不振，他想伺机跟日军干一仗，以一次胜利来鼓舞海军的士气，只是一时还找不到有把握打胜仗的机会。收到这份情报后，他觉得机会来了，于是邀请麦克阿瑟前来珍珠港。但麦克阿瑟还在为亚洲分舰队没有救援巴丹半岛而生气，因此没有给尼米兹这个面子。尼米兹只得派出自己刚刚组编好的“约克城”号航母编队和“列克星敦”号航母编队（“企业”号航母编队和“大黄蜂”号已去执行袭击东京的任务），去执行侦察和轰炸任务，主要是在珊瑚海巡逻侦察，保护西南太平洋的交通线，防止日军攻击图拉吉岛、莫尔兹比港等要地，并寻机轰炸日军的新建基地。这是太平洋舰队继袭击马绍尔群岛和吉尔伯特群岛的日军基地后又一次较大的行动。

海军作战部和尼米兹的动机是好的，除了想赢得胜利来鼓舞士气外，也是为了减轻西南太平洋战场的压力，当然也包括正处于日军围困中的巴丹半岛和科雷希多岛。尽管实际效果值得怀疑，但不能不承认尼米兹已经下血本了。

也许是尼米兹的运气比麦克阿瑟好，就在巴丹半岛和科雷希多岛被攻陷的那几天，美国太平洋舰队的两个航母编队与日本联合舰队的第5航空战队发生一次航母之战——珊瑚海大战，并取得了战略上的胜利。

5月4日，双方的航空母舰在珊瑚海对垒，在4天的激烈混战中，美军舰载飞机击沉了日军“祥凤”号轻型航母和一艘入侵莫尔兹比港的大型运输舰，并重创“翔鹤”号重型航空母舰。日机则击沉美军驱逐舰和油船各一艘，并击伤“约克城”号和“列克星敦”号两艘航空母舰。排水量为4.2万吨的“列克星敦”号很快就被无法控制的大火所吞没，美军只得用鱼雷把它击沉。

从战术意义上讲，这次战役是以美军失败而告终，但从战略意义上讲，则是美国胜利了。尼米兹宣布这次海战是“一个具有决定性深远意义的胜利”。那么，此战的意义究竟有多大呢？仅从眼前来看，入侵莫尔兹比港的日军掉头撤走了，这是日军开战以来首次未能达到既定的目标。同时，自珍珠港事件以来，所谓日本海军不可战胜的神话第一次被打破，使其受到了沉重的心理打击，也给同盟国方面以巨大鼓舞，增强了必胜的信心。

麦克阿瑟的部队在这场战斗中曾受命协同行动，但由于陆军航空部队可用于作战的飞机实在太少，起不到多大作用，出战的飞行员投弹水平又十分有限，只有少数几架飞机轰炸了莱城、拉包尔和布干维尔的日军基地，执行了照相侦察任务。这对麦克阿瑟来说可谓喜忧参半，喜的是日军撤了，他有了更多的准备时间；忧的是海军在太平洋上已经干起来了，并首创胜绩，而陆军却还在考虑退却防守问题。

不仅如此，海军马上又将采取一次更大的行动。在珊瑚海海战之前，海军珍珠港情报站便已获悉日本海军将在中太平洋的中途岛发动一次大规模进攻。尼米兹为此几乎动用了自己手中所有能够参战的舰队，还请海军作战部从大西洋调来舰队，打算与日本联合舰队在中途岛进行一场生死对决。

中途岛是个面积仅有 4.7 平方千米的小岛，属于波利尼西亚群岛，位于太平洋中部，处于亚洲和北美洲航线的中途位置，故而得名“中途岛”，更准确的位置是北纬 28°3′，西经 177°22′。日军夺取中途岛的目的在于建立海军航空兵基地，同时诱出美国太平洋舰队并将其歼灭。珍珠港情报站的破译人员准确地提供了有关作战命令的情报，甚至得知“翔鹤”号在珊瑚海遭到重创，“瑞鹤”号则损失了它的飞机，因此这两艘航空母舰都不会参加这次战役。

5 月中、下旬，尼米兹命令第 16 特混编队（下辖“大黄蜂”号和“企业”号两艘航母）和第 17 特混编队迅速从南太平洋返回珍珠港，同时下令抢修在珊瑚海海战中受伤的“约克城”号航母。5 月 28 日和 30 日，第 16、第 17 特混编队的 3 艘航母分别从珍珠港出发，几乎是与日本联合舰队从柱岛锚地同一时间出发。但因日本联合舰队的航程比美军多1000海里，所以太平洋舰队第16特混舰队抢先于6月1日驶抵中途岛东北260海里海域（被称为“幸运角”）埋伏。

日本联合舰队由8艘航母、11艘战列舰、23艘巡洋舰、65艘驱逐舰、21艘潜艇等主要舰艇组成，于6月3日傍晚如期进抵中途岛。直到发起攻击前，他们仍没有侦察到美军航母编队早已埋伏好。

6月4日清晨，由南云忠一海军中将指挥的第1机动编队第一波舰载机开始袭击中途岛，岛上的美机立即升空迎击，与日机展开激烈空战。地面部队的高射炮也全力还击。与此同时，美军航母编队从待机海域向日舰队逼近。但南云忠一此时仍未发现美军航母编队，决定把原本准备攻击美舰的飞机改为对中途岛岸陆进行第二波袭击，下令将已装好的鱼雷卸下换上炸弹。日机刚刚换完炸弹，南云忠一便接到报告说发现美军航母编队，他只好下令飞机再改换鱼雷，同时接受第一波飞机返航，以致几艘航母上都出现了一些混乱。美军两个航母编队利用日军防御处于最脆弱状态的有利时机，连续派出5批飞机对日军航母编队进行攻击。结果，实力最强的南云第1机动编队的4艘航空母舰“赤城”号、“加贺”号、“苍龙”号和“飞龙”号或受到重创或被击沉，美军只损失了刚刚修复的“约克城”号航母和“哈曼”号驱逐舰。双方战至6月6日，日本联合舰队司令山本五十六为保存实力，下达了总退却命令，中途岛海战遂告结束。

中途岛海战是一场决定性的战役，对尼米兹和美国海军来说，这是一次“难以置信的胜利”。事实上，中途岛战役成了太平洋战局的拐点之战，也为麦克阿瑟分管的战区带来了新的转机。

“瞭望台”计划

尽管麦克阿瑟表面上不愿承认是海军给太平洋战场正在艰苦奋战的官兵带来了信心和希望，但是他内心却不能不接受这一事实。

1942年是第二次世界大战最关键的一年。在北非和苏联战场上，交战双方仍在进行艰苦的拉锯战。在北非，德国隆美尔的非洲军在1942年头几个月受挫后，于5月再次对英军发动进攻，到6月20日终于攻克了“不屈的要塞”托卜鲁克，俘获英军3万余人。随后，用兵如神的“沙漠之狐”（指隆美尔）又向埃及快速推进，于7月初到达阿拉曼以南距尼罗河约100千米的地区。在苏联战场上，纳粹德国自1941年6月22日开始“巴巴罗萨”行动以来，苏、德两国军队在苏联这片广阔的土地上展开了

埃尔温·约翰尼斯·尤根·隆美尔画像

数次大规模的争夺战。德军进攻莫斯科的企图失败后，又于1942年5月恢复进攻，在克里木和哈尔科夫方向连挫苏军；德军另一路则向斯大林格勒和高加索方向进攻，企图从东南迂回莫斯科。战斗的激烈程度对官兵们的肉体和精神来说，都是一个巨大的考验。

比较而言，太平洋战场已露出一线黑暗中的微光。日军虽在菲律宾完胜，但在珊瑚海、中途岛却折戟沉沙，不得不放弃南进夺取新喀里多

尼亚岛、斐济岛和萨摩亚群岛的计划。但是，他们仍不愿意就此放弃对莫尔兹比港的企图。

此时，受中途岛之战的鼓舞，美军的决策者们开始考虑战略反攻问题。麦克阿瑟也坐不住了，鉴于形势的变化，他放弃了原在新几内亚设立防线的计划。6 月初，他迫不及待地向华盛顿提出了一个大胆的作战计划——直接对日军基地拉包尔实施两栖攻击。他的基本设想是：目前拉包尔“防御薄弱”，如果由他指挥盟军所有的攻击力量，加上尼米兹的一个两栖作战师和一个航母编队的支援，他就能像吃顿快餐那样迅速攻占拉包尔。

事实上，这只是他一厢情愿的想法。首先，日军在拉包尔的驻防力量一点也不弱，岛上除了有数千精锐部队防守外，周围还有 6 个空军基地。日军占领拉包尔后，展开了一系列的建设计划，在那里挖掘了大量的地下通道，还修建了地下居住区、医院、通信设施、仓库等。此外，长达数十千米的防空掩体也在修建之中。其次，海军是否愿意派出这么多兵力，还得由美国参谋长联席会议决定。最后，联合作战涉及指挥权的问题，而麦克阿瑟一向把它看得很重，即使计划可行，确定指挥权必然是一件扯皮的事情。

海军作战部部长金上将首先反对麦克阿瑟的计划。他认为麦克阿瑟的计划根本不现实，主张以更为稳妥的方式进行反攻，即逐步拿下所罗门群岛后再攻取拉包尔，以便能够用轰炸机和战斗机支援进攻行动。具体步骤是：先让尼米兹率部夺取所罗门群岛的相关岛屿；再由麦克阿瑟和尼米兹分别指挥军队，从新几内亚沿所罗门群岛北上发动进攻，占领莱城、萨拉莫阿和新几内亚东北部等地；最后在万事俱备的情况下，攻占拉包尔。海军的态度很明确，由于包括陆战队、航空母舰、运输舰及大部分支援舰只在内的参战部队只能来自太平洋舰队和太平洋中北战区，因此，所罗门群岛的作战指挥权应由尼米兹掌握，麦克阿瑟的陆军则在攻占这些岛屿之后担任守备任务。

麦克阿瑟自然无法接受海军的建议，因为这既没有重视他提出的作战计划，也没有尊重他个人的能力和名誉。陆军参谋长马歇尔和他的谋士们对麦克阿瑟提出的计划倒是很感兴趣，表示了全力支持，并建议麦克阿瑟建立一个真正的同盟国总司令部，吸收澳大利亚和荷兰的军官担任高级职务。他们可能是想通过麦克阿瑟在战场上的表现来为陆军挽回一点面子。

由于海陆两军分歧很大，7 月 2 日，美国参谋长联席会议通过了由海军拟订的代号为“瞭望台”的作战计划。该计划规定：此次战役的第一阶段由太平洋战区司令尼米兹将军担任指挥官，夺取圣克鲁斯群岛、图拉吉岛等地。第二阶段由麦克阿瑟将军担任指挥官，向巴布亚半岛的萨拉莫阿和莱城进军，同时夺取所罗门群岛的剩余部分并北上。最后，盟军对拉包尔形成夹击之势，攻克拉包尔。这是一个折中方案，但重头戏还是给了麦克阿瑟。

“魔鬼山”险战

就在美国海陆军达成协议，并准备在 8 月初付诸实施的时候，日军再次进攻莫尔兹比港，并准备在瓜达尔卡纳尔岛（下称“瓜岛”）抢先登陆。7 月 11 日，日军大本营下达了进攻莫尔兹比港的命令。执行此次作战任务的指挥官是陆军第 17 军司令百武晴吉①中将。

对于日军的动向，麦克阿瑟虽有察觉但却没有给予足够的重视。他只知道日军要进攻莫尔兹比港，但日军将以怎样的方式和路线进攻，他并不是很清楚。此前，他已经意识到需要在布纳地区修建一个机场，以此作为据点，才能更有力地打击被日军占领的莱城 - 萨拉莫阿，掌握制空权，牢牢地控制住巴布亚半岛，但真正要进入新几内亚作战，他心里根本没底。

7 月中旬，麦克阿瑟派出一个 6 人小组到曲折崎岖的科科达山道北端的海岸侦察，并未发现日军有登陆和进攻莫尔兹比港的动向。科

---

① 百武晴吉（1888—1947）：日本帝国陆军中将，军国主义分子，战犯，第二次世界大战中任第 17 军司令，参加过瓜达尔卡纳尔战役、伦多瓦岛之战和特洛基纳要地之战等。战后死于精神错乱。

科达山道既曲折难行，又坎坷多险，它南起莫尔兹比港，穿过欧文·斯坦利山脉，北至科科达，全长约100千米。对此，麦克阿瑟拟订了一个代号为“天佑行动”的计划，打算派遣一支3000人的澳大利亚军队翻过密林中的山道，增援当地民兵，并于8月10日前在布纳开辟一个简易机场。

实际上，日军这次进攻莫尔兹比港并非经由海上，而是先在巴布亚半岛北岸的布纳和戈纳一带登陆，然后翻越欧文·斯坦利山，从背后攻占莫尔兹比港。这是日本联合舰队两次遭受重创后的无奈选择。旨在切断美、澳交通线的攻占新喀里多尼亚、斐济、萨摩亚群岛的作战行动（代号为“FS”）也随即停止。

麦克阿瑟简直不敢相信日军会有如此疯狂的行动。当有情报表明日军是走这条进攻路线后，他的情报处长查尔斯·威洛比也不相信，“日军经由陆上的军事行动，从后勤保障困难、通信联络不畅和地形复杂等角度看，都是值得怀疑的”。所以，他们都认为日军只是在布纳登陆后修建机场。这样一来，百武晴吉的行动就比麦克阿瑟快了一步，也因此决定了一场恶战将在可怕的“魔鬼山”的山林里进行。

日军第17军南海支队于7月18日整装出发，堀井富太郎[①]少将率部登上运兵船，驶往巴布亚半岛北岸的布纳和戈纳。同一天，澳大利亚的侦察机发现这支船队已从拉包尔出发，于是立即报告了盟军司令部。麦克阿瑟得到报告后，让布莱梅做出相应的防御安排。布莱梅立即下令给在新几内亚的前线指挥官西里尔·莫利斯少将，但莫利斯也认为日军不可能翻越欧文·斯坦利山，因而仅从澳大利亚第39师中派出了一个加强营规模的特别部队进行防范，又往科科达方向派出了一个连，其余大部分兵力仍留在莫尔兹比港进行强化训练。

此时布纳除有少量地方民兵进行警戒外，几乎没有什么军队驻扎。麦克阿瑟只好命令盟军空军司令乔治·布雷特出动B－17轰炸机阻止日

---

① 堀井富太郎（1890—1942）：日本帝国陆军少将，第二次世界大战中历任第55步兵团团长、南海支队队长。在新几内亚战役中战死。

军登陆。航空部队在珊瑚海战役中的表现就不佳，此次航程太远，加之布雷特与麦克阿瑟的关系搞得很僵，因此，他只是让航空部队不痛不痒地进行了一次轰炸，便草草收兵了。

7 月 20 日，麦克阿瑟率参谋长萨瑟兰将司令部从墨尔本迁至布里斯班。布里斯班是澳大利亚东海岸最为重要的一个港口城市，其北面是澳大利亚最为著名的分水内岭，南面是新英格兰山脉，东面是硝烟未散的珊瑚海，战略地位极为重要。第二天刚安置好办公室，麦克阿瑟就接到报告，日军横山先遣队共 3000 余人，从新几内亚的布纳和戈纳登陆。日军登上布纳和戈纳后，第一时间就将为数不多的澳大利亚部队和当地的土著居民打得四散奔逃。随后几天，日军又有 1.3 万人在布纳登陆，并将滩头阵地扩大到北面的戈纳。

时间上的误判使麦克阿瑟失去了先机。他万万没有料到，本来计划的进攻战，现在却变成了一场防御战。日军赶在他前面占领了布纳，使他面临着一场严重的灾难：不但进攻莱城 - 萨拉莫阿的计划成了泡影，而且还面临如何抵御进攻，把已登陆的 1.6 万名日军赶下海去的艰巨任务。

7 月 25 日，堀井富太郎率领的部队已在布纳驻扎，打算从这里进攻莫尔兹比港。7 月 29 日，日军轻而易举地攻占了欧文 · 斯坦利山脚下的科科达机场，随即爬上了丛林密布的山间小道。4000 多米高的“魔鬼山”，最低的山垭口也有 2000 米。山上荆棘丛生，只有一条被当地人踩出来的科科达小径。山间悬崖断壁，沟壑纵横，终年云雾缭绕，臭气冲天，不要说人，就连鸟兽也望而生畏。时值每年一度的雨季，终日连绵不断的细雨，持续不散的浓雾，浸透了丛林深谷，陡峭的山路泥泞不堪。为了加快进军速度，堀井富太郎派出一支先遣队在前面用大砍刀在丛林中开路。先遣队的每名士兵还带了把带孔的特制小铲，这样泥土就不会黏在铲子上。可见他们是有充分准备的。而盟军在日军的必经之地科科达仅有一个连的兵力，7 月 29 日，盟军与日军在科科达小径上发生激战，但很快就被唱着歌的日军撵得四处乱窜。

麦克阿瑟闻讯大发感慨：“我领导的事业失败了一次，我要尽最大的努力避免第二次失败。”他决定不惜一切代价挽回面子。他立刻召集有关将领商议对策，讨论下一步的计划，但有些人悲观地表示应该退守布里斯班，将莫尔兹比等地拱手送给日军。麦克阿瑟非常生气，下令派出美陆军第7师一个比较精干的旅紧急增援新几内亚。在记者招待会上，他说："我们要团结一致，在新几内亚保卫澳大利亚，只要我们尽自己最大的努力去战斗，不管我们的力量大小，也不管我们身在何方，更不管我们拥有多大胜算，都要坚持到底。我们现在所能做的就是战斗！战斗！战斗！"麦克阿瑟的夫人琼又一次挺身而出，以自己的勇敢行动支持丈夫。她带着儿子从远离战事的墨尔本动身，飞往北部边城布里斯班，住进了尘土飞扬的伦农旅馆。

与此同时，日军显然也低估了在这条小路上前进的难度，而且军需供应严重不足，伤寒、痢疾等疾病如潮水般袭来，但他们竟坚持了大半个月之久。到8月上旬，日军已走到了这座山最陡峭的关隘，离莫尔兹比港还剩下一半的路程。这个地方被称为"大隘口"。一旦日军顺利通过"大隘口"，莫尔兹比港就唾手可得了。

澳大利亚第39师节节败退，增援新几内亚的美军也吃尽了苦头。由于时间紧迫，他们没有穿上长袖的迷彩服，而是一身短裤短褂地钻进了新几内亚的热带雨林。衣服颜色明亮，使他们成了日军打击的主要目标；又因为是身穿短衣，他们也成了蚊虫的攻击对象。盟军地面部队指挥官布莱梅实在想不出什么好办法，显得很被动。

值此关键时刻，乔治·肯尼①将军被调到西南太平洋战区，接替布雷特担任陆军航空兵司令。经过他旋风般的整顿后，航空部队开始扭转了技术低下、士气不振的状况。尽管作战能力还急需加强和提高，但在那样荒凉的环境中，空军部队比陆军拥有不少优势，至少他们无须站在悬崖峭壁上让蚊虫肆无忌惮地叮咬，也不必钻进荆棘丛中躲避日军狙击手的猎杀。

8月7日，肯尼命令刚刚完成整编的第5航空队的18架B－17轰炸

---

① 乔治·肯尼（1889—1977）：美国空军上将。第二次世界大战期间历任美国陆军航空兵驻澳大利亚部队司令、第5航空队司令、西南太平洋战区盟国空军司令、美国远东航空总队司令、驻欧洲美国空军司令部高级参谋。战后担任过美国战略空军司令、美国空军大学校长。

机对拉包尔进行了猛烈的轰炸，打了日军一个措手不及。这次袭击获得了成功，至少使日军后援不继。麦克阿瑟对此感到非常满意，他在会见肯尼时，把手搭在肯尼的肩上说：“感谢你，乔治！我想我们会配合得更好的。”

在科科达小径朝不保夕的时候，美军的密码破译人员侦听出日军正打算在莫尔兹比港右翼（最东端）的米尔恩湾登陆。麦克阿瑟很清楚，一旦日军占领了米尔恩湾，就有可能对盟军形成夹击之势。美军在那里建立的 3 个小机场将免费为日军所用，直接威胁到盟军在莫尔兹比港、瓜岛甚至布里斯班等地的航空基地。

麦克阿瑟立刻向米尔恩湾派去了曾在北非沙漠中经受过战火考验的澳大利亚第 7 师主力，使守军增加到 9000 余人，并指示莫利斯亲自督战。日军对此一无所知，他们严重低估了米尔恩湾的防御力量，仅派出 2 个大队的兵力来攻打这个重要港口。

8 月 25 日，日军开赴米尔恩湾北端的拉比岛。他们派出了 2 艘巡洋舰、5 艘驱逐舰及其他舰只，这支舰队遭到了米尔恩湾守军的抵抗。由于当时的天气较为恶劣，澳军只击沉日军 1 艘扫雷艇和 1 艘运输船，没有有效阻止日军的登陆。

在这种情况下，莫利斯的陆军部队没有忙于阻击，而是持重待机。当 1500 名日军登上滩头后，严阵以待的澳军才以猛烈的火力给他们以迎头痛击。早已做好准备的 B－17 轰炸机，及时、准确地将炸弹投在了日军的运兵船中，浅海滩上升起了一股股烟柱。

经过 3 天的浴血奋战，日军又向米尔恩湾增派了 1 个大队约 770 名援兵，企图强行突破澳军的防守阵地。澳军利用地形之利，以逸待劳，消耗日军的战斗力。双方又激战了一个星期，日军始终未能在米尔恩湾的防御阵地中撕开一个口子，而且终因后继不力，拼到弹尽粮绝。日军来势汹汹的嚣张气焰瞬间不见了踪影，他们慌忙撤退，2000 多人的部队只有大约 600 人生还。

此时在“魔鬼山”的堀井富太郎仍在一步步地向前推进。他们绕过由拉尔夫·杭纳指挥的澳大利亚部队好不容易守住的几个阵地，从密林山坡上抄近路骚扰撤退中的澳军，但也为此付出了不小的代价。

到 8 月下旬，战斗转移到科科达山最陡峭的地方。日军离莫尔兹比港已经不到 80 千米了，他们甚至能隐约看见莫尔兹比港口处盟军防空探照灯的光亮。

对此，从巴布纳新几内亚刚返回布里斯班的肯尼不无担忧地对麦克阿瑟说：“如果我们不进行一场惨烈的战争，莫尔兹比港可能会就此失守。在这个时刻，一定要做出最大胆的决定。”麦克阿瑟自然清楚这一点，他想了想，拿起电话再次向那里派出了一支援兵。

与此同时，堀井富太郎的部队突破了被称为“大沟”的最陡峭的山梁，继续向山顶挺进。他们一边打，一边向日本第 17 军司令百武晴吉请示下一步的行动。堀井富太郎斩钉截铁地命令道：“进攻！不惜一切代价地进攻，要拼尽最后一丝力气，全力攻占莫尔兹比港。”然而，他们越是接近目标，所做出的努力和牺牲就越巨大。由于日军在瓜岛的失败，日军大本营已决定将战略重心由新几内亚转至瓜岛。这意味着堀井富太郎将得不到兵力增援，甚至得不到后勤补给。漫长的补给线频繁地遭到空袭，饥饿和疾病削弱了他们的力量，非战斗减员在增加，进军速度在减慢。尽管如此，他们仍继续前进，并于 9 月 14 日翻过山顶，到达距莫尔兹比港只有 48 千米的约里拜瓦。

这时，麦克阿瑟将新编第 1 军（美军第 32、第 41 师已编入该军）交由艾克尔伯格指挥。肯尼建议将第 1 军第 32 师的第 126、第 128 团空运到莫尔兹比港，去支援澳大利亚第 7 师。麦克阿瑟觉得此计可行，这才有了“美军首次大量空运部队”的行动。尽管第 1 军军长因在报告中表现出消极情绪而正在坐“冷板凳”，但他的部队已经投入战斗，加上澳大利亚第 7 师及时赶到，他们成功地把堀井富太郎的部队死死挡住。

9 月 18 日，堀井富太郎突然接到撤退的命令，令他撤回布纳固守。他不禁有苦难言，一个多月来他们是艰难地一步步走着来的，现在恐怕要更艰难地慢慢爬回去了。

第七章　战略反攻终获胜

瓜岛海陆空大战

在堀井富太郎无奈后撤的同时，瓜岛战役正进行得如火如荼。

1942 年 7 月，美军制订的“瞭望台”计划正待实施，日军在布纳登陆及在瓜岛建立机场的消息传到了美国。这一情报使得实施“瞭望台”计划更加紧迫起来，原定夺取圣克鲁斯岛的目标换成了瓜岛。很明显，谁抢先一步在那里建起机场，谁就能取得巨大的甚至是决定性的优势，不仅可以掌握珊瑚海的制空权，而且可以封锁澳大利亚东部的海上通道，威胁斐济、新喀里多尼亚等地。这对太平洋战场的形势是非常重要也是十分关键的。因此，必须把夺取瓜岛作为执行“瞭望台”计划的第一步。

瓜岛位于所罗门群岛南部，在巴布亚以东约 1000 千米处，是西南太平洋所罗门群岛中最大的岛屿，东西全长约 150 千米，南北宽约 48 千米，陆地面积约 5302 平方千米。岛上有许多大大小小的山脉，山上有成片的热带雨林。岛上地势崎岖，水流湍急，森林密布，罕有人迹。与瓜岛隔着一个海峡遥遥相望的是图拉吉岛。日军于 1942 年 5 月 5 日占领了图拉吉岛，并在那里修建了机场。

日本联合舰队因中途岛一战损失惨重，无法按照原计划从海路进攻盟军在新几内亚的重镇——莫尔兹比港。实际上，根据日本的国力，当时的拉包尔－新几内亚东北部－俾斯麦群岛战线已经达到了其作战极限。但是，日军仍准备继续向南推进。日本陆军在南太平洋的主力为陆军第 17 军，军部设在新不列颠岛的拉包尔，由百武晴吉中将指挥，下辖 13 个大队。海军是第 8 舰队（即新编“外南洋部队”，辖第 6、第 18 战队，第 29、第 30 驱逐舰大队，第 7、第 13、第 21 潜艇战队），共有轻型和重型巡洋舰 7 艘，以及驱逐舰和潜艇数艘，司令为三川军一①中将。日本联合舰队另外又加派了第 2 航空队的战斗机、轰炸机各 12 架，以及第 26 航空战队大部进驻拉包尔。包括 16 架舰载轰炸机在内，日军在瓜岛东南方面一共集结了 180 架作战飞机，为地面和海上部队提供空中掩护。瓜岛上有日军警备部队 240 人，并于 1942 年 6 月底派遣了一支 2700 人的施工部队到岛上修建机场。

对麦克阿瑟而言，他的部队很难进行两线作战：在布纳要对付 1.6 万名日军登陆部队，在瓜岛要对付更凶残的日军海、陆部队。因此，美国参谋长联席会议决定由南太平洋战区司令官戈姆利海军中将担任这次行动的前线总指挥。戈姆利几乎动用了所有的部队——新编南太平洋舰队第 61 特混编队（指挥官为弗兰克·弗莱彻②海军中将）、第 62 南太平洋两栖部队（指挥官为里奇蒙德·特纳③海军中将）。此外，海军作战部和陆军参谋部为他调用了包括 3 艘航空母舰在内的 88 艘舰船和 298 架岸基飞机来参加这次战役。海军陆战队第 1 师（师长为亚历山大·范德格里夫特④海军少将）也被调来与特纳的两栖部队一起担任登陆主攻。

8 月 7 日，瓜岛还在朦胧的晨雾中酣睡。美军第 61 特混编队开始了

---

① 三川军一（1888—1981）：日本海军中将，第二次世界大战期间历任第 3 舰队司令、第 8 舰队司令、航海学校校长、第 2 南遣舰队司令、西南方面舰队司令、第 13 航空舰队司令、第 3 南遣舰队司令。参加过偷袭珍珠港、中途岛海战、萨沃岛海战等战役。

② 弗兰克·弗莱彻（1885—1973）：美国海军上将，第二次世界大战期间参加了珊瑚海海战、中途岛海战和瓜岛初期的海战，在战斗中任编队指挥官，颇有战绩。

③ 里奇蒙德·特纳（1885—1961）：美国海军上将，曾任航空局计划处处长、航空母舰行政军官、参谋部战略处处长、“阿斯托利亚”号舰长、美国太平洋地区两栖部队司令。参加过塞班岛战役、硫黄岛战役、冲绳岛战役、盟军东京湾受降仪式等。

④ 亚历山大·范德格里夫特（1887—1973）：美国海军陆战队第一个上将，第二次世界大战期间历任美国海军陆战队第 1 师师长、南太平洋战区海军陆战队两栖部队第 1 军军长、第 18 任海军陆战队司令。因在瓜岛战役中表现出色，成为家喻户晓的战争英雄，并被授予国会荣誉奖章。

猛烈炮击，海军陆战队第 1 师在大小 80 余艘舰艇的护送下，没费多大气力就拿下了滩头阵地、机场和瓜岛附近的 3 个小岛。瓜岛上的日军惊恐万状地逃进密林。海军陆战队第 1 师的 1.1 万名官兵在师长范德格里夫特的指挥下，在瓜岛迅速站住了脚跟。日军大本营为此大动肝火，立誓要乘美军立足未稳把他们消灭掉。

1942 年 8 月至 1943 年 2 月的瓜岛战役，美军登陆瓜岛

8 月 9 日这个夜晚对美军来说显得尤为漫长，林鸟凄鸣，野兽嗥叫，蚊子嗡嗡地在耳边飞个不停，实在令人难以入睡。这时，一心想报一箭之仇的日军第 8 舰队乘着夜色悄悄地逼近了瓜岛。这支舰队有 7 艘巡洋舰和 1 艘驱逐舰，在三川军一中将的率领下，快速通过“狭口”海峡。舰上的水兵受过长年的夜战训练，能在暗夜中瞄准、测距和射击，且大都具有实战经验。不过，三川军一错误判定已经上岛的美军不

会超过2000人，因此，他派出的第一批登陆部队仅2100人，由田中赖三海军少将指挥。

美军第61特混编队护送海军陆战队第1师登陆后，弗莱彻担心自己的舰队遭受空袭，便率领整支航母特混编队撤离了瓜岛。特纳只好紧急召集护航舰队司令维克多·克拉奇利和范德格里夫特开会，通报了这一情况，并宣布由于失去了空中掩护，他的舰队将在第2天撤走。范德格里夫特对此表示强烈抗议，但特纳认为自己别无选择。随后，他命令卸了一半物资的所有运输船赶快离开瓜岛，同时命令美、澳海军的一支联合舰队去迎击南下的三川舰队。这支联合舰队包括6艘巡洋舰、4艘驱逐舰，由英国海军少将维克多·克拉奇利指挥，主要任务是封锁“狭口”海峡西口。另一支舰队由美国海军少将诺曼·斯科特指挥，负责在海峡东口巡逻。

8月9日凌晨1点33分，三川军一下达总攻命令。10分钟后，美军“帕特森”号驱逐舰才发现日舰，刚用无线电发出警报，日军的水上飞机就投下了照明弹，将南区的美舰照得一清二楚。紧接着，日军的炮弹和鱼雷接踵而来，澳大利亚海军的“堪培拉”号巡洋舰右舷连中2枚鱼雷，并先后被24发炮弹击中，不到5分钟就失去了战斗力，天亮后被美军击沉。其余美国军舰的炮术很差，乱轰一通。由于美国水兵首次参加夜战，训练和精神准备都不足，日军占有很大优势。不久，美国“阿斯托里亚”号和“昆西”号巡洋舰都被大口径炮弹命中，舰身起火，最后终于沉没。激战中，“芝加哥”号舰艏被一枚鱼雷击中，桅杆也被一发203毫米炮弹击中，虽然它连连开炮还击，但由于日舰速度很快，黑暗之中无法捕捉目标，它匆匆向日舰队列最后的“夕风”号驱逐舰发射了25发炮弹就失去了目标，只得向西退出战斗。此役美军被击沉巡洋舰4艘，被击伤巡洋舰1艘、驱逐舰2艘，伤亡1732人。后来，这一带因沉没的舰船很多而被称为“铁底湾”。

日军取得了一边倒的胜利。如果三川军一更贪心一点，用大炮把美国海军陆战队第1师在滩头上堆积如山的宝贵物资付之一炬的话，范德格里夫特的处境就更加岌岌可危了。但是，三川军一此时并不知道弗莱彻已经带着他的航母特混编队离开了，所以取胜之后不敢乘胜进击，而是命令舰队折回拉包尔。

此战被称为“第一次所罗门海战”，它拉开了美日夺取瓜岛和一系列海战的序幕。

第二天天亮后，美国海军陆战队第 1 师的士兵们返回海滩，准备以自己的血肉之躯阻止日军上岸，结果他们在蔚蓝色的大海上连片帆影也没有看到。由于日军在这次战报中过分夸大战绩，致使指挥官对战场形势做出误判，从而在此后的作战指导中一错再错。

三川军一击败美军舰队后，几乎每天晚上都有日本舰队沿“狭口”海峡直下“铁底湾”，把充满死亡气息的炮弹倾泻到美国海军陆战队第 1 师的阵地上。袭击之后，日本舰队便乘黑夜返回基地。与此同时，日本陆基航空队也不甘示弱，对瓜岛进行了一次又一次的轰炸。

美海军陆战队第 1 师只能掘地防守，以机场为核心构筑了环形防线，准备在日军可能的反攻面前孤军死守。当时岛上留下的给养只能使用 37 天，所以他们一时无法兼顾扫荡残余日军和确保已经占领的各个要地两个重任。师长范德格里夫特认为，瓜岛机场是成败的关键，因此他将瓜岛的防御重点放在机场，之前就特别要求将修建机场所需的设备、机械优先卸下，以便尽快让机场恢复机能，投入使用。为了预防日军的两栖登陆进攻，他在滩头上也设立了有力的防线，将 75 毫米火炮和机关枪都布置在有利位置，火力覆盖可以同时对付来犯日军的登陆部队和船舶，在阵地后方还有 37 毫米自行火炮支援；在内陆也利用地形设置了几个独立的据点，利用哨兵和巡逻队维持联系与安全。

日本联合舰队司令山本五十六认为，盟军的舰队遭受重创后，美军一定会加强这里的海上力量，这支力量的来源非太平洋舰队莫属，为了掩护陆战师和补给，舰队会集结到瓜岛周围。如果美军要夺得制海权，那就更有可能将太平洋舰队主力调至西南太平洋，如此一来，日本联合舰队就有机会与太平洋舰队再来一次大规模决战，一雪前耻。在这种情况下，日本海军与美国海军在这条防线上展开了一次又一次封锁与反封锁、偷袭与反偷袭的海战。

山本五十六命令联合舰队主力进入所罗门海域，寻找美国海军决战。日军舰队分为两支：一支是三川军一指挥的炮击舰队，包括4艘巡洋舰、5艘驱逐舰；另一支是南云忠一指挥的航母机动编队，其中有3艘航空母舰、1艘水上飞机母舰、3艘战列舰、5艘巡洋舰和8艘驱逐舰。而美军弗莱彻的航母编队只有3艘航空母舰，一旦日军取胜，瓜岛的美军将丧失海空补给，孤立无援。由于美军的海上力量不容乐观，海军作战部不得不增派舰队援助。

美、日在所罗门海域进行的规模较大的一次战斗是8月24日开始的东所罗门群岛海战。战斗一开始，日军作为诱饵的“龙骧”号轻型航空母舰当即被美军的轰炸机彻底摧毁。接着，美军“萨拉托加”号和“企业”号航母冲着日本舰队开过去。这时，南云忠一还以为美军的3艘航母都在集中攻击作为诱饵的“龙骧”号，于是下令发起猛烈的空中攻击，以歼灭美国的航母舰队。但美军“企业”号航母早已严阵以待，舰上的53架F4F“野猫”式战斗机根本没有参加对“龙骧”号的袭击，它们在浓密的云层中摆开阵势，与随后赶来投入战斗的轰炸“龙骧”号航母的轰炸机一起，在空中等待日机的到来。

半个小时后，日军近百架轰炸机和战斗机呼啸着冲了过来，早已严阵以待的美军机群立即迎了上去，双方展开了激烈的空战。与此同时，美军航母上的舰炮也对日机发起猛烈射击。顷刻间，日军飞机有90架被击毁，其余飞机仓皇退去。第一次攻势获胜后，美军一鼓作气，又轰炸了日军的登陆输送船队，使其作战企图完全破产。这一战，美军“企业”号航母被炸伤，瘫痪达两个月之久，同时损失飞机17架。

夺回瓜岛的企图接连受挫后，日军仍不甘心，夜以继日地向瓜岛增兵，企图进行陆地决战。但他们对瓜岛的增援被迫改为以高速舰艇利用黑夜输送的方式进行，也就是“老鼠运输”，美国则称之为“东京特快”。从8月24日至9月4日，日军以这种方式将山口支队和清野市木的部队分批运至瓜岛。到9月中旬，日本陆军第2师团的主力和第38师团一部登上瓜岛，使瓜岛的日军增至2.2万余人。同时，美国海军也向岛上增派了6000多人，使岛上兵力达到1.7万人。

美军驻岛的岸基航空兵也得到了加强，在反登陆作战中，他们功不可没。瓜岛的岸基航空兵被称为“所罗门航空队”，这支航空兵部队由陆军、海军和海军陆战队 3 个军（兵）种的航空兵联合组成，实力已经大为改观，拥有包括 F4F“野猫”式战斗机、F4U“海盗”式战斗机（后来用上了 P－38“闪电”式战斗机、P－39“飞蛇”式战斗机）和 SBD“无畏”式俯冲轰炸机、B－24“解放者”轰炸机在内的多种机型，飞机总数百余架。由于所在的亨德森机场位于热带丛林边缘，跑道四周长满高大的仙人掌，飞行员便自诩为“仙人掌”航空队。他们克服天气恶劣带来的不利影响，从莫尔兹比港将前线部队所需的口粮、武器、弹药以及军需器材，用飞机运到前线机场，或者空投给运动中的部队。

9 月 12 日夜，日军川口清健[①]的第 35 旅团约 5000 人向亨德森机场发动了一场精心谋划的进攻。海上的“东京特快”和飞机昼夜轰击配合作战。日军轮番进攻，美军浴血厮杀，双方伤亡均非常惨重。在拉包尔坐镇的百武晴吉和在特鲁克的山本五十六以及东京大本营，对这样一个小小的机场竟如此“难啃”深为震惊，决定派精锐的仙台师团和名古屋师团增援川口清健，同时将大批飞机抽调到拉包尔和布干维尔岛；山本五十六的联合舰队主力也将再次配合作战。由此可见，日军为瓜岛下了巨大的赌注。

与此同时，瓜岛美军也加强了警戒和防卫措施。范德格里夫特和参谋人员仔细研究了亨德森机场附近的地形，认为若对整个防线都按照要求配备兵力，兵力是不够用的。最后，范德格里夫特决定只对遭受攻击可能性最大的地区重点加强配置。在机场东翼，伊鲁河被确定为重点防御地区，范德格里夫特派陆战队 1 团 3 营到那里去加强阵地。在机场西翼，范德格里夫特部署了 2 个营的兵力。从隆加河到东翼的防线之间也有一个空隙，由炮兵和工兵驻守。在机场南面，有一道向南延伸的山

---

① 川口清健（1892—1961）：日本陆军少将。1935 年制造“张北事件”，第二次世界大战中参与了太平洋战争，因在瓜岛失利被解职。

岭，从这个山岭上展开火力可以控制机场。山岭两侧的平地是进攻机场的便利通道。平地上布满丛林，部队可以在那里隐蔽。

9月12日晚8点50分，亨德森机场东面响起了“隆隆”的炮声，美军炮兵部队首先发起佯攻。日军驱逐舰也跟着炮击，重磅炮弹划破夜空，炸得漫山遍野腾起火光。

美国海军少将　范德格里夫特

晚上9点整，日机飞临高地上空，丛林里的日军也用小钢炮进行射击，炮弹射向美军阵地的铁丝网，掀起了漫天烟尘。

一颗颗挂在降落伞上的照明弹在头顶爆炸开来，夜空中闪烁着焰火，晃得美军士兵眼花缭乱。万余名日军官兵冲出树林，高喊着“天皇万岁”，端着明晃晃的刺刀，分成几路冲了上来。美军炮兵立即还击，炮弹落在日军的冲锋队列中，人群随着爆炸的气浪四分五裂。但日军丝毫不理会身边倒下的战友，径直穿过被炮火炸开的铁丝网，迅猛地向山岭冲锋。

日军刚冲上高地，美军就发起了一次反冲锋，夺回了失去的阵地。双方战至天亮，阵地几次易手，难分胜负。

百武晴吉见战功卓著的日本仙台师团竟然在瓜岛处处碰壁、寸步难行，十分生气，他亲自乘驱逐舰到瓜岛视察，这才知道岛上的美军兵力雄厚，非常难啃。他准备抽调婆罗洲的第 38 师团到瓜岛重组第 17 军，并亲自指挥作战。而在巴布亚的科科达山道上做最后一搏的堀井富太郎，正是在这个关键时刻接到了撤退的命令。

在陆战激烈进行的时候，美、日海军舰队也进行了一次惨烈的海战，美军把此次海战称为“埃斯帕恩斯角海战”，日军则称为“萨沃岛海战”。日本海军在这次海战中吃了大亏，他们终于发现，打了那么久，美国太平洋舰队依然十分强大。

为雪萨沃岛海战之耻，山本五十六孤注一掷，派出联合舰队主力的 5 艘航空母舰、5 艘战列舰、14 艘巡洋舰和 44 艘驱逐舰，掩护百武晴吉的 1 万名官兵登陆瓜岛，并且对亨德森机场实施毁灭性的炮击。

10 月 20 日夜，在日军一个半小时的炮击中，美军防区内山摇地动。战壕里的士兵们被炮火震得头晕目眩，许多人神志不清。34 架 SBD“无畏”式俯冲轰炸机、16 架 F4F“野猫”式战斗机和全部鱼雷机被炸得支离破碎。但顽强的“仙人掌”航空队只要能起飞的战机都升空了，进行了英勇阻击。

10 月 23 日和 24 日，仙台师团发起了筹划已久的三路人海进攻，美军坚守的阵地几处被突破，但并没有崩溃，他们将预备队投入战斗，进行反击，连续打退了日军的 5 次冲锋。10 月 25 日，成群的日本士兵钻出丛林，高呼着“陆战队的士兵们，今晚你们完蛋了”的口号冲了上去。然而，他们在美军的阻击下又纷纷倒下。部分日军士兵冲进美军士兵中，用刺刀、战刀、枪托和拳头展开了疯狂的肉搏战。一天又过去了，日军的人海进攻再次被美军粉碎。

就在瓜岛陆地上的血战达到高潮时，10 月 26 日，在瓜岛东方 500 海里远的海洋上，美、日海军主力之间爆发了一场残酷的大海战。该战场接近英属圣克鲁斯群岛，因而被称为圣克鲁斯海战。此战日本海军似乎占了很大便宜，美国太平洋舰队损失惨重。

但是，日军陆上的战局堪忧：给养不足，兵员损失过半，而瓜岛连一点到手的希望也看不到。日军大本营只得下血本倾力支援，一边拼命运输兵员和物资，一边想办法鼓舞士气，甚至向瓜岛派来了“慰安妇”。直到11月初，日军才意识到自身所面临的危险处境：布纳的堀井富太郎苟延残喘，已经成为美、澳盟军的瓮中之鳖；瓜岛进退两难，一旦丧失在巴布亚北海岸的空军基地，那么，日军沿新几内亚这条轴线南下的企图就会化为泡影。在这种情况下，日军决心不惜一切代价，做最后一搏，夺取瓜岛这块生死攸关的阵地。

海上，11月12日夜至11月14日夜，美、日双方围绕着增援和阻止增援、炮击与阻止炮击瓜岛，爆发了第三次所罗门海战。尼米兹撤换了南太平洋战区司令官罗伯特·戈利姆，由威廉·哈尔西[①]海军中将接任，海上的戏码也将有可能被改写。

陆上，11月13日天刚破晓，亨德森机场上的“仙人掌”飞行员们已经手痒难耐了。他们听了半夜“隆隆”的炮声，看到大海上火光冲天，早就憋足了劲，天一露白他们就驾机飞离跑道，到海上去看看能捞点什么油水。果然，他们毫不费劲就发现了负伤的日军“比睿”号战列舰，一阵乱炸之后，它就摇摇晃晃，眼看着不行了，日军水兵被迫把舰只凿沉。11月13日夜，三川军一又率领“东京特快”，炮击亨德森机场45分钟，直到哈尔西的几艘驱逐舰赶来才慌忙溜走。

这时，日军指挥部根据前线战报又做出了错误判断，认为亨德森机场基本被炸毁，于是向瓜岛派出了庞大的运兵船队。美军接到情报后，瓜岛的“仙人掌”航空队、陆军的B－17轰炸机和“企业”号航母上的舰载飞机像是赶庙会似的，飞至日军运兵船队上空往来穿梭，扔下的炮弹密集得像下冰雹一样。日本海军的护航舰见势不妙，丢下运兵船逃

---

① 威廉·哈尔西（1882—1959）：美国海军五星上将，第二次世界大战期间在太平洋地区指挥多次战役并获得胜利。因作风勇猛而获绰号“蛮牛”，又因为人随和而被称为“水兵的海军上将”。

之夭夭，使得船队的千余日军官兵被一举全歼。

激战三天三夜后，日本舰队元气大伤。而瓜岛日军也无力再发动大规模地面进攻了。到 12 月底，日军被迫做出停止瓜岛作战的决定。

美国陆军和海军陆战队官兵用自己的生命和鲜血保住了瓜岛。在参战的 6 万名美国陆军和海军陆战队官兵中，有 1600 人阵亡，4200 人受伤。岛上的 3. 6 万日军官兵，阵亡及失踪 1. 4 万人，病死 9000 人，被俘 1000 人。这些数字还不包括盟军和日军在支援瓜岛作战中损失惨重的海军和空军伤亡的人数。

瓜岛之战可以说是美军在太平洋战场由被动防御转为主动反击的第一战。留在瓜岛上的残余日军的日子相当凄惨。由于缺乏补给，他们不得不吃野果和鱼蚌充饥，疟疾等瘟疫流行，伤员创口腐烂却只能坐以待毙，许多士兵自杀了。日军大本营也为如何撤出岛上的官兵而大伤脑筋，他们花了数周时间计划、准备，并以联合舰队的运动转移美军的注意力。20 艘驱逐舰经过 3 个夜晚的快速撤运，终于将 1. 2 万名饿得半死的日本士兵撤出瓜岛。到 1943 年 2 月上旬，当美军搜索部队最后到达瓜岛西北的埃斯帕恩斯角，只发现几个垂死的伤兵和满是血污的绷带。

在最后争夺瓜岛期间，美、澳盟军也在科科达山道上追击堀井富太郎的部队。在后撤途中，堀井富太郎因木筏倾覆而淹死，上万人的部队因疾病、饥饿，仅剩下了几千人。但求生欲望十分强烈的日本官兵还是抢先一步，得以和布纳的守军会合，建立了滩头阵地。在戈纳 - 布纳一线，他们牢牢地坚守在一系列防御工事里。

布纳反击战

麦克阿瑟原定空运美第 1 军与澳军第 7 师围歼日军的计划落空了，他只得在 1942 年 11 月中旬下达了进攻布纳的作战命令。但由于对堀井部队的兵力预估错误，夺回布纳的战斗又出现了波折。

美、澳盟军左翼是由科科达小径下来的澳军第 7 师，由乔治 · 瓦齐少将指挥，负责进攻北面的戈纳；右翼是爱德华 · 哈丁少将指挥的美军第 32 师，负责进攻南面的布纳；中路是美军第 32 师第 126 团，继续向布纳推进。11 月 16 日，三路部队分头出发。

为亲自督战，麦克阿瑟和他的助手萨瑟兰、肯尼、威洛比等人离开布里斯班，在莫尔兹比港设立了前线司令部。

按照计划，美军将从莫尔兹比港出发，兵分两路：一路走陆路，翻过众多山脉从西面进攻日军；一路走水路，绕到位于布纳东南 40 千米处的奥洛湾登陆，随后沿海岸线向北推进。两路合击，夺占布纳。

由于美军没有足够的船只同时运送该师的人员和重装备，美、澳两个师的重型迫击炮和团属火炮都留在了澳大利亚。一些工兵排连最基本的斧头、铁锹和滑轮都没带。官兵们以为，美军驳船随后会将所需的东西运来。然而，11 月 16 日上午，日军发现美军舰艇进入奥洛湾后，立即出动 30 架轰炸机轰炸美军登陆场。结果，美军运输舰被击沉，运送的迫击炮、重机枪、弹药和工兵装备也尽数沉入海底。走水路的美军遭遇重大挫折。

准备翻越山脉从西面发起进攻的美军，则经历了噩梦般的艰难跋涉。热带雨林阴雨连绵，崎岖小路泥泞不堪，潮湿的环境使美军的衣服鞋子发霉腐烂。同时，跳蚤、水蛭、沙蝇和蚊子无处不在，任何一寸暴露的皮肤都有被毒虫叮咬的危险。这次艰难的行军持续了 40 多天。

11 月 25 日晚，天上下着瓢泼大雨，中路的美军第 32 师第 126 团开了一次战前部署会，决定让 2 营 F 连到布纳西侧与澳大利亚部队并肩作战。F 连的官兵们经过 3 天的战前准备，将在 11 月 29 日天亮前对布纳外的简易机场发起进攻。11 月 30 日凌晨 4 点，F 连从隐蔽地出发，几分钟后，该连袭击了日军的一个前哨，战斗打响了。美军第 126 团这次夜袭收获不小，除了击溃日军一个中队，还缴获了不少战利品。

麦克阿瑟不断呼吁哈尔西提供海上支援，但却遭到了哈尔西的拒绝，因为哈尔西不愿让那些幸存的珍贵舰只在巴布亚以东的危险水域去冒险。在无望的进攻使伤亡人数急剧增加的情况下，麦克阿瑟准备派正在澳大利亚训练的美军第 41 师前来增援。这时，布莱梅建议派澳大利亚部队来增援爱德华·哈丁，因为“他们知道如何作战”。麦克阿瑟闻言很生气，他不愿接受这样的帮助，并立刻让人把艾克尔伯格找来。

11 月 30 日，麦克阿瑟在莫尔兹比港前线指挥部召开了一次临时会议，与艾克尔伯格、萨瑟兰和肯尼一起讨论当前的形势与对策。麦克阿瑟对艾克尔伯格说："鲍勃，我要派你到布纳任司令官，撤掉哈丁。我还要你撤换那些不会打仗的军官。只要能打胜仗，谁都可以当指挥官、高级指挥官。"他停了一下又补充道："鲍勃，时间很重要，我要你尽快夺取布纳，否则就别活着回来了。"

第二天，艾克尔伯格飞往布纳前线。12 月 2 日中午时分，他抵达美军第 32 师师部。随后，他与哈丁一起到前线视察师参谋长约翰·莫特上校所描述的"激烈战斗"。莫特劝说艾克尔伯格不要去前线，并打包票说他们正在按计划行事。但艾克尔伯格被前往指挥所路上见到的美军士兵的糟糕样子惹火了，坚持要到前线看个究竟。他一上阵地就发现了问题——步兵部署过于分散，机枪位置也有问题，整个部署完全缺乏进攻性。当第 126 团的团长告诉艾克尔伯格前一天晚上日军根本没有发动反击后，他的脸就更黑了。下午回到指挥所，哈丁还试图替莫特说话，但艾克尔伯格将他们两个都就地解职，由炮兵指挥官阿尔伯特·沃尔德龙少将接任第 32 师师长。

随后，艾克尔伯格立即采取措施，大力改善食物供应，鼓舞士气。他还深入前线，亲自率领一个连投入战斗，并高喊："小伙子们，跟我来……"他差点被一个隐蔽的日军狙击手击中。几乎所有营连指挥官都负了伤，幸运的是，他安然无恙。

由于空中支援困难，战斗进行得激烈而悲惨，他们甚至还遭到了友军的轰炸。12 月 5 日，第 126 团发起了旨在夺取布纳村的突袭行动，F 连也加入了战斗。按照艾克尔伯格的指示，F 连的任务是彻底拿下布纳村，但由于遭到日军的顽强抵抗，F 连伤亡过半，损失惨重。直到天黑前，F 连依然在离布纳村不远的地方被日军的碉堡、壕沟等工事挡住了脚步。在此情形下，H 连的一个排从海滩上找到了一个突破口，割裂了日军的防线。但是，这个排仅剩的 18 人也全部被日军围杀。F 连连长罗伯特·H. 奥戴尔中尉（已降为排长）带领一支小分队向日军前哨方向射击，然后，他一手拿刺刀，一手拿手雷，半跑半爬地行进 18 米，靠近了第一个日军哨所，在日军防线上撕开了一个口子。

12 月 9 日，左翼澳军经过白刃战也攻下了戈纳。这一喜讯使麦克阿瑟十分激动，催促进攻的电报一封接一封地送到艾克尔伯格手中。这时，美军已精疲力竭。艾克尔伯格不顾惨重的牺牲，于 12 月 14 日发起了最后进攻。他们再次遭到了日军的顽强抵抗，每前进一步都要付出血的代价。在 10 多天里，他们连续对布纳村发动了 12 次攻势，但都无功而返。F 连仅剩下 38 名战斗人员，其他营连的伤亡情况也很类似。到圣诞节时，战场上出现了令人绝望的局面。随后，刚刚赶到的美军第 127 团第 3 营，接过了攻占布纳村的任务。

“二战”后期，新几内亚布纳附近，美军士兵向日军的防空壕开火

1943 年 1 月 3 日，日军终于溃退，美军以高昂的代价赢得了这次对日作战的胜利。

1 月 9 日，麦克阿瑟下令向 10 位美国和澳大利亚将军以及澳大利亚皇家空军上校颁发服务优异十字勋章。在总司令部发表的官方战报上，他第一次提到艾克尔伯格和美军第 32 师。

为了早日实现自己打回菲律宾去的愿望，麦克阿瑟乘刚打了胜仗、士气正旺之际，命令艾克尔伯格负责指挥巴布亚的全部美、澳军队，向巴布亚北端的萨纳南达发起代号为“扫荡战役”的攻势。艾克尔伯格奉命于 1 月 11 日发动进攻，但遭到了日军顽强的抵抗。最后，盟军以伤亡 3500 人的代价，于 1 月 22 日围歼了萨纳南达没来得及逃走的日军。

连战连捷

1943 年年初，日军在瓜岛和巴布亚半岛受挫后，开始不断往新几内亚东北部地区增加兵力，企图建立一道固守拉包尔的外围防线。在瓜岛争夺战中，盟军在南太平洋和西南太平洋的两支部队分别夺取了日军赖以继续扩大侵略的前进基地，开辟了通往拉包尔的两条反攻道路。这样一来，麦克阿瑟统领的盟军部队的首要任务就是收复新几内亚的萨拉莫阿和莱城，肃清休恩半岛的日军，之后才能西进夺取巴布亚新几内亚北部沿海地区，为进攻菲律宾开辟道路。

1 月下旬，麦克阿瑟在离开布里斯班 2 个月之后又回来了。由于打了胜仗，他的心情特别好。63 岁的他“像刚度假回来似的，精神矍铄，步履轻快，有时还同记者说说笑话”。麦克阿瑟的夫人琼一向不喜欢做饭而且手艺也不太好，但因麦克阿瑟不喜欢吃餐厅准备的饭菜，她还是勉为其难，决定亲自做饭。航空兵司令肯尼住在麦克阿瑟的楼下，也来凑热闹。有一次，他恰好想到一个“妙主意”，就上楼来敲门，诡称他要喝一杯咖啡，然后就谈他的“妙主意”。这次他们一直谈到凌晨 2 点，以至于“琼坐在那听着听着，便昏昏沉沉地睡去”。麦克阿瑟难得的一个美好夜晚就这样被肯尼夺去了。

当然，为眼下的战局操心的远不止麦克阿瑟和肯尼，罗斯福总统更加操心。他知道，日军虽然在巴布亚遭遇了失败，但这只是暂时的，而且美军并没有对其中心形成强大的威胁。太平洋战场和欧洲战场都有可能会出现更复杂的局面。1 月 14 日至 24 日，罗斯福、丘吉尔和盟军联合参谋部在卡萨布兰卡开会研究全球战略问题。会上，美、英两国的参谋长又展开了一场激烈的争论。英国热衷于把地中海攻势扩大到“软腹地带”意大利，而要求将进攻法国的计划再推迟一年，并希望在太平洋打有限的战争。美国则热衷于在法国北部开辟第二战场，反对任何将地中海攻势扩大化的建议，并要求在太平洋加强攻势，以免给日本留下任何喘息的机会。针对太平洋战场出现的可喜形势，美国海军作战部部长金上将提出，应不断对日本施加压力，并敦促将对日作战的盟军部队增加一倍，这样才有可能稳定太平洋的有利局势，尽快掌握主动权。经过一番讨价还价，丘吉尔和他的顾问们勉强同意了这一主张，同时确定下一步的打算是：太平洋行动将扩展到除确保新几内亚和所罗门群岛外，还包括收复阿留申群岛，以及进攻日本在加罗林群岛、马绍尔群岛上的基地。

麦克阿瑟回到布里斯班没几天就知道了美、英首脑会议精神，他迈出的步子更大，心里已经开始筹划下一步的进攻计划，准备沿休恩湾－莱城－萨拉莫阿一线对日军进行反击。但当他说出自己的设想后，他的司令部参谋们都表示怀疑，认为只有加强地面部队和作战飞机，才有可能进行下一步的进攻。麦克阿瑟对此也有同感，于是发电报给马歇尔，再次要人要物资。马歇尔这次没有理由拒绝了，他马上将沃尔特·克鲁格①中将率领的美国陆军第 6 集团军司令部调到西南太平洋战区。新改编的第 6 集团军除了下辖由美军第 32、第 41 师组成的第 1 军外，还包括曾在瓜岛战役中威名远扬的海军陆战队第 1 师。也就是说，麦克阿瑟不仅可以指挥第 6 集团军，还可以指挥澳大利亚陆军司令布莱梅手下的 4 个澳军师（澳军第 3、第 5、第 7 和第 9 师）以及肯尼的陆军第 5 航空队。

与此同时，日本陆军今村均也开始向新几内亚增加兵力，他派出一支 3000 人的部队，首先向由澳大利亚控制的瓦乌发动进攻，但很快被

---

①　沃尔特·克鲁格（1881—1967）：美国陆军上将。第二次世界大战期间历任第 2 师师长、第 8 军军长、第 3 集团军司令兼南部防卫司令。他是一位军事历史学家，也是一位天才野战指挥官，他所指挥的作战行动以伤亡率低而闻名，被认为是美国陆军中最优秀的战术家和战略家。

空运去的澳军的一个旅赶下海。接着，日军又制订了“81 号作战”计划，海、陆军联合行动，共派出 3 个师的兵力，分头前往韦瓦克和汉萨湾、莱城和萨拉莫阿。麦克阿瑟很快就收到了“卡斯特”密码破译分队的报告，他立即命令肯尼的陆军第 5 航空队做好迎敌准备。

3 月 2 日，一连几天的阴雨天气突然放晴了。肯尼出动 207 架轰炸机、154 架战斗机去对付日军的运兵船队，同时派出几个侦察机群在敌人可能经过的航线上进行全面搜索。早上 7 点 55 分，陆军第 5 航空队的第一批轰炸机飞临俾斯麦海上空时发现日军舰队，指挥官一声令下，机群俯冲而下，将炸弹投向日军舰队。日军的 2 艘运输舰立刻中弹起火，还有 1 艘被炸后没多久就沉没了。日本水兵操纵着高射机枪、高射炮还没有反应过来就挨了炸弹，舰上所运载的日本陆军第 51 师的 819 名官兵被巨浪吞噬。

3 月 3 日上午，肯尼出动由 100 架飞机组成的庞大机群，对仍在向前航行的日本舰队发起猛烈攻击。俾斯麦海成了日军的灾难之海，被炸弹击中的运输舰船燃烧着冲天大火，16 艘舰只七扭八歪地从海面上徐徐下沉，只有 4 艘驱逐舰没有受创。在这次攻击中，陆军第 5 航空队首次表演了“跳弹轰炸”技术。

肯尼得到这个喜讯后十分兴奋，跑上楼去叫醒熟睡中的麦克阿瑟，向他报告了战况。麦克阿瑟高兴地从床上跳起来，立即给英勇作战的陆军第 5 航空队拍去了贺电：

> 请向全体将士转达我对这次辉煌战绩的感谢和祝贺。作为一次在任何时候都可以看作是最彻底的歼灭战，不能不将其载入史册。我在你们全体人员身上所感到的骄傲和满足，是永无止境的。

他得意地称此次战斗为“俾斯麦大海战”。肯尼后来在回忆录中写道：“我从来没有见到过他这么兴高采烈。”

随后，麦克阿瑟让司令部发布了一份战况公报，尽管其中有很大水分，受到了人们的质疑，但不管怎样，这场海战的确是麦克阿瑟在海上取得的一次了不起的大胜利。日军在遭受这次重大失败后，被迫放弃了向新几内亚增援的企图，老老实实地待在莱城、萨拉莫阿。

3 月上旬，麦克阿瑟派肯尼和萨瑟兰前往华盛顿，参加美国参谋长联席会议主持召开的太平洋军事会议，研究确定 1943 年太平洋战区的作战计划。会上，萨瑟兰提出了“埃尔克顿”计划。这个计划实际上与去年美国参谋长联席会议确定的计划是一致的，只是这次麦克阿瑟增加了赌注。根据麦克阿瑟的决心，西南太平洋战区在 1943 年的主要目标是切断日军主要集结区、具有威胁力的机场，以及新不列颠岛上日军在拉包尔的重要战略补给地。为了实现这个作战方针，除了他手里号称 48 万人的部队外，他还要求增加 5 个师、45 个空军大队，以及许多海军舰只和登陆艇。

庞大的数字及萨瑟兰在解释这个计划时的傲慢态度，令与会者惊讶和反感。最后，美国参谋长联席会议原则上同意了麦克阿瑟的计划，不过暂不考虑把拉包尔作为攻击目标，并对他提出的人员物资要求打了折扣：同意给他派去 2 个或 3 个师，并增加一些新式飞机和舰艇。

与此同时，东京日军大本营也在就巴布亚的陷落而重新检讨新年度的作战计划。日本天皇提醒参谋部的将军们，务必对新的作战计划进行仔细考虑，再也不能让莱城和萨拉莫阿成为另一个巴布亚。根据日军大本营的训令，南太平洋的日军现在只得向后收缩战线，把新几内亚北部、新不列颠岛与北所罗门群岛一线作为新的战略防线。

3 月 28 日，美国参谋长联席会议发布了关于太平洋战争的新作战计划。太平洋舰队司令兼太平洋战区司令尼米兹这次大方了一回，同意从哈尔西所辖的舰队中分出一支（即原来没有航母的西南太平洋舰队）去支援麦克阿瑟，这支舰队改编后称为太平洋第 7 舰队，司令是托马斯·金凯德①海军中将。哈尔西管辖的舰队整编后称为太平洋第 3 舰队。

---

① 托马斯·金凯德（1888—1972）：美国海军上将，被称为“海战指挥家”。第二次世界大战期间历任第 6 巡洋舰舰队司令、北太平洋方面军司令、盟军西南太平洋战区海军司令兼第 7 舰队指挥官，参加了珊瑚海海战、中途岛海战、圣克鲁斯海战、新几内亚战役、莱特湾海战，立下了卓越战功。战后任大西洋预备舰队司令。

当然，这两支舰队的配置完全不能相提并论，毕竟舰队是海军专属的部队。第 5 舰队（司令为雷蒙德 · 斯普鲁恩斯[①]海军中将）和第 3 舰队是尼米兹的主要家当。麦克阿瑟也可以临时指挥第 3 舰队，因为他是西南太平洋盟军司令。只要是在西南太平洋战场作战的同盟国的任何部队，他都应该有指挥权，这也是他经常与美国海军为指挥权问题发生争执的原因。

4 月 15 日，因为要与麦克阿瑟办理舰队交接及商讨下一步协同作战计划，哈尔西飞往布里斯班与之会晤。具有“公牛”之称的哈尔西很尊重麦克阿瑟，而且他性格豪爽耿直，说话开门见山，这让麦克阿瑟对他产生了好感，后来两人成了十分要好的朋友。哈尔西在回忆录中写道：“我向他汇报 5 分钟之后，就感到我们好像早已结成终身的挚友。我很少见到像他这样，在这么短时间里就给我留下这么强烈印象、这么讨人喜欢的人。”麦克阿瑟则夸赞说：“威廉 · 哈尔西是我们的四大水兵之一。他为人坦率，直言不讳，精力充沛，早就显示出其卓越的将才。”

他们要商讨的协作计划，实际上就是实施“埃尔克顿”计划的一些细节问题。最后，他们商定兵分两路：哈尔西的部队负责进攻所罗门群岛中的新乔治亚群岛，麦克阿瑟的部队进驻新几内亚东海岸以外的伍德拉克岛和基里维纳岛。行动代号为“车轮计划”。这次行动恐怕是麦克阿瑟与海军第一次最密切的合作。随后，两支部队像两支锐利的矛尖，分别从所在地巴布亚和瓜岛，开始向日军的拉包尔基地发动进攻。

5 月 21 日，美、英首脑在华盛顿又进行了一次会晤，召开了代号为“三叉戟”的军事会议。双方在会上再次就战略重点问题进行了磋商。罗斯福态度坚决地反对将作战重心放在地中海，认为那样会消耗主要战线上的资源。马歇尔和金上将坚持主张在 1944 年对法国的法西斯军队发起攻势，同时在太平洋战场要维持对日本的“不懈压力”，并提

---

① 雷蒙德 · 斯普鲁恩斯（1886—1969）：美国海军上将，第二次世界大战时期任第 5 舰队司令，参加了中途岛战役、马里亚纳战役和冲绳岛战役。战后任太平洋舰队总司令。

出了具体的作战目标：从中国对日本发动空中进攻，在缅甸发动进攻，在中太平洋攻占马绍尔群岛和吉尔伯特群岛，在西南太平洋攻占新几内亚、所罗门群岛和俾斯麦群岛。在这次会议上，英国基本上接受了马歇尔和金上将的建议。

此时，麦克阿瑟已经开始实施“车轮计划”。他主攻的第一期目标是基里维纳岛和伍德拉克岛。它们是所罗门海的特罗布里恩群岛中最大的两个岛屿，正处在美军西南太平洋战区和南太平洋战区之间，夺取了这两个岛，就可使两个战区连成一体，相互配合支援。

6 月 30 日，在右翼的南太平洋所罗门群岛，哈尔西的两栖部队在未经直接火力准备的情况下，突然在新乔治亚群岛登陆，6000 名步兵和海军陆战队队员登上伦多瓦岛，歼灭日军 100 余人，将新乔治亚岛的蒙达机场置于炮火控制之下。与此同时，麦克阿瑟投入 2 个团，由第 7 舰队的两栖编队运送，陆军第 5 航空队提供空中掩护，分别在基里维纳岛和伍德拉克岛登陆。由于日军在这两个岛没有部署守备部队，美军没有遇到任何抵抗。占领这两个岛，不过是一个插曲而已。美军夺取岛屿后，立即开始修建机场，以便尽快从这两个小岛上起飞 B－25 轰炸机、P－38“闪电”式战斗机和 P－39“飞蛇”式战斗机。

之后，哈尔西准备攻占新乔治亚群岛，麦克阿瑟则开始打萨拉莫阿和莱城的主意。

7 月 3 日，哈尔西派出美军 1 个加强团在蒙达机场以东 10 千米处的海滩登陆，未遇抵抗。7 月 5 日，美军 2 个步兵团和陆战团的部分兵力在莱斯湾登陆，形成对蒙达机场的两面夹击态势。由于日军为保卫机场而顽强抵抗，加上热带丛林以及雨季的影响，美军的推进十分缓慢，直至 8 月 5 日才攻占该机场。此后，哈尔西不断增兵，清剿岛上日军并向邻岛扩张战果。7 月 15 日，美军绕过日军坚固设防的科隆班加拉岛，在韦拉拉韦拉岛登陆；7 月 27 日美军又在阿伦德尔岛登陆，科隆班加拉岛及其他小岛上的日军陷入了孤立无援的境地。

麦克阿瑟的那一路美澳盟军，一边向萨拉莫阿东南的纳索湾进攻，一边在伍德拉克岛修建机场，并于 7 月中旬完工。基里维纳岛上的机场也于8月建成。这两个机场的航空部队先后出动飞机轰炸了拉包尔和布干维尔岛。

在纳索湾登陆的是美军第41步兵师一部，约1000人。日军在这里的防御兵力只有陆军1个中队约300人以及海军一个观通站约20人，根本无法抵抗，被迫退至萨鲁斯。

但是，日军在萨拉莫阿和莱城一线的部队实力很强大，包括陆军第51师团、独立第21旅团、南海支队、冈城支队和海军第7巡防大队等，共计1.2万余人，由第51师团师团长中野英光中将统一指挥。中野英光认为莱城的战略价值不大，而将防御重点放在萨拉莫阿，所以莱城只有2000余人守卫，而且多为老弱，战斗力很弱。澳大利亚第3步兵师正在进攻萨拉莫阿，事实上只是佯攻。麦克阿瑟的看法与中野英光正好相反，他认为莱城的战略价值远高于萨拉莫阿，因为莱城拥有良好的港口，又适宜修建机场，一旦成为美军基地，就可以对新不列颠岛和新几内亚岛形成攻势。

8月初，美陆军第5航空队开始有计划地对莱城附近的日军机场实施压制性空袭，并对莱城所在的休恩湾海域内的日军海上运输线进行打击。根据“卡斯特”密码破译分队提供的情报，麦克阿瑟可以准确掌握日军的动向。8月中旬，麦克阿瑟得知日军在新几内亚岛韦瓦克机场集结了约200架飞机，准备争夺休恩湾海域的制空权，立即命令肯尼的陆军第5航空队出击。8月17日，美陆军第5航空队大规模空袭了莱城附近的日军机场，击毁日机约200架，夺得制空权，几乎彻底摧毁了日军在新几内亚的航空力量。

至8月下旬，盟军完成了对萨拉莫阿、莱城空降作战的准备，美军第503伞兵团和澳军第7、第9步兵师2个旅，共集中了96架C－47“空中火车”运输机。至9月初，美军飞机累计击沉日军运输舰艇约150艘，使莱城日军的补给和增援几乎断绝。9月2日，日军指挥官今村均意识到休恩半岛的严重局势，指示该地区的第18军可以在万不得已的情况下，撤出莱城、萨拉莫阿一线的守军。

9月1日至3日，美陆军第5航空队开始实施空降登陆的先期火力准备，对设在马坎姆河谷地区的日军防御工事、机场及海岸舰只进行了连续轰炸。不过，麦克阿瑟最担心的还是来自天上的日军。日本海军已经不必担心，因为除了第7舰队外，哈尔西的第3舰队也可随时提供援助，况且附近的岛屿大都为盟军所占领，只有拉包尔那样的大基地才有海上增援的能力。拉包尔日军得报后果然派机来袭，一来麦克阿瑟早有防备，有战机迅速迎敌；二来天公帮忙，当时大雾弥漫，日军找不到目标，又担心遭到P－38“闪电”式战斗机的攻击，于是匆忙扔下几颗炸弹后就回去了，对盟军登陆几乎没有造成影响。

9月4日，澳军第9步兵师第1梯队7800人、第2梯队2400人，由美海军第7舰队掩护，在莱城东面约20千米、25千米两处海滩登陆，占领滩头阵地。当晚，澳军第9步兵师第2梯队和随后上岸的第3梯队的3800人，按计划迅速向莱城推进。

9月5日，为配合澳军的正面进攻，美军组织了太平洋战场上首次空降作战。美军空降部队是第503伞兵团，团长为金勒斯上校。伞兵团1700人乘坐96架C－47“空中火车”运输机，分别从新几内亚岛南莫尔兹比港的沃德机场和杰克逊机场起飞，在100余架P－38“闪电”式战斗机的护航下，于上午10点20分进入目标上空伞降。伞降时未遭到攻击，5分钟内全部着陆，95%的人员降落在预定地点。

麦克阿瑟也乘自己的座机随空降部队前往，因为他觉得参战的空降兵大都是没有实战经验的新兵，战斗中肯定会有胆怯心理，自己与空降兵同行，会给他们带来一点安慰和激励。事前，陆军第5航空队司令肯尼认为尽管日军在该地区的空中力量已微乎其微，但谁也无法保证不会遇到日军战斗机，风险太大，而且作为战区总司令并不需要亲临前线，尤其是空降战的前线，因而极力劝阻麦克阿瑟前行。但麦克阿瑟担心的不是日军战斗机，而是不要因为晕机在空降兵面前出丑，结果这两种可能都没有出现，麦克阿瑟得以清楚地看到了这次“如同时钟般准确的”空降行动。他本人也因为这一英勇的举动，获得了美国陆军航空兵特意为他颁发的空降作战勋章。

这是太平洋战场上第一次成功的空降作战行动，它消除了盟军高层在西西里岛空降失利后对空降作战的怀疑，再次证明了空降作战的价值。美国陆军地面部队总司令莱斯利·麦克奈尔[1]随后又组织了空降演习，根据演习的实际效果，麦克奈尔改变了原先将空降作战的规模限制于营级甚至更小级别的看法，决定加大空降部队的组建和训练，尽早组建空降师参战。

美军第503伞兵团夺取了莱城西北的纳扎布机场后，澳军第7步兵师随即开始空降行动。入夜时分，从海上登陆的美军1个工兵营抵达纳扎布抢修机场，连夜修复机场设施，并展开通信分队及各种设备建设。至9月11日，C-47“空中火车”运输机共出动420架次。第503伞兵团和澳军第7步兵师着陆后，由西向东发起进攻，与澳军第9步兵师形成对日军的东西夹击态势。

这时，澳军第3师已经运动到了离纳索湾很近的布罗罗盆地，他们的后勤补给也可以得到解决了，随时可以投入战斗。今村均一直以为盟军进攻莱城只能从东面海上来，不料麦克阿瑟的两支空降部队却从莱城背后发起了进攻，这让他大吃一惊，不知所措。

东西两路部队的进展相当顺利，原来，日军第18军军长安达二十三早在9月6日就已意识到莱城和萨拉莫阿地区难以坚守，因而指示第51师团向新几内亚岛北海岸的马丹或西奥撤退。根据这一指示，第51师团师团长中野英光于9月10日将萨拉莫阿的部队撤至莱城。

9月13日，盟军占领萨拉莫阿，并于9月15日开始进攻莱城。

莱城眼看守不住了，东西两面的路也被堵死，南面肯定去不得，日军只好向北逃。北面是休恩半岛的萨拉瓦开特山，海拔3000米，又是一座“魔鬼山”，日军本来就缺粮少药，为了翻过这座山逃到西奥，9000人又折损了2000多人。

9月16日，盟军占领莱城，两路盟军在莱城胜利会师。至此，盟军打开了进军巴布亚的门户。

---

① 莱斯利·麦克奈尔（1883—1944）：美国陆军上将（追晋）。第二次世界大战期间，任美国陆军集团军群司令，在法国诺曼底视察时被美军飞机炸死。

事实证明，日军新建立的防线并非坚不可摧，只要坚定信心，大胆展开反击，就一定能在很短的时间内打开一个缺口。

根据“车轮计划”，战事本可就此告一段落，但麦克阿瑟接连打了几次胜仗，心气正盛，打算一鼓作气拿下休恩半岛，主要目标是半岛东端的芬什哈芬港口。为此，他提前发动了“硬币行动”。

日军在芬什哈芬地区的部队为陆军第80、第283步兵联队和海军第81警备队，共约4000人，由山田荣三陆军少将指挥。山田判断盟军会从陆路进攻，于是将主力部署在芬什哈芬的南面和西南，在安徒角只有一个步兵中队，有100多人。

9月22日，澳军第9步兵师派出1个旅，从海上绕到芬什哈芬的北面，在防守最薄弱的地方登陆，打了日军一个措手不及。山田荣三得知澳军登陆后，立即投入主力组织反击。澳军遭到了逐渐增强的阻击，进展缓慢，直到10月2日才攻占芬什哈芬。日军残部向西奥撤逃。

闻讯前来增援的西奥日军第20师团主力1.2万人，与芬什哈芬的败军合兵一处，分两路开始反击，一路从正面进攻，一路在安徒角附近进行反登陆。日军的反击一度得手，但澳军第9步兵师是经历过北非战役的精锐部队，具有相当丰富的作战经验，在顶住日军反击后逐渐稳住了阵脚。日军因补给困难，无法进行持久战，11月26日，他们终于撑不下去了，只得撤回西奥。

不甘心失败的今村均，命令西奥的第51师团及从芬什哈芬败退的第20师团残部全部西撤，在马丹地区与主力会合，准备发起更大规模的反击。这时，“卡斯特”密码破译分队再次发挥了它的独特作用，使麦克阿瑟及时获悉了日军这一企图。美军通过空中侦察，发现在西奥与马丹之间一个名叫赛多尔的海滨小镇，此处的日军防御非常薄弱。麦克阿瑟决定在这里实施登陆，切断日军西奥和马丹之间的交通线，从而阻止东西两翼的日军会合。日军第20师团从马丹前往增援，遭到重创，于12月19日向西奥地区撤退；第51师团原来的退路在赛多尔被截断，只好向西一头钻进山区丛林，向马丹撤逃。由于本来就是疲惫之师，饥病交迫，又缺医少药，日军第51师团逃到马丹后，2万人只剩下1万余人。

第八章　南太平洋大转折

“蛙跳战术”，向西横扫

当麦克阿瑟对莱城采取行动的时候，1943 年 8 月，在加拿大魁北克举行的代号为“四分仪”的会议上，盟军联合参谋部批准了尼米兹的中太平洋作战计划，而对麦克阿瑟提出的 1944 年年初攻占拉包尔的计划则进行了更改，即“车轮计划”的最后目标不是拉包尔，而是新不列颠岛南部和布干维尔岛，对拉包尔只围而不打。

麦克阿瑟对于这一决定很不满意。现在从休恩湾到布纳，再从布纳到莱城，位于新几内亚南部的整个休恩半岛，都已经成为他牢牢控制的基地，就这样眼睁睁看着拉包尔而不打，他很不甘心。

10 月 12 日，陆军第 5 航空队出动 349 架飞机，对拉包尔基地的机场、港口、仓库、露天给养堆等重要设施，发起了最大的一次空袭，共摧毁、击落日军飞机 176 架，击沉、击伤日军舰艇 119 艘，使日军在这一战场的空中力量彻底瘫痪了。这既是对哈尔西在布干维尔岛的行动进行支援，也解了他的心头之恨。第二天，麦克阿瑟见到肯尼时，高兴地拍着这位得力部下的肩膀说：“真厉害，乔治！昨天你把拉包尔日军的筋骨全抽光了吧!”肯尼望着他，得意地笑道：“将军很快就有机会挥师西进了。”

11 月 1 日，哈尔西指挥的右翼南太平洋部队顺利地在日军意想不到的地点——奥古斯塔皇后湾登上布干维尔岛，并建立了坚固的环形防御阵地，一举切断了日军通往拉包尔的重要补给线。日军试图从海上支援，从特鲁克基地调去了大批飞机和舰船，结果被哈尔西的第 3 舰队打得一败涂地。至 12 月下旬，登岛的 4 万多美军已牢牢控制了该岛西海岸。

与此同时，麦克阿瑟也在为进军新不列颠岛南部做准备，并指定由美国海军陆战队第 1 师和第 112 骑兵团来实施新不列颠岛登陆。澳大利亚部队则继续在新几内亚作战，向马丹方向展开攻势。

同年 12 月，同盟国首脑会议在德黑兰召开，“三巨头”罗斯福、丘吉尔和斯大林坐在一起研究全球战略。他们就太平洋战场达成了一致意见，在太平洋战区要双管齐下，会合点定在吕宋－台湾地区。他们的高参和顾问还就具体作战目标和时间进行了商讨。最后确定的 1944 年作战计划是：

斯大林（左）、罗斯福（中）、丘吉尔在德黑兰

3 月攻下新爱尔兰岛西北端的卡维恩，4 月攻下阿德默勒尔蒂群岛的马努斯岛。同时，麦克阿瑟要沿新几内亚北海岸继续向西推进：2 月

攻汉萨湾，6 月攻洪堡湾，8 月攻新几内亚西端的福格尔角。在中太平洋，尼米兹的作战目标和时间安排是：1 月占领马绍尔群岛，5 月攻占波纳佩岛，7 月攻占特鲁克群岛，10 月攻占马里亚纳群岛。

这个计划忽略了麦克阿瑟最关心的菲律宾，而且攻打拉包尔也不是那么迫切了。陆军参谋长马歇尔担心麦克阿瑟闹情绪，开完会回国时，他特意绕道去南太平洋找麦克阿瑟座谈。马歇尔飞到莫尔兹比港时，麦克阿瑟正在古迪纳夫岛，克鲁格的第 6 集团军司令部就设在这里。按礼节，他应该回莫尔兹比港迎接马歇尔，但他只委托肯尼负责接待并汇报工作。马歇尔不得不亲自飞往古迪纳夫岛，在那里与他会面。麦克阿瑟没有向马歇尔汇报工作，而是一开始就讨论全球战略和太平洋战局。他发现，马歇尔并不像他所想象的那样不理解他的太平洋计划，于是，会谈很快就洋溢着一种非常坦率的气氛。这是他们在太平洋战争期间第一次开诚布公的商谈。

马歇尔表示，虽然麦克阿瑟目前的主要目标是新不列颠岛南部和布干维尔岛，但并不意味着西南太平洋战区的作战行动将停止在新不列颠岛，麦克阿瑟重返菲律宾的可能性依然存在。而且，在通往日本东京的征途中尚未确定下一块踏脚石应在哪里，最后的决定将取决于麦克阿瑟北上新几内亚的前进速度。麦克阿瑟不理解为什么至今还有那么多人仅仅把太平洋战场当成辅战场，作战计划变来变去，并一直抱怨人员和给养不足等。马歇尔表示他已经做出了很多努力，但他代表不了海军作战部，暗示是海军作战部的金上将从中作梗。其实，麦克阿瑟对此心知肚明，他对马歇尔说："我认为在争取胜利的时候，允许各兵种间的相互倾轧，或达到某些私人的野心，实在是不可思议的事。"他表示不应该如此纵容各军种间的对立。

海军的战略是从马里亚纳群岛直捣台湾。金上将希望能放弃菲律宾，除非能在吕宋北部占领足够的场地，建立一个机场用于帮助他进攻台湾。这是海军陆战队无须陆军的帮助就可能完成的任务，但麦克阿瑟的跨海作战却一刻也离不开海军。金上将在解放菲律宾的重要性方面与麦克阿瑟的意见相左。马歇尔安慰麦克阿瑟说，参谋长联席会议还没有就从哪条路线进攻东京做出最后的决定。

1943 年年底，澳军已经逼近休恩半岛北岸。尽管数月前参谋长联席会议已指示拉包尔不再是麦克阿瑟“车轮计划”的进攻目标，但他一直对拉包尔念念不忘。他得到的最新指示是：“利用飞机和舰艇运载部队沿新几内亚北岸逐步前进，向西到鸟头半岛（现称极乐鸟半岛）为止。”所以，他觉得他这个西南太平洋战区司令官只是华盛顿的一个傀儡，他始终认为，“远离华盛顿 1 万英里的指挥官应有权决定作战，华盛顿的职责是挑选一名出色的将军，给他提供作战手段和资金，并支持他打赢战争，同时使战争尽快结束，以节省资金，减少人员伤亡”。为此，他生了很长一段时间的闷气。

1944 年元旦刚过，麦克阿瑟决定将进攻的矛头对准菲律宾方向来一个急转弯：由原来的向北运动转为向西进军。他把这条线路标示在各级司令部的作战地图上——由新几内亚的东南部沿海岸一直西进，以跃进的方式纵贯新几内亚岛，夺取新几内亚西北部的鸟头半岛，再直取菲律宾。

1 月 2 日，麦克阿瑟派美军第 32 师 3000 人，在休恩半岛西边约 160 千米处的赛多尔登陆并发动了一场包抄撤退日军的军事行动。但狡猾的日军指挥官中野英光在盟军的钳子夹紧之前，率部向南绕过赛多尔，然后转向逃往马丹。

1 月 15 日，澳军占领了海滨小城西奥，在海滩上搜索到一个被匆忙埋起来的装满日军密码本的箱子。“卡斯特”密码破译分队确认了它的价值后，随即上报战略情报局（中央情报局前身）。这是一个不小的意外收获。

1 月 26 日是麦克阿瑟的 64 岁生日，这一天他视察了艾克尔伯格位于罗克汉普顿的第 1 军司令部。他的突然造访让艾克尔伯格有点不知所措。午餐时，麦克阿瑟情绪高昂，当众重申了他的进军路线，坚持要开辟一条通向菲律宾的反攻之路。

2 月 15 日，哈尔西的部队占领了无人防守的格林岛，并在那里修建了简易机场，使陆上起飞的飞机距离拉包尔不到 185 千米，距离卡维恩岛 350 千米。到 1944 年 3 月，夺取布干维尔岛也胜局已定。这也就是说，“车轮计划”从 1943 年 6 月正式开始实施，到 1944 年 3 月已经达到了预期目标——孤立拉包尔。“车轮计划”的寓意是麦克阿瑟和哈尔西兵分两路的夺岛行动，就像战车的两个轮子奔驰一样，迅速扫清通往拉包尔的障碍。那么，顺理成章的，接下来应该是攻打日军在南太平洋最重要的基地，也是最大的一颗钉子——拉包尔了。这是“车轮计划”的最终目标。

现在既然不打拉包尔了，那下一个目标是哪里呢？麦克阿瑟感兴趣的是阿德默勒尔蒂群岛的马努斯岛。

阿德默勒尔蒂群岛是俾斯麦群岛的一部分，位于新几内亚岛东北海洋中，拉包尔的正北面。马努斯岛是群岛中最大的一个岛屿。美军若能控制这个群岛，就能彻底封锁拉包尔，使拉包尔的日军插翅难逃。

美国海军五星上将　欧内斯特·约瑟夫·金

麦克阿瑟早就有意夺取阿德默勒尔蒂群岛，只是当时还必须仰仗海军作战部部长金上将和太平洋舰队司令尼米兹，没有海军的支援，他显然没法打仗。但每次他向金上将和尼米兹提起拉包尔，他们就头痛不已。为此，麦克阿瑟提出了“蛙跳战术”，即通过空中和海上的快速跳进，绕过日军重兵守备的地区，攻击日军防御薄弱之处，占领对美军推进有重要意义的岛屿。用他的话来说，就是“让葡萄在枝条上自行枯萎”。日军的拉包尔基地在一天天地被削弱，这个曾经坚固的据点，现在已越来越软弱无力，到了濒临灭绝的地步。越过拉包尔恐怕是麦克阿瑟的第一跳，只不过拉包尔并不是小岛。现在，麦克阿瑟有了自己可以指挥的舰队，有了一支战斗力越来越强的航空队，自己就能解决。

麦克阿瑟和他的参谋们从 2 月初就开始谋划，准备在 4 月 1 日行动。当时离马努斯岛最近的日军重要基地，是位于新爱尔兰岛西北角的卡维恩岛。美国参谋长联席会议修改的计划是要求哈尔西与麦克阿瑟联合出兵攻占卡维恩岛，以掩护主攻马努斯岛的行动。但麦克阿瑟已经等不及了，准备在 2 月底就开始实施自己年初拟订的计划。不过，他很快就遇到了麻烦。

作为同盟国的一员，澳军有至少 3 个主力师在麦克阿瑟麾下效力，但在 1943 年 12 月召开同盟国首脑会议的时候，正在美国访问的澳大利总理柯廷没有收到出席会议的邀请，他对英、美两个大国如此骄横傲慢十分反感，所以他回到悉尼后，想从麦克阿瑟那里撤回他的军队。麦克阿瑟本来人手就不够，若一下子被撤走 3 个师，这仗就没法打了。他不得不去拜访柯廷，帮他顺顺气。

柯廷的工作虽然做通了，但因时间紧迫，麦克阿瑟只能集结一支 1000 多人的部队，执行原打算由 9000 人去攻占洛斯内格罗斯岛的任务。这是一个很冒险的行动。他为什么这么着急去冒险呢？一切都是因为形势逼人。阿德默勒尔蒂群岛对麦克阿瑟来说还算是近水楼台，但过一阵子就不好说了。海军比原计划提前两个月攻占了埃尼威托克岛，等哪天尼米兹腾出手来，把阿德默勒尔蒂群岛也一并打下，那麦克阿瑟就悔之晚矣。为了赶上尼米兹，避免西南太平洋地区成为这场战争中的一

麦克阿瑟（左）与约翰·柯廷会谈

潭死水，麦克阿瑟急于要露一手，不仅只用小部队去打，而且他还要亲自上阵督战。

就这样，这个西南太平洋战区盟军司令带着1000余人出发了。他坐镇第7舰队的旗舰“菲尼克斯”号轻型巡洋舰，天上有陆军第5航空队的战机护航。不过，一旦发生意外，不仅他本人将贻笑大方，毁了一个将军的声誉，而且对美国陆军甚至整个太平洋战区都是一个无法弥补的损失。当然，他的勇气和果决是一个军人值得赞赏的地方。

日军在洛斯内格罗斯岛的防御比较薄弱，由于拉包尔的形势越来越严峻，日军估计到盟军会进攻此处，急忙将岛上的兵力增加到4000人。就在日军忙着抢建防御工事之时，美军前来进攻了。

2月13日，克鲁格和他的“白杨树”部队开始进攻马努斯岛。肯尼的陆军第5航空队首先对马努斯岛及附近的洛斯内格罗斯岛进行炮火准备。攻打洛斯内格罗斯岛的任务交给了精锐之师——美军第1骑兵师。该师在过去屡立战功，声名显赫，现属于克鲁格的第6集团军。

2 月 23 日晚上，美军侦察机提供的一份报告表明，“日军可能已把部队从洛斯内格罗斯岛撤回马努斯岛”。接着，美军又连续进行了 3 天的侦察，发现机场已被废弃，那里没有高射炮，也没有人迹。肯尼认为“洛斯内格罗斯是一只熟透待摘的苹果”。麦克阿瑟认为，如能不用尼米兹的航空母舰支援，提前通过偷袭把日军眼皮底下的洛斯内格罗斯岛攻下来，就能有效地把公众的注意力从中太平洋转到他负责的西南太平洋战区来。经过一番考虑后，他决定让第 1 骑兵师派小股部队登陆。

几天后，克鲁格派出的潜到岛上的侦察兵报告说，岛上的日军像“蚂蚁一样多”。这时，第 1 骑兵师的作战准备工作已经完成。几个参谋都说“这是一场牌全在敌人手中的军事赌博”，但麦克阿瑟语气坚定地表示：“我打赌，如果我运气非常好的话，我下 10 元赌注可以赢回 100 元。”他随即下达作战命令。

2 月 29 日，约 1000 名美军顺利登陆，很快建起了防御阵地。岛上的 4000 多名日军并没有撤走，他们进行了疯狂的反扑。但面对美军第 1 骑兵师这个凶悍强劲的对手，日军的第一次反扑被粉碎了。

实际上，麦克阿瑟并非盲目冒进，他早已做好了两手准备，如果情况不妙，登陆不顺利，就把这次行动当作一次火力侦察，大不了就撤退；如果登陆顺利，站得稳脚跟，就立即把火炮、坦克运上来，将火力侦察升级为正式登陆作战。现在明显属于后一种情况，麦克阿瑟决定和金凯德亲临前线，充当一线指挥员。肯尼劝阻说：“将军在部队中太突出、太显眼了，日军的狙击手很可能会向你射击。”麦克阿瑟笑道：“我参军这么多年以来，一直都冒着挨枪子儿的危险。在适当的时候，我会继续冒这样的风险。”

当天下午，麦克阿瑟和金凯德等人乘“菲尼克斯”号轻型巡洋舰上岛。其时大雨滂沱，海面风急浪高，滩头上枪声不断。第 1 骑兵师的一个上尉军官见到两位将军时吓了一跳，他担心麦克阿瑟的安全，想让他回到舰上去。“将军，请原谅，”他指着附近的一片丛林说，“几分钟前我们在那里打死了一个日军狙击手。”麦克阿瑟戏谑说：“很好，上尉，这是对付他们的最好办法。”说完他转身走向莫莫特机场。

1944 年 2 月 28 日，在轰炸洛斯内格罗斯岛的战斗中，盟军将领托马斯·金凯德和道格拉斯·麦克阿瑟将军在“菲尼克斯”号旗舰的指挥台上

在近 1000 米长的莫莫特机场跑道上，麦克阿瑟见到了一线指挥官威廉·蔡斯将军，他对蔡斯说：“无论出现什么复杂局面，你都要保住已占领的阵地。你已咬住了它，不要松口。”蔡斯将军望着“浑身湿透，上下都是污泥，冷得直发抖”的麦克阿瑟，一时不知该如何回答，显得既紧张又激动。上岸 90 分钟以后，麦克阿瑟视察完了机场，不停地对蔡斯指点着附近的地形，确定防守的阵地，而且目睹了在自己身边发生的战斗。等麦克阿瑟重新回到“菲尼克斯”号巡洋舰上后，蔡斯才长长地舒了口气。

这时，日军又出动大部分兵力全力进行反击，美军顽强抵抗，不久，大批增援部队上来了，甚至坦克部队也上来了，日军只得退守。经过 7 天的激战，登陆美军全歼了岛上日军，占领了全岛和莫莫特机场。随后，克鲁格的另一支部队在扫清锡阿德勒湾的水雷后，也登上了马努斯岛，占领了主要目标——机场。

到3月底，美军占领了整个阿德默勒尔蒂群岛，其中包括重要的锡阿德勒港。锡阿德勒港长约27千米，宽约7千米，港阔水深，与莫莫特机场相配，可谓绝佳的海空基地。麦克阿瑟计划把锡阿德勒港修复，作为哈尔西的海军舰队基地。

麦克阿瑟在阿德默勒尔蒂群岛的胜利，奇迹般地缩短了“车轮计划”的时间。从此，拉包尔对日军不仅失去了作用，还成了累赘，能逃的海军和航空兵都逃了，剩下的几万陆军成了瓮中之鳖，所幸美军还有更重要的事情要做，懒得去理会他们。

3月中旬，美国参谋长联席会议采纳了哈尔西原来的建议，绕过卡维恩岛，去夺取无人防守的埃米劳岛。哈尔西在3月20日轻而易举地完成了这个任务。一周后，日军放弃了布干维尔岛，从而结束了长达一年半之久的所罗门战役。

拉包尔就此丢开了，澳军在新几内亚进逼马丹，麦克阿瑟将沿着新几内亚岛的北海岸向西横扫过去，目标为印度尼西亚、菲律宾。

全力反攻，新几内亚会战

到1944年3月，南太平洋的一些主要岛屿先后为盟军所夺取。哈尔西在右翼一直推进到了布干维尔岛及其西北的格林群岛。麦克阿瑟在左翼则沿着巴布亚半岛的北岸接连攻克了布纳、戈纳、莱城、萨拉莫阿、芬什哈芬，控制了整个休恩半岛，继而又攻占了阿德默勒尔蒂群岛的主岛马努斯岛和洛斯内格罗斯岛。尼米兹的部队也正向中太平洋推进，在吉尔伯特群岛开始了反攻。麦克阿瑟将沿整个新几内亚北海岸向福格尔角推进。他回到布里斯班后的第二天，哈尔西专程赶来与他讨论战略问题。

金上将和尼米兹作为美国海军两位最重要的领导，尤其是金上将，习惯于把太平洋看成是海军的地盘，一心想把马努斯岛的港口和机场转到尼米兹的战区。麦克阿瑟告诉哈尔西，马努斯岛是他的，而且他不打算放弃。两人就这一问题展开了激烈的争论。

麦克阿瑟曾下令，只有金凯德的第 7 舰队和一些预定将在几个星期后到达西南太平洋战区的英国皇家海军的船只，才能使用锡阿德勒港。哈尔西首先把他这个不合理的命令批评了一通，并抗议说："你将阻碍为战争做出的努力!" 麦克阿瑟气得一时哑口无言。其实，他只是不希望把锡阿德勒港划出自己的战区，只要哈尔西还在他的战区作战，第 3 舰队完全可以使用这一港口。

他们争论的另一个问题是未来一段时间在太平洋战场上的主攻方向。南太平洋一系列夺岛战役胜利后，下一步剑指何方，在美军内部发生了激烈的争论。倘若把南太平洋和西南太平洋战区降到次攻地位，哈尔西倒无所谓，他原本就是金上将和尼米兹的人，留在这里本来就是来帮忙的，迟早要回去。但麦克阿瑟则不同，因为这样他就只能当配角了，他心里很不是滋味。

表面上看是进攻路线之争，实际上却反映了美国陆海军之间的深刻矛盾，因为如果从西南太平洋发起攻击，将主要依靠陆军实施地面进攻，海军只不过承担保护海上运输、以海空火力支援地面作战，并掩护陆军近海侧翼的次要任务。而从中太平洋展开进攻，关键在于掌握制空权与制海权，这样一来，海军的航母编队将是绝对的主力。金上将和尼米兹坚决主张从中路向日军进行反击，海军最大的对手是日本联合舰队，只要打垮它并占领它所依赖的加罗林群岛和马里亚纳群岛等岛上基地，就可以直逼日本本土。对海军来讲，这是最快捷的途径。而麦克阿瑟主张先绕向西再向北，即经新几内亚和菲律宾的"一号进兵"路线。为此，他不惜与他的上司、友军，甚至总统大打口水仗，撕破脸皮也在所不惜。究其原因，一是考虑到要发挥陆军的强项，并让他当主角；二是他的菲律宾情结。当年他在日军的强大攻势下逃出菲律宾，这是他永远的耻辱和挥之不去的心结，况且那里至今还囚禁着成千上万的美军战俘和 1700 万菲律宾人。不拿下菲律宾，他将无法实现自己离开菲律宾时说过的"我还要回来"的誓言。

这个争论已不是一天两天的事。麦克阿瑟最终在尼米兹实施"电流

第二次世界大战太平洋战区盟军总司令切斯特·尼米兹

计划”受挫一事中找到了反击海军的证据。海军在塔拉瓦一战（由太平洋舰队第 5 舰队主攻）虽然打了胜仗，但伤亡太大，代价沉重，给海军带来了不小的负面影响，以至于在 1944 年 1 月召开的珍珠港军事会议上，不但麦克阿瑟的代表要求尼米兹在马绍尔群岛战役结束后，放弃中太平洋中路的进攻计划，与麦克阿瑟合力沿新几内亚岛的北岸向西推进，目标指向印度尼西亚和菲律宾，而且尼米兹的幕僚也赞同这一计划。尼米兹无奈，只得有条件地同意麦克阿瑟的要求。

但接下来，海军在马绍尔群岛战役和空袭特鲁克中取得了完胜。尼米兹在其参谋班子的怂恿下，否定了之前与麦克阿瑟的约定，准备向马里亚纳群岛挺进。麦克阿瑟空欢喜一场，很不服气，便告到罗斯福总统那里去了。海军出身的罗斯福自然知道盟军要从太平洋中路反击日军，必然是海军当主角，但他又不想让麦克阿瑟难堪，也不想打击斗志正旺的陆军的积极性，所以美国参谋长联席会议最后确立了一个折中方案，那就是分中、西两路，同时向北推进。当然，麦克阿瑟在向西推进时，仍需要尼米兹的舰队提供支援。

麦克阿瑟虽然一时争不到主角，但也不能老闹情绪。军人要靠战绩来获得荣誉。他立刻确定了一个新的进攻目标，那就是位于新几内亚北部海岸的汉萨湾，这个地方离美、澳盟军最西面的部队约 320 千米。但就在麦克阿瑟准备动手的时候，日军也猜测到麦克阿瑟试图进攻汉萨湾，占领那里的港口，于是向汉萨湾增派了第 18 军 2 个师团以上的兵力，加上原有驻岛部队，守军人数超过 4 万人；而且那里沟壕遍野，日军装备精良。

麦克阿瑟通过各种情报分析敌情，最终决定仍沿用蛙跳战术，打不赢的地方就暂时不打。麦克阿瑟的这一跳，不得不把视线放得远一点——攻打离他的先头部队有 800 千米之遥的霍兰迪亚（今为查亚普拉）。

霍兰迪亚是日军新构筑的一条防线，位于汉萨湾 - 韦瓦克的西面，也有天然良港和机场。而且，日军计划在这道防线上加紧修建新机场，扩建港口，并将增兵 3 ~ 4 个师团，摆出一副要把此地变成第二个拉包尔的架势。不过，这个计划只是刚开始准备实施，眼下这条防线上的日军只有 1.2 万人。

麦克阿瑟的疯狂想法让他的参谋们大吃一惊，也把他手下的三军司令吓了一跳。肯尼第一个站出来反对：“霍兰迪亚距离实在太远，它已经超出了美国战斗机的作战半径，就算从莫尔兹比港起飞的 B - 25 轰炸机能飞越 900 千米去轰炸霍兰迪亚，也没有足够的 P - 38 战斗机掩护。”

麦克阿瑟不动声色地说：“日军也会做这道算术题，只要他们算错了，我们就有更大的机会和把握。”他想，日军不会料到盟军会马上攻打霍兰迪亚，因为盟军还不具备这个条件。只有出其不意才是上策。

但不管怎样，这对盟军来说依然是一次很冒险的行动。一是路途远，超出了航空部队轰炸机的活动范围，即使能用上目前最先进的B－29“超级空中堡垒”轰炸机，提供援助也会有很大的困难；二是海上支援力量不够，仅靠第7舰队护航根本不行，尤其是没有航母编队，舰队的助攻力量及后勤保障必然大受限制。麦克阿瑟知道，一旦战斗打响，自己要对付的可能是日军整整一个军。为了实施这个计划，他不得不放下架子，把尼米兹请到布里斯班。应该说他和尼米兹的私人关系还不是特别糟糕，所以，一向比较大度的尼米兹还是买了他的面子。

尼米兹觉得麦克阿瑟敢想敢为，雷厉风行。麦克阿瑟之所以急于行动，是想赶在日军在霍兰迪亚建立起防线之前一举将它端掉，粉碎日军在这一线的防御计划，并切断第18军的退路，把它围困在进攻马丹的澳军和在霍兰迪亚的美军之间。这对海军和陆军都十分有利。但要长途奔袭，吃掉一个军，困难程度可想而知。尼米兹自然能理解麦克阿瑟的难处，关键时刻又怎能不伸出援手呢？

麦克阿瑟的计划得到了美国参谋长联席会议的批准，但他想让尼米兹的第5舰队予以支援的请求却没有得到批准。尼米兹再大方，也不可能把自己的两支主力舰队同时借给他，更何况第5舰队正重任在肩。不过，哈尔西的第3舰队已经夺取了卡维恩西北的埃米劳岛，卡维恩已不足为虑。所以，尼米兹在3月25日来到布里斯班与麦克阿瑟会晤时，又一次有条件地答应了麦克阿瑟的部分要求：他的12艘快速航空母舰将于3月末攻击帕劳群岛，然后返回马绍尔群岛补充给养，再驶往霍兰迪亚参加战斗。他将给金凯德8艘轻型航空母舰提供近距离空中支援。时间也定了下来，4月15日双方协同出兵霍兰迪亚，4月22日发起总攻。待打下霍兰迪亚，尼米兹再回到中路，开始他的马里亚纳群岛战役，时间初步定在6月15日。同时，他们还讨论了陆海军如何在其他军事行动中协同作战的问题。双方对会晤的结果都比较满意。

麦克阿瑟计划用艾克尔伯格第1军的2个师，作为第6集团军司令部下辖的特遣部队开始行动，其中，美第24师将在塔纳默拉湾登陆，

1944 年，麦克阿瑟和尼米兹在布里斯班讨论太平洋作战计划

第 41 师则在相距 30 多千米的洪堡湾登陆。

4 月 8 日，肯尼的空中侦察兵带着一些照片返回，照片上显示塔纳默拉湾的登陆滩头实际上是一片沼泽地，可能无法通过，第 24 师将会遇到一些麻烦。为了不影响海军的作战时间，艾克尔伯格坚持按既定计划进行，不管遇到什么困难都不得改变。

从 3 月 25 日到 4 月 22 日接近一个月的时间里，尼米兹也遵守诺言，他的第 58 特混编队在斯普鲁恩斯的指挥下，按计划袭击了帕劳群岛和加罗林群岛，击毁 160 架日机，几乎击沉、击伤停在锚地的全部敌舰，解除了这一方向的威胁。

麦克阿瑟得到尼米兹的有力援助后自然要好好表现一番，随着进攻日期的临近，总司令部开始着手采取一些欺骗日军的行动，使出了漂亮的几招：

第一招，以泄露假情报，投放照明弹、降落伞，在海滩上遗弃橡皮艇等手段，制造准备在汉萨湾和韦瓦克岛登陆的假象，迷惑日军。截获的电报表明，欺骗活动进行得很成功。

第二招，让肯尼的陆军航空部队仅出动 B－25 中型轰炸机对以上两地进行空袭，不准飞远，绝对不许飞到艾塔佩和霍兰迪亚附近去。这样一来可以加强美军准备在这两个地方登陆的迹象，二来让日军产生美军飞机没有远程空袭的能力，从而对上述两处加强防御，以达到瞒天过海、声东击西的效果。

事实上，肯尼的陆军航空部队在两年中已有了质的飞跃，不仅拥有 B－17、B－25 轰炸机，还有新式的 P－38“闪电”式战斗机，入役不久的 B－29 超级重型轰炸机也可用上。肯尼装模作样几天后，突然出动 65 架重型轰炸机、171 架中型和轻型轰炸机，在 75 架 P－38“闪电”式战斗机的护航下，对霍兰迪亚进行了连续 3 次大规模的轰炸，一举摧毁了霍兰迪亚的日军空军基地和三四百架飞机。

麦克阿瑟对登陆的地点也进行了仔细遴选，预定的地点有三处：第一个是艾塔佩，位于霍兰迪亚和韦瓦克岛的中点，登陆部队可以在此处构筑工事，阻截韦瓦克岛方面的援军；另外两个是塔纳默拉湾和洪堡湾，位于霍兰迪亚的两侧，在这两处登陆的部队将两路并进，夺取霍兰迪亚。

4 月 19 日，金凯德的第 7 舰队加上从尼米兹那里借来的 8 艘轻型航空母舰组成了一支庞大的特混编队，从新几内亚西部的马努斯和芬什哈芬出发，十分招摇地向北驶去。麦克阿瑟在金凯德的旗舰“纳什维尔”号轻型巡洋舰上，艾克尔伯格在丹尼尔·巴比海军少将（第 7 两栖部队指挥官）的指挥舰“斯旺森”号驱逐舰上建立了指挥所。克鲁格则在“威克斯”号驱逐舰上，行驶在护航舰队前面。110 艘运输舰船运载着 5 万人的登陆部队，总司令和三军司令都在队列中，一看这阵势就是倾巢出动，但日军一时还无法判断麦克阿瑟的真正意图。

新几内亚西部的北面有什么攻击目标呢，难道还是拉包尔？日军第 18 军十分迷惑，只得派侦察机跟踪。

第二天夜晚，这支庞大的特混编队在预定海域一分为三，分别掉头向西，“就像枝丫从树干上向天空伸展一样”，其触角伸向各自的目的地：一支向艾塔佩挺进，一支向塔纳默拉湾航行，一支直接向洪堡湾驶去。

天亮后，日军侦察机往北搜索，没有发现目标。这么庞大的舰队竟然一下子消失了。直到4月21日，日军侦察机才在霍兰迪亚附近海域发现一支快速航空母舰编队。这一天，这支航母编队对霍兰迪亚以西200千米处的瓦克德－萨米日本空军基地进行袭击，炸毁33架日机，然后继续驶往霍兰迪亚附近海域。

这支快速航空母舰编队是尼米兹派来的，它们从马绍尔群岛基地出发，经过几天的航行，于4月22日到达指定位置。

4月22日清晨，天气潮热。驻防艾塔佩的日军正悠然自得地做着早饭，当他们往海面望去的时候，立刻被眼前的情景吓坏了。晨雾中黑压压一片全是盟军的舰船，各种舰炮正对着他们。

摆开架势准备恶战的美军也感到十分意外：登陆舰离岸最近的不过2海里，却不见岛上的日军有什么动静。当他们继续向岸边靠近时，才响起了零零星星的枪声。美军第163团战斗群第一梯队冲上滩头后，发现日军都丢下饭碗，匆忙往茂密的山林里逃去。这次登陆就像野外郊游一样轻松。另外两个登陆点的情形大致相同。快到中午的时候，麦克阿瑟召集克鲁格、艾克尔伯格和新闻界代表乘登陆艇上了岸。他巡视一番后回到“纳什维尔”号轻型巡洋舰上，兴致勃勃地拿出冰镇巧克力、汽水来庆祝胜利。

不过，麦克阿瑟高兴之余也很困惑：就算日军还没来得及派来援兵，原来的那1万余人怎么也不见了呢？艾塔佩距日军第18军的司令部所在地韦瓦克岛只有160千米，日军怎么没有任何反应呢？对此，克鲁格丝毫不敢大意，他命令第41师登陆队员继续登陆，已登陆的部队则立即构筑防御工事，随时准备迎击日军可能发起的反攻。

登陆部队全部上岸后，克鲁格下令部队向内陆推进，去山林里清剿日军。命令一下，几千人像抓兔子一样钻进山林里寻找目标。4月26

日，美军以伤1100余人、亡150人的代价，结束了霍兰迪亚战役。

4月27日，麦克阿瑟建议艾克尔伯格再向西攻取瓦克德－萨米，以得到更多的机场供空军部队使用。尼米兹的快速航母编队已经袭击过那里，现在正是日军防守最薄弱的时候。

5月17日，艾克尔伯格出动精锐“白杨树”部队一路向西。在靠近瓦克德几十里时遇到日军的层层抵抗，越靠近瓦克德，抵抗越顽强。“白杨树”部队经过4天的战斗，最终攻下了瓦克德。美军损失40余人。占领那里的机场后，工兵部队立即开始改建跑道，以便B－29等重型轰炸机能起降。

瓦克德－萨米是日军重要的航空兵基地，也是其守军的生命线。为了重新夺回它，日军连续发动了几次反击，但都被一一击退。日军第18军几次反扑失败后，被迫再次向西撤退。

进驻瓦克德岛机场的美军重型轰炸机，能在加长的跑道上起降，空袭半径继续延伸，将可以支援尼米兹定于6月15日进行的攻打塞班岛的行动。为了加强这一地区的守卫力量，麦克阿瑟命令艾克尔伯格迅速夺取瓦克德岛对面被日军占据的马劳湾。艾克尔伯格派出美军第24师的2个团在那里登陆，歼灭岛上日军约1700人，但有近400名美军官兵在战斗中阵亡。占领海湾之后，由澳军的1个师接防。

与此同时，霍兰迪亚一带残酷的丛林战还在进行，直到数月后，局势才完全稳定下来。

这次行动的最后一役是夺取最具挑战性的比亚克岛。比亚克岛是印度尼西亚东边新几内亚西端的丛林小岛，是进入鸟头湾的门户，也靠近巴厘岛。

该岛的面积虽小，但却有1万余名日军驻守，而且不久前日军又往岛上加派了援军1500人，实际兵力达11 400人，与霍兰迪亚一带相当。该岛南面被珊瑚礁环绕，不利于登陆舰登陆，因此美军无法直接从海上攻打莫克默机场。岛上地势起伏不平，长满浓密的热带丛林，到处是蜂窝状的多层洞穴。日军修筑了很多坚固的工事，加上掩蔽的岩洞，易守难攻。

为了更有把握，克鲁格以第 41 步兵师为基础，组建了一支多兵种、人数达 2.8 万人的特遣部队。5 月 27 日晨，特遣部队第 1 梯队在机场以东约 8 千米处发起进攻。日军指挥官决定放弃水际滩头作战，进入早已准备好的坚固防御阵地。该阵地以岩洞和坑道为依托，巧妙地设置了大量碉堡、掩体和阻击点。等美军到了面前，悬崖上、躲在层层叠叠的蜂窝状洞穴里的日军一齐开火，一下子就把美军打蒙了。

美军进攻受挫，前线指挥官第 41 师师长霍勒斯·富勒立刻请海军及空军炮火支援。由于美军已有数千人登陆，怕误伤自己人，炮火不能用在岛上，海、空军便去对付前来增援的日本舰船和飞机，击沉 2 艘日军驱逐舰，击落 50 架日机，使得困在小岛中的日军无法得到援助。日军在岛上只能凭借岩洞和坑道进行最后的抵抗。富勒将疲惫的第 1 梯队换下来，派上第 2、第 3 梯队。这时，美军第 24 步兵师的 1 个团也赶到了，同时向小岛发起进攻。这样一来，一个小岛仅地面上就有 4 万多人在混战，场面惨烈而壮观。

6 月 3 日，麦克阿瑟对外宣布：比亚克之役的扫尾工作正在进行之中，“这标志着新几内亚战役的真正结束”。事实上，美、日两军尚处于胶着状态，相持不下。麦克阿瑟和克鲁格似乎不满意富勒的人海战术，而且责怪他没有按预定时间完成夺取机场的任务，冷漠无情地发电报给克鲁格要求解除富勒的职务，同时把艾克尔伯格及其参谋人员派往比亚克岛。到 6 月 28 日，形势终于有所好转，艾克尔伯格离开前，任命副师长詹姆斯·多伊担任第 41 师师长。

多伊依然沿用了富勒两面合围的人海战术，不同的只是往日军靠近莫克默机场的一个高地增派了 1 个团。日军被美军使用火焰枪从岩洞里逼了出来，不是被击毙就是投降，再坚固的工事也无法防守了。日本海军少将千田贞敏也被击毙在一个坑道里。

拿下了机场，肯尼的飞机就可以大显身手了。至于岛上那些躲在岩洞里的日军残兵则不急着去清剿，爱躲多久躲多久。事实上，日军在比亚克岛的所有抵抗直到7月底才停止。

战后，麦克阿瑟检讨自己对战场形势的判断过于乐观，甚至犯了急躁毛病，对免去富勒的职务也感到有些不公正。麦克阿瑟称赞富勒说，他在战前和战争中始终保持了“杰出的能力和敏锐的判断力”，还说富勒是个“伟大的战士”，并向他颁发了勋章。同时，他提升艾克尔伯格去指挥一个新的集团军——第8集团军。

大败日军，攻破“绝对防御”

1944年春夏，在新几内亚岛，美国海、陆两军携手由东向西一路横扫过来，取得了一系列的胜利，而且比以往的夺岛战役都要来得容易轻松。麦克阿瑟得了尼米兹一个便宜人情，现在双方又要开始各打各的算盘了。尼米兹的第5舰队想要对马里亚纳群岛动手，需要各方面的支援，也需要陆军的援助。而此时麦克阿瑟则在盘算下一步准备跳到哪里，向西是大方向，至于这一次能跳多远，还要看时机。至于尼米兹的人情，他暂时是还不上了。

麦克阿瑟和尼米兹在考量最后的行动方案，而日本联合舰队司令长官山本五十六死前对盟军的进攻方向和进度也有着比较准确的判断，他针对尼米兹意欲夺取马里亚纳群岛的图谋，制订了一个行动代号为“Z”的作战计划。这个计划准备投入日本海军全部力量，孤注一掷，在陆基航空兵的支援下，诱使尼米兹的太平洋舰队进入菲律宾海，决一雌雄。

山本五十六死后，古贺峰一①海军大将接任联合舰队司令一职。他打算继续实施山本的“Z”计划，然而，他上任不到一年，就在一次飞行中遇到风暴，步前任长官的后尘而去。陪同他的参谋长福留繁

① 古贺峰一（1885—1944）：日本海军元帅（追晋），第二次世界大战期间历任第2舰队、中国方面舰队、横须贺镇守府的长官。1943年接任联合舰队司令，后在飞机事故中遇难。

落海后，被菲律宾游击队俘虏，其随身携带的“Z”计划文件也一起被缴获。“Z”计划被送到了麦克阿瑟的手里，接着又被通报给了尼米兹。

麦克阿瑟和尼米兹对日军这份“Z”计划文件都进行了认真的分析，因为不管这个计划是否继续实施，都可以从中看出日军对盟军进攻方向的判断。山本五十六认为盟军会先取马里亚纳群岛，而古贺峰一及参谋们则判断盟军的下一个目标是帕劳群岛。帕劳群岛是太平洋进入东南亚的门户之一，古贺峰一认为届时尼米兹的航母主力舰队会开到这里，因此将决战地点改在帕劳群岛和新几内亚之间的海域。这四周都有日军岸基航空兵基地，重要岛屿上还在不断增强战斗力量。1944 年 5 月 3 日，日军大本营向新任联合舰队司令长官丰田副武[①]海军大将下达了“阿号”作战计划，作战目标是“集中我大部分决战兵力，准备在敌军主要反攻的正面，一举歼灭敌舰队，以挫败敌军的反攻企图”。由于日军把帕劳群岛当成盟军的下一个进攻目标，他们担心舰载机力量不够，于是，位于新几内亚岛西部的鸟头湾入口处的比亚克岛的地位就显得十分重要了。这也是为什么日军很重视比亚克岛防御的主要原因。

当然，这只是日军的一厢情愿。他们不知道尼米兹对西进菲律宾一向不感兴趣，而且他们的一举一动都被尼米兹预料到了，尼米兹又怎么可能把他的主力舰队乖乖送去让他们打呢？

在此期间，麦克阿瑟与尼米兹虽然有过合作，但两人之间的意见分歧依然很大。前者仍主张先发起以新几内亚－哈马黑拉岛－棉兰老岛为轴心的战役，进而解放菲律宾；后者则主张先夺取马里亚纳群岛的几个关键岛屿和棉兰老岛的空军基地，孤立吕宋，再进攻中国沿海，进而打击日本本土以缩短战争进程。由于受到欧洲战场诺曼底登陆成功的鼓

---

① 丰田副武（1885—1957）：日本海军大将，参加过侵华战争，之后历任吴镇府司令和横须贺镇守府司令、海军省军务局局长、联合舰队司令、军令部总长。指挥过马里亚纳海战、莱特湾海战、冲绳岛战役，皆失利。

舞，在美国参谋长联席会议上，绝大部分人支持尼米兹的计划：通过直接进攻中国沿海甚至是日本南部本土来加快战争进程，无须先进占菲律宾。

麦克阿瑟得知美国参谋长联席会议的决议后，既气愤又着急。他对那些高参“放弃”菲律宾感到十分不满，写信质问马歇尔，并提出辞职。马歇尔和史汀生给他的解释是：“进军菲律宾并不是打败日本的关键，而且是一条很漫长的路……在菲律宾群岛中，我们不得不以战斗来开路，这比抄近路要用多得多的时间。”马歇尔在复函中劝诫他：“我们的一致目标是早日打败日本，可我觉得你把自己的个人感情和对菲律宾政治事务的考虑置于这个大目标之上了，而且你混淆了‘绕过’和‘放弃’这两个词的含义。将军，我们必须注意不要让我们个人的感情和对菲律宾的政治考虑破坏了我们的远大目标。”此外，他们还将麦克阿瑟西进的最后目标暂时定在鸟头岛。

这时，尼米兹已经做好了攻占马里亚纳群岛的一切准备，除了预定6月中旬进攻塞班岛外，还将进一步向关岛方向推进。麦克阿瑟比尼米兹落后了，一阵阵紧迫感袭上心头，他寝食不安，日夜奔忙，一面火急火燎地完成参谋长联席会议交付的任务——攻占鸟头岛，一面拟订自己的作战计划，即所谓的“火枪手”计划，并打算亲自把它送到马歇尔手中。

当然，眼下最要紧的还是要攻占鸟头岛。

鸟头岛位于比亚克海湾内，而比亚克北面与帕劳群岛遥遥相望，帕劳群岛西北就是菲律宾。但按计划，麦克阿瑟要止步于鸟头岛。

6月上旬美军虽然占领了莫克默机场，并在另外几个地方抢修机场，但岛上日军还有几千人没有被肃清，而且日本第18军和丰田副武的联合舰队还在不断地向这里增援，因为丰田副武还想着他的“阿号”作战计划。

不过，此时日本联合舰队实力已大不如前，能参战的航母不过9艘，而且在与太平洋舰队的不断较量中，航空兵损失严重且兵员补充不继，各航空战队都有很多队员缺乏训练和配合，也没有实战经验，而舰队所依赖的岸基航空基地也被盟军陆续夺取。相比之下，美国海军仅尼米兹的太平洋舰队就拥有航母 15 艘，使用的战斗机是性能大大超过日军零式战斗机的 P－38、P－39 和新型 P－61 等，轰炸机从 B－17、B－24 到 B－29 也一代比一代强悍。仅从这一点来讲，日军要实现“阿号”计划，除非把中途岛之战的角色反串一下，否则不可能出现什么奇迹。

但对丰田副武来说，无论成败他都必须全力以赴。盟军登陆比亚克岛，对“阿号”计划构成了直接威胁。丰田副武认为，只要把比亚克岛紧紧捏在手里，就能把美国太平洋舰队引到这个海域，哪怕是全部“玉碎”也在所不惜。此时日军可以提供支援的基地，北面有帕劳群岛、塔威塔威岛、棉兰老岛等，南面除了几个被丢弃的岛屿外，恐怕只有鸟头岛了。

麦克阿瑟虽然很早就宣布盟军已占领比亚克，但他心里也很清楚，日军极有可能从菲律宾南下增援比亚克，所以他在向鸟头岛发动攻势时，又命令第 7 舰队的潜艇频繁在比亚克以北广大海域的重要出入口游弋，监视日军的动向。日军最有可能向鸟头岛提供增援的是塔威塔威基地和棉兰老岛的达沃基地。塔威塔威群岛是菲律宾西南部苏禄群岛的一个岛群，介于加里曼丹岛和塔普尔群岛之间，共有 150 多个岛屿，以塔威塔威岛为最大。

比亚克岛被围后，日本海军制订了一个代号为“浑”的计划。第一次从塔威塔威岛悄悄开出 13 艘军舰，运载 2500 多人的增援部队前往比亚克，不料中途被美军的潜艇发现，日军一枪未发又溜回去了。

6 月 7 日，日军一支由 6 艘驱逐舰组成的舰队从达沃港驶出，再次增援比亚克。但他们也很快被美军发现，遭到从瓦克德岛起飞的美军轰炸机的攻击，当场被炸沉 1 艘驱逐舰，其余 5 艘赶紧往回逃窜。快逃到达沃港时，美军的“座头鲸”号潜艇又击沉了 1 艘驱逐舰。

丰田副武仍不死心，为确保增援成功，他拿出了自己撑门面的武器——“大和”号和“武藏”号两艘超级战列舰（排水量比当时的航母还大），配带5艘巡洋舰、7艘驱逐舰，由小泽治三郎①海军中将率队，前呼后拥地再一次从塔威塔威群岛开出，穿越西里伯斯海前去增援比亚克。但是，这支庞大的舰队于6月10日从塔威塔威出海当天，就被美军“哈德”号潜艇发现了。麦克阿瑟的第7舰队和肯尼的陆军航空部队立刻做好了迎击准备，但等了3天也没有见到这支舰队到来。

原来，恰在此时，尼米兹的第5舰队在马里亚纳群岛的战斗打响了。日军大本营这才如梦方醒，原来美军的主要目标是马里亚纳群岛而不是帕劳群岛。从来自各方面的情报分析，丰田副武也认识到自己原来的判断是错误的。尼米兹的主力要打塞班岛，舰队决战的地点变了，丰田副武不得不采取应急措施，迅速集结他的舰队。于是，这支庞大的援军中途掉头，驶往塞班岛。

日军的舰队虽然没有来，但100多架掩护舰队的日军飞机对比亚克岛和瓦克德岛进行了突然袭击。当时，肯尼的空军重点是对付日军舰队，没想到日军的飞机不去掩护舰队，而是抢先对美军的岛上机场进行轰炸，结果美军两岛的机场上共有60架飞机被炸毁。

日军在比亚克岛也只能做到这一步了。舰队一走，飞机只能是炸完就跑。尽管金凯德的舰炮对其进行了阻击，肯尼也紧急出动战机拦截，结果还是没有拦住。但这样一来，比亚克岛和鸟头岛的日军就再也得不到援助了，真正成了瓮中之鳖。

6月15日，尼米兹在中太平洋战区如期开始了马里亚纳群岛战役。盟军共有600余艘舰只、1600余架飞机和12万余人的登陆部队参加了这场规模空前的战役。丰田副武对此不禁喜忧参半：喜的是终于逮到机会与尼米兹来一场生死较量；忧的是，他似乎毫无打败太平洋舰队的把握，胜负难料。

6月19日和20日，美国太平洋舰队和日本联合舰队在菲律宾海进

---

① 小泽治三郎（1886—1966）：日本海军中将，海军第1机动舰队司令，也是最后一任联合舰队司令。参加过马里亚纳海战、莱特湾海战。他是日本海军首屈一指的航空战专家，首创了以航母为中心的特混攻击舰队。

行了一场浩大的海战。由于美军舰艇在数量上占有近一倍的优势，而且

1944 年 4 月，马里亚纳海战是“二战”中太平洋战场上日本海军与美国海军在马里亚纳群岛附近进行的一次海战，也是历史上最大的航空母舰决战。图为美军在马里亚纳群岛港口登陆

使用了比较先进的飞机，第一天就击落日机 300 多架。美军飞行员把这次海上空战戏称为“马里亚纳猎火鸡”。同一天，在海面上，美国太平洋舰队的 2 艘潜艇击沉了小泽治三郎的旗舰“大凤”号航母和久经沙场的“翔鹤”号航母。第二天，美国太平洋舰队第 58 特混编队全力追击西撤的日本舰队，又击沉、击伤 3 艘轻型航母，击伤战列舰、巡洋舰各 1 艘。“阿号”作战以日军的彻底失败而告终。

马里亚纳群岛本是日军“绝对防御圈”上的重要一环，马里亚纳群岛一被攻占，防御圈也就被突破了，这意味着日本与其赖以生存的南方资源区的联系被切断，也意味着美军的 B－29 轰炸机可以从塞班岛这些地方直飞日本本土进行轰炸。马里亚纳群岛战役也是美、日开战以来双方伤亡最惨重的一战，日军伤亡约 6. 5 万人，美军伤亡 2. 2

万人。马里亚纳群岛失守引起了日本统治集团的极大恐慌，东条英机不得不承认日本已面临空前严重的危机，并于7月18日率全体内阁成员辞职。

对于尼米兹的胜利，日本举国震惊，美国则是一片欢天喜地。这也使麦克阿瑟的紧迫感越来越强烈。7月2日，比亚克岛战斗还未结束，他便命令部队再向前跳一步，在比亚克以西约100千米的农福尔岛登陆。现在唯一对盟军作战计划造成威胁的是被围困在韦瓦克地区的日军，他们绝望地在雨季中期待外援，但海陆补给线均被切断。由于得不到补给，困守两个月后，他们就再也支撑不住了。日军第18军指挥官安达二十三中将认为，与其消极等死，不如主动采取行动，也许还有一线生机。他向部队下达了最后反击的命令。行动前，他对自己的部下说："我再也找不到什么办法来摆脱目前的困境，因此，我打算以我们日本人的武士道精神来战胜它。我决心集中这个地区的兵力，狠狠地打垮艾塔佩的敌人。这是我们利用自己的全部力量，消灭敌人的最后一次机会，让我们发扬皇军崇高的牺牲精神吧！"

7月11日，日军2万人从丛林中钻出来，奔向160千米外的艾塔佩。克鲁格已加强了这一地区的防御，共有2个美军师和1个澳军师。经过20天的激烈战斗，盟军把这些垂死挣扎的日军分割成三个部分，最后发动了一次双重包抄反攻，加上金凯德第7舰队的海上封锁，日军突围的企图被粉碎了。

7月30日，盟军登上了日军在新几内亚的最后一个据点——鸟头岛，占领桑萨波，标志着新几内亚战役的结束。

从1943年6月底以来的13个月时间里，麦克阿瑟的部队采取蛙跳战术，深入日军的弧形防线，西进了2880千米，北进了160千米，距棉兰老岛只有900千米了。艾塔佩等地的数股日军被孤立，与外界的联系断绝，因而无力组织有效的进攻力量，更无法牵制盟军的主要作战行动。

新几内亚战役的胜利为麦克阿瑟带来了荣誉，人们开始奉他为"战神"。

第九章　回师决战太平洋

伺机登陆，目标菲律宾

1944 年 7 月 26 日，比亚克岛的战斗还在激烈进行的时候，麦克阿瑟乘坐一架 C－54“空中霸王”战略运输机从布里斯班机场出发，在坎顿岛歇息后再飞往夏威夷檀香山（火奴鲁鲁）。这次他没有乘坐自己的专机“巴丹”号 B－17 轰炸机，似乎只是因为 C－54 是全新的飞机（西南太平洋战区只有 2 架），他想体验一下它的卓越性能。而飞行员韦尔登·罗兹少校则看中了它的超远航程。当飞机下午 3 点左右在希克姆机场着陆时，尼米兹亲自到机场迎接。

这次麦克阿瑟是奉马歇尔的电报指示，到珍珠港来参加会谈的。电报中没有通知与谁会谈，也没有透露会谈的内容。

麦克阿瑟坐了五六个小时的飞机，非常疲倦，第二天早晨起晚了。当天有一个特别的会晤，他身穿一套新军装，头戴陆军元帅帽，外罩 A－2式空军夹克，戴着墨镜，坐在一辆红色敞篷车的后排座位上，在海军宪兵的摩托车队护送下驶向港口。他从感受到的隆重气氛中，已经判断出是“大人物”来了。

车子停在坡道上，麦克阿瑟下车走向罗斯福总统乘坐的“巴尔的摩”号巡洋舰，他的一身打扮在身穿白色服装的人群中非常显眼。麦克阿瑟一边走，一边跟欢呼的官兵打招呼。由于媒体的吹捧，“战神”在军中几乎人尽皆知。他离坐着轮椅的罗斯福只有几步之遥时，止步立正敬礼。罗斯福站起来，毫不介意地伸出了手。

“总统先生，很高兴这么多年后再次见到你。”麦克阿瑟说。他和罗斯福已有 7 年没有见面了。他发现总统看上去苍老多了，身体消瘦得几乎只剩一把骨头，行动也很迟缓。

“道格拉斯，”美国参谋长联席会议主席、海军上将威廉·莱希[①]将军是麦克阿瑟近 40 年的老朋友，他问麦克阿瑟，“你来这里看我们，为什么不穿适当的衣服？今天可热得要死。”

“是这样，老朋友，我刚从澳大利亚飞来。”他指了指天空，“上面非常冷。”

“我想你知道为什么要召开这次会议吧？”罗斯福说。

“不，总统先生，我一无所知。”

于是，威廉·莱希向麦克阿瑟做了一个简单的解释。

1944 年，麦克阿瑟（左一）、罗斯福（左二）、莱希（右二）与尼米兹（右一）在一起制订作战计划

① 威廉·莱希（1875—1959）：美国海军五星上将，参加过第一次世界大战，第二次世界大战期间担任新设置的总统参谋长，并主持参谋长联席会议。罗斯福去世后，他在杜鲁门总统任内继任原职。著有战争回忆录《身临其境》。

1944 年上半年，盟军在各条战线上都取得了很大的胜利：苏军已收复大部分国土，并开始向东欧推进；盟军于 6 月 4 日攻占了罗马；6 月 6 日，艾森豪威尔率领庞大的盟军部队在诺曼底登陆；中、美、英三国军队已进入缅甸与日军交战；麦克阿瑟也完全控制了新几内亚；尼米兹则控制了马里亚纳群岛。在这种形势下，美国参谋长联席会议开始考虑如何加速太平洋战争的进程，并提出了一个大胆的战略设想，即在航空母舰的支援下，从塞班岛北上，穿过小笠原群岛，进攻日本本土。金上将甚至建议，把麦克阿瑟部队的主力移交给尼米兹，绕过菲律宾，由尼米兹负责攻占台湾地区，然后尽早对日本本土发动进攻。马歇尔和亨利·阿诺德都对这个建议表示赞同。

但是，麦克阿瑟对此不予理会。7 月初，他提出了“火枪手”计划：他的部队经福格尔角和莫罗泰岛，在太平洋舰队的支援下，于 10 月 25 日在棉兰老岛登陆，11 月 15 日在莱特岛登陆。占领莱特岛后，中太平洋部队于 1945 年 1 月 15 日在吕宋岛以北登陆，西南太平洋部队于 1945 年 2 月在吕宋岛东南和民都洛登陆。然后，西南太平洋部队在太平洋舰队的再次支援下，绕到吕宋岛北面，而他的 6 个师于 1945 年 4 月 1 日在林加延湾的东西两面登陆，并向马尼拉进军。麦克阿瑟给美国参谋长联席会议发了份电报：“我要求去华盛顿充分陈述我的意见。”

难题最后摆在了罗斯福总统面前。罗斯福与麦克阿瑟的关系并不十分融洽，几个月前麦克阿瑟又想成为下一届总统竞选人，罗斯福有什么指示，这位一向心高气傲的将军未必乐意接受。若真如此，事情岂不是更加复杂了？罗斯福想到了一个好主意，因为他在 7 月 19 日开始的民主党年会后，将到太平洋沿岸基地视察，问题可以带到那里去解决，于是就有了这次高层会晤。

短暂会晤之后，罗斯福、麦克阿瑟和尼米兹等人一起坐在甲板的椅子上，让摄影师给他们照相。

大约下午 5 点，罗斯福一行登岸，乘车前往檀香山下榻的地方。麦克阿瑟则与海军陆战部队司令罗伯特·C. 理查森将军一道去谢夫特堡，一进寓所他就抱怨道，这次“受命而来”就是一次照相的公费旅行，他感到羞愧。他来回踱着方步，生了很长时间的气，直到罗斯福派人来请他共进晚餐。

麦克阿瑟一直认为，这个时候总统召自己来和太平洋地区的指挥官商量如何战胜亚洲的敌人，完全是一场政治表演。但他很快发现，有人对总统的称呼变了，不称“总统先生”而称“总司令”。他立刻意识到现在总统是要集军政大权于一身，原来的那些总司令都只是司令，这样总统便可对海陆军各部队直接发号施令了。

理查森已经为罗斯福安排好了第二天的活动：乘车检阅部队，视察一些军事设施。途中，罗斯福和麦克阿瑟进行了交谈，尼米兹坐在他们中间，只是一个旁听者。当天晚上，罗斯福、麦克阿瑟、莱希和尼米兹一起来到挂着大幅太平洋地图的起居室里。罗斯福坐在轮椅上，指着地图上的棉兰老岛问麦克阿瑟：“道格拉斯，我们从这里再往哪里去?”

“总统先生，莱特湾，然后再到吕宋岛。”麦克阿瑟很干脆地回答。

于是，他们又开始讨论未来对日战略问题，只不过这次讨论是在友好而平静的气氛中进行的。尼米兹和麦克阿瑟在“总司令”面前都相当克制。两位司令官讨论的时候，罗斯福只偶尔提出自己的疑问，他说：“攻占吕宋岛需要付出的代价，我们恐怕承受不了。我认为我们似乎应当绕过它。”

“总统先生，”麦克阿瑟说，“我的损失不会大，绝不会比过去大。正面进攻的时机过去了。现代化的步兵武器是致命的，正面进攻不合时宜了，只有平庸的指挥官才会那么干，优秀的指挥官打仗是不会招致重大损失的。”

尼米兹对麦克阿瑟的含沙射影不予理会，直接阐述了台湾有利的战略地位：不仅有利于拦阻东印度群岛地区的石油、锡、橡胶、奎宁和其他重要物资运往日本，而且台湾是中国的宝岛，美军希望与中国军队合作，在中国修建一个轰炸机基地，以备进攻日本时启用。这样也就将日军阻挡在菲律宾，切断其退路，到时再回头围歼它就轻而易举了。

但麦克阿瑟始终将道义挂在嘴边，坚持要先解救菲律宾，然后再图谋日本本土，并一再保证能把战争成本降到最低。

作为总司令，罗斯福倾向于尼米兹的战略，最直接的打击远比迂回来得有力、快捷；但作为总统，他又不得不考虑政治因素，尤其是面临换届大选，他更加注意自己在盟国中的形象和影响力。因此，解救菲律宾便成了他和盟军必须考虑的方案之一。

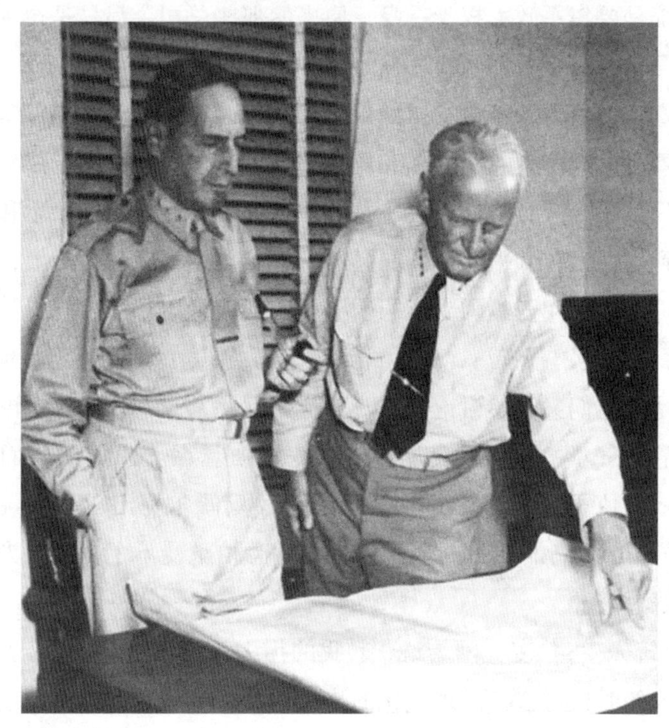

麦克阿瑟（左）与尼米兹在讨论作战方案

尼米兹是个坚持原则的人，也是一个纯粹的军人，但他在航海局从事行政工作的经验告诉他，军人和战争都是为政治服务的，战争是政治斗争不可调和时的一种解决方式。总统肯定看重政治影响，哪怕多付出一点代价和时间。所以，尼米兹在权衡利弊之后，准备做出有限的让步。

经过两次会谈之后，麦克阿瑟的意见很快就占了上风，他不但说服了罗斯福，也说服了尼米兹。

7 月 28 日晚，珍珠港基地举行了一次盛大的宴会，参加宴会的高级将领有 36 人，除了罗斯福总统外，将军们领章上的星徽共有 146 颗。

罗斯福对尼米兹的大度表示了赞赏：“为了国家的荣誉和战略需要，感谢你赞同和支持在攻取台湾之前，占领菲律宾。”

尼米兹表示愿与麦克阿瑟通力合作，于是，三人举杯，共饮烈性马丁尼酒。之后，罗斯福亲自宣布协商的结果。

当天晚上，麦克阿瑟乘坐 C－54 战略运输机返回布里斯班。这次会晤虽然没有做出具体的决定，但是，麦克阿瑟已经明白罗斯福出于政治原因不打算放弃菲律宾，只是需要有人从军事的角度给他提供一个具有说服力的依据。回到华盛顿后，罗斯福在电台发表了一次简短的讲话，声称“同我的老朋友麦克阿瑟将军取得了完全一致的意见”。这无论对美国还是日本来说，都是一个明确的信号，它意味着麦克阿瑟离实现他重返马尼拉的诺言为期不远了。

正因为如此，在以后的几周中，美国参谋长联席会议在对日战略上迟迟没有做出最后决定。从军事的角度看，他们仍坚持让尼米兹执行 9 月 15 日进攻帕劳群岛的计划，并要求麦克阿瑟集中力量在 11 月 15 日进攻棉兰老岛。但马歇尔受到麦克阿瑟的影响，已转到麦克阿瑟的立场上来了。只要不付出太大的代价，收拾菲律宾的日军也会对进攻日本本土产生巨大影响。

不管作战计划将怎样调整，眼下的一步是必须要走的，那就是攻占棉兰老岛。

为了北上，麦克阿瑟把他的总司令部迁到了霍兰迪亚。他的参谋班子立即开始重新审查进攻棉兰老岛之前扫清外围的作战计划。麦克阿瑟原计划先攻占哈马黑拉岛并把它作为跳板，再进攻棉兰老岛，但他的情报组得到消息说那里的日军有 3 万多人，他只好调整计划，先进攻该岛以北的莫罗泰岛。该岛是印度尼西亚东部的摩鹿加群岛的一部分，那里日军防守薄弱，只有约 1000 人驻守。经与美国参谋长联席会议和尼米兹协商，1944 年年底前的作战时间表为：9 月 15 日，麦克阿瑟进攻莫罗泰岛，尼米兹进攻帕劳群岛；10 月 5 日，尼米兹进攻雅浦群岛和乌利西岛；10 月 15 日，麦克阿瑟进攻莫罗泰岛和棉兰老岛之间的塔劳群岛；11 月 15 日，麦克阿瑟在棉兰老岛南部登陆；12 月 20 日，麦克阿瑟在莱特岛登陆。

为了支援美军的登陆行动，哈尔西指挥的舰队于 9 月 11 日到达菲律宾海域，准备对莫罗泰岛和帕劳群岛进行空中攻击。9 月 12 日和 13 日，他一共出动飞机 2400 架次，对菲律宾中部的日军机场进行轰炸，击落 173 架日机，在地面上又摧毁 305 架日机，而哈尔西只损失 8 架飞机和 10 名飞行员。这说明日军的防线并非想象中的那么坚不可摧。哈尔西不禁问自己，为什么不能提前进攻莱特岛。这虽然不是他分内的事，况且若提出修改计划，或许会“打乱一系列部署，可能会影响罗斯福先生和丘吉尔先生”，但却可能“把战争缩短几个月”。于是，他决定“惹点麻烦，给太平洋舰队总司令发急电”。

尼米兹对哈尔西的建议有些惊讶，一是不相信那里的日军竟如此大意，二是不相信哈尔西这样大胆，他不仅要说服舰队司令，还要说服同盟国的首脑和一群高参。尼米兹不同意取消进攻帕劳群岛的建议，但同意其他的各项建议（包括把他的部队交给麦克阿瑟指挥）。当时同盟国参谋长联席会议正在魁北克召开军事会议，海军作战部部长金上将也在魁北克和罗斯福、丘吉尔一起开会，尼米兹决定向他汇报。这意味着参谋长联席会上的首脑们都有可能听到哈尔西的建议。金上将觉得这是个令人兴奋的好消息，是加快太平洋战争进程的好办法。当时马歇尔也在魁北克，他立即把这个建议转给麦克阿瑟。此时麦克阿瑟正在金凯德的旗舰“纳什维尔”号上指挥在莫罗泰岛的登陆行动。由于“纳什维尔”号处于无线电静默状态，麦克阿瑟无法接收到电报。萨瑟兰和肯尼（他早就建议绕过塔劳群岛直取莱特岛）及总司令部其他人磋商后，以麦克阿瑟的名义发电报给马歇尔，说哈尔西的建议是完全可行的。

这一天是 9 月 15 日，正是美军在莫罗泰岛和帕劳群岛登陆的日子。参谋长联席会议经过 90 分钟的讨论后，给麦克阿瑟和尼米兹下达了取消进攻雅浦群岛、塔劳群岛和棉兰老岛的命令，同时命令他们于 10 月 20 日进攻莱特岛，这比原计划提前了 2 个月。

这一天，麦克阿瑟亲临前线，在“纳什维尔”号军舰上观看第 7

两栖作战部队的2.8万官兵登上莫罗泰海滩。首先是美军第31师的第一波次登陆。战士们在离岸200多米的地方下船，把他们的M－1半自动步枪举过头顶，分成10多路，涉水向岸上冲击。此前航空兵及海军部队已经对该岛进行了猛烈的火力准备，致使约500名日军逃窜，美军没费什么力气便占领了那里。按照惯例，麦克阿瑟上岸巡视了大约3个小时。他在莫罗泰岛的海滩上和一群军官聊了一会儿，然后转头凝视着西北方向，那是他的下一个目标。

与此同时，尼米兹的部队在帕劳群岛的贝里琉岛登陆，遇到了激烈的抵抗，仗打得相当艰苦。岛上的1万日军巧妙地利用地形和山洞挖沟筑垒，与美军周旋，以至于美海军陆战队的很大一部分兵力陷在此地，直到11月25日，岛上有组织的抵抗才终于停止。

“菲律宾人民，我回来了”

1944年9月17日，麦克阿瑟刚回到霍兰迪亚便获悉参谋长联席会议同意进攻莱特岛的决定，他感到十分振奋，他终于有机会实现“我还会回来”的诺言了。而从军事上讲，盟军在中北太平洋有了这个立足点，就可以卡住日军的咽喉，掌握菲律宾地区的制空权和制海权，可以预见这将是一场苦战。麦克阿瑟顾不上休息，就跟他的参谋们在山坡上的新住所里开始拟订作战计划。

9月21日，麦克阿瑟向克鲁格指挥的美军第6集团军、艾克尔伯格指挥的美军第8集团军及第7舰队下达了进攻菲律宾莱特岛的作战命令。随后，他又乘飞机回到布里斯班，与夫人琼告别，他说：“我不回来了。”琼看着他，不吭声，但她明白他的意思，在攻占吕宋岛以前，他将一直在前线作战。

与此同时，日军大本营为固守莱特岛这一战略基地，也制订了一个相应的防御计划，代号为“捷一号作战”。为此，日军对南方作战部队进行了整编：陆军在菲律宾成立陆军第14方面军，由“马来之虎”山下奉文大将出任司令，下辖第35军，由铃木宗作[①]中将指挥，共8个师团、1个装甲师团、4个独立混成旅团，共35万余人；海军则派出日本联合舰队的主力第2、第3、第5舰队，包括航空母舰4艘、战列舰9艘、巡洋舰19艘、驱逐舰34艘、潜艇17艘，并由陆军第4航空军及海军航空兵对舰队提供支援。这完全是一副倾全力于此一搏的架势。

盟军方面由麦克阿瑟担任总指挥，除了美军第6、第8集团军共28万余陆军外，还有哈尔西指挥的第3舰队（由哈尔西的第3舰队和斯普鲁恩斯的第5舰队合编而成，实行轮班制，即哈尔西接替斯普鲁恩斯担任第5舰队司令时，改番号为第3舰队，其他带“5”字的番号也均改为“3”，如马克·米切尔[②]海军中将的第58特混编队改称第38特混编队。待下一阶段作战由斯普鲁恩斯指挥时，番号再改为第5舰队）以及金凯德的第7舰队，共投入航空母舰17艘、护卫航空母舰18艘、战列舰12艘、巡洋舰24艘、驱逐舰144艘、潜艇29艘、登陆舰和运输舰650艘，由陆军第5、第13航空队及澳大利亚航空队提供支援，共有作战飞机约2500架。如此规模，恐怕是太平洋战争爆发以来最大的一次战役了。

莱特岛位于宿务岛和保和岛东面，萨马岛西南。西北至东南长194千米，东西最窄处仅21千米。山地纵贯全岛，地势起伏不平。东西两岸多海湾，东北还有开阔的平原，比较适合登陆。

作为进攻前的准备，10月20日凌晨，在哈尔西舰队的强大炮火掩护下，麦克阿瑟的地面部队在塔克洛班开始登陆。杜拉格附近的“紫滩”和“黄滩”一带升起了一团团灰色的浓烟。接着，莱特岛首府塔克洛班下方的“白滩”和“红滩”也升起了阵阵浓烟。待浓烟散去，登陆士兵发现原本长着茂密树木的海岸，一下子变成了“一片荒凉、乱

---

① 铃木宗作（1891—1945）：日本陆军大将（追晋）。在侵华战争中参与策划了武汉会战、南昌会战，后历任中国派遣军总参谋副长、参谋本部第3部长、第25军参谋长、运输部部长兼船舶司令官、第14方面军第35军司令。1945年在莱特岛战死。

② 马克·米切尔（1887—1947）：美国海军上将。第二次世界大战期间担任过“大黄蜂”号航空母舰舰长、第58快速航空母舰特遣舰队司令，参加过中途岛海战、所罗门群岛战役、菲律宾海海战、莱特湾海战、琉黄岛和冲绳岛战役。战后任大西洋舰队总司令。

七八糟、烟雾弥漫、尘土覆盖的废墟”。他们沿着被炮弹炸出的坑道向内陆推进。登陆部队由富兰克林·赛伯特少将指挥的第 10 军组成，下辖骑兵第 1 师、步兵第 24 师，任务是夺取班罗和塔克洛班及其飞机场。

麦克阿瑟站在“纳什维尔”号的舰桥上，叉腰迎风而立，望着烟云笼罩的塔克洛班，他微笑着对身旁的参谋长萨瑟兰说：“理查德，你瞧，塔克洛班还是没有什么变化，我上次来这里还是 40 年之前，那时我刚刚从西点军校毕业！对我来说，今天是一个多么难忘的时刻啊！”

萨瑟兰回答：“将军，战斗还将会很艰难。”

“啊，不管别人信不信，反正我们到了这里。”麦克阿瑟激动地对萨瑟兰说。

当天午后，麦克阿瑟身穿卡其布军装，头顶软战斗帽（一贯不戴钢盔），戴着墨镜，涉水上岸。4 名记者赶紧冲下舷梯，其中两人带着照相机，记录下这位将军重新踏上菲律宾国土的重要时刻。

1944 年，麦克阿瑟将军率领 10 万美军在菲律宾莱特岛登陆。日军担心美军离日本本土越来越近，拼命抵抗，战斗异常残酷，最后美军还是赢得了战斗

麦克阿瑟迫不及待地再次踏上了菲律宾的土地，沿海滩巡视了一会

儿，然后和萨瑟兰、肯尼一起乘快艇去迎接菲律宾流亡政府总统塞尔吉奥·奥斯梅纳和外交部部长卡洛斯·罗慕洛将军。见到菲律宾流亡政府的官员们后，麦克阿瑟情不自禁地走过去拥抱他的老朋友罗慕洛将军，满脸泪水地喊道："卡洛斯，我的兄弟，我们到家了！"这句话其实对总统说更合适，因为他是在塔克洛班出生的。

他们上岸后，不少新闻记者都围了过来。麦克阿瑟将早已整理好的演说稿攥在手里，稿子很短，但无疑是历史性的。下午2点，麦克阿瑟站在蒙蒙细雨中，对着话筒发表了令人难忘的讲话：

菲律宾人民，我回来了！凭着上帝的恩赐，我们的部队又站在菲律宾的土地上了！团结在我周围！让巴丹半岛和科雷希多岛上那种不屈不挠的精神发扬光大。为了你们的家园和家庭，起来战斗吧！让每一条臂膀都像钢铁一样坚强起来。上帝为我们指明了道路。以上帝的名义，像追求圣杯那样去夺取正义的胜利。

摧毁日军，荣升五星上将

当时正值雨季，很快便下起了倾盆大雨，他们不得不回到"纳什维尔"号军舰上。大雨使岛上的道路和机场变成了一片泥沼，由于缺少空中支援，登陆部队的推进十分缓慢。这时只有塔克洛班的机场尚可勉强使用，但由于土质不好，工兵部队只得昼夜奋战，在跑道上铺设钢板。而哈尔西的航母舰载机因为要去对付日本舰队，对岸上的支援非常有限。

登陆第二天，麦克阿瑟再次上岛，在滩头遇到了20多艘从登陆滩头返航的登陆艇，他叫住一位海军少尉问道："你是这艘艇的指挥官吗?"

"报告长官，是的!"

"孩子，哪个地方的战斗最激烈?"

少尉停下来看了看麦克阿瑟，答道："长官，步兵第24师在那里遇到了点麻烦。"他指了指前面的"红滩"，又问，"您真的是道格拉斯将军吗？"

"好，带我到那儿去，少尉。"麦克阿瑟没有直接回答，他一边登上少尉的快艇，一边下令道。

麦克阿瑟在"红滩"附近看见了非常惨烈的一幕：很多士兵在淤泥里爬行，当日机扔下来的炸弹爆炸之后，就再也找不到他们的人影了。麦克阿瑟非常愤慨，他让少尉把他送上岸。快艇还没靠岸，他就跳下来直奔沙滩。少尉连忙提醒道："将军，小心踩上地雷！"他满不在乎地答道："能炸死我的地雷还没造出来呢！"

肯尼、萨瑟兰等人迎上来，麦克阿瑟冲着他们大叫："飞机，你的飞机到哪里去了？"

肯尼解释说，机场被雨水淹了，正在抢修中，现在无法起降。麦克阿瑟立刻让萨瑟兰向哈尔西求援，但海上的战斗比岸上更激烈，局面更复杂。

10月20日，日军指挥官下达"捷一号作战"命令，栗田健男率领第2舰队（中央舰队）率先从新加坡林加锚地出发，驶往位于加里曼丹岛北部的文莱湾。他们离开锚地不久便兵分两路：中路舰队由栗田健男亲自指挥，取道险恶的巴拉望岛暗礁海区，穿过吕宋岛东南部比科尔半岛和萨马岛之间的圣贝纳迪诺海峡，最后从萨马岛北部由北向南包抄美军第7舰队；南路舰队（包括志摩舰队）由西村祥治海军中将指挥，经过巴拉望岛和棉兰老岛之间的苏禄海，然后从莱特岛南部的苏里高海峡由南向北形成夹击的南翼。

这一天，日本舰队第1、第2游击部队立即起航。

栗田健男的舰队于10月21日悄悄向锡布延海方向驶去。他万万没有想到，他的舰队出发不久，就被美军的2艘潜艇"海鲫"号和"鲦鱼"号盯上了。后来赶来参战的美舰在900米的距离外向栗田健男的旗舰"爱宕"号发射了5枚鱼雷，全部命中，并且重创"高雄"号巡洋舰。"雅罗鱼"号则放了4枚鱼雷，击中"摩耶"号巡洋舰。"爱宕"

号于20分钟后沉没，栗田健男把司令旗移到“岸波”号驱逐舰上，稍后又移到“大和”号战列舰上。为了如期与南路舰队形成合围之势，他继续朝圣贝纳迪诺海峡驶去。

10月23号，哈尔西得到报告以后，迅速调整部署，让所有航母进入战前准备，同时派出大量侦察机进行全面搜索。

10月24号，美军侦察机几乎同时发现了正驶往圣贝纳迪诺海峡的栗田舰队和驶往苏里高海峡的西村舰队。哈尔西判断栗田舰队是主攻舰队，决定首先集中第3舰队的主力航母将其击溃。南面的西村舰队实力较弱，金凯德的第7舰队的战列舰完全可以对付。他把情况告知金凯德以后，命令自己的航母编队立即向栗田舰队发起攻击。上午10点，从“卡伯特”号和“无畏”号航母起飞的第一批45架飞机，开始对日舰进行攻击，其中包括25架鱼雷轰炸机。在长达一个小时的激战中，日军“妙高”号重型巡洋舰被1枚鱼雷击中，船身被炸开一个巨大的口子，海水大量涌入，航速降到15节，被迫离开编队返航。

美军因为没有发现日军的航母编队，于是重点攻击“大和”号和“武藏”号超级战列舰，在第一批次的攻击中，这2艘战列舰都被鱼雷和炸弹击中。但是，由于它们的防御能力强，只受到了微不足道的损伤。中午12点到下午3点，美军开始进行第2、第3批次攻击，从“列克星敦”号和“埃塞克斯”号航母起飞了100架飞机。“大和”号凭借出色的机动能力，规避了大量的鱼雷和炸弹，仅被2枚炸弹击中，舰艏起火，由于装甲很厚，只造成了一些轻伤。但是“武藏”号就不妙了，它虽然全力机动规避，仍然被8枚鱼雷、6枚炸弹击中，舰艏遭到比较严重的损坏，动力舱也被鱼雷击中，部分主机停止工作，航速大减。

面对美军越来越猛烈的空袭，栗田健男无力招架，于下午1点向日本大本营和菲律宾基地航空部队发出紧急电报求援，但没有得到答复。下午3点至6点，美军“企业”号、“富兰克林”号航母等集中120架飞机开始了最后两个批次的猛烈攻击。栗田健男尽管打算撤退，但在联合舰队司令丰田副武的严令下，只得继续向莱特湾进发。

“武藏”号上到处都是被炸毁的甲板碎块、防空火炮的弹壳，还有很多四散躺着的受伤水兵和一些尸体，甲板上鲜血流淌，此刻人人自顾不暇，根本没有工夫去管别人的死活。“大和”号也多次被炸弹击中，舱内进水 3000 吨，舰艏下沉 1 米。“长门”号、“金刚”号、“榛名”号战列舰也被美机炸弹击中，受到不同程度的损伤。“滨风”号驱逐舰被重创，只得返航。

哈尔西本以为栗田健男会就此退出战场，但晚间栗田健男再次掉头进入圣贝纳迪诺海峡并于清晨来到萨马岛。10 月 25 日凌晨 1 点，栗田舰队平安驶出圣贝纳迪诺海峡，将单纵队改为反潜队形，小心翼翼地以 95 度航向沿萨马岛北岸航行，通过海峡后，重新改为防空环形队形。这时，“榛名”号战列舰发现 2 架美机临空，立即开火。一分钟后，“大和”号的瞭望哨在晨雾中发现东南方向出现美军数艘航空母舰和大批巡洋舰、驱逐舰。

栗田健男明白，如果用超级战列舰 460 毫米的大炮去对付美军的航母，那些航母将不堪一击。但是，他苦苦追寻哈尔西的航母主力第 38 特混编队，结果只遇到一支护航航母编队——由第 7 舰队的 16 艘护航航空母舰、9 艘驱逐舰和 12 艘护航驱逐舰组成，指挥官是托马斯・斯普拉格少将。双方在萨马岛开战。

与此同时，哈尔西接到小泽治三郎的航母编队到达的消息后，于 10 月 25 日派他的主力航母编队去追击小泽舰队。斯普拉格向哈尔西求援，结果没有得到回应。为了保护莱特湾的运输舰和登陆舰，斯普拉格只得命令驱逐舰进行鱼雷攻击，空中战机、轰炸机也发起攻势，同时向东南方向全速撤退，这样既可以组织舰载机迎风起飞，又可以拉大与日舰的距离，使其战列舰的大口径火炮失去威力。美军飞行员竭尽全力将杀伤弹和深水炸弹投到有数十甚至数百毫米厚的装甲防护的日舰上，但这就像隔靴搔痒，毫无作用。当这些弹药用完后，飞行员仍不愿离去，他们对着日舰进行俯冲，做出投弹的样子，迫使日舰频频转舵规避，以赢得时间掩护美舰撤离。

此前金凯德判断日舰将从圣贝纳迪诺海峡穿过来夹击斯普拉格，于是请示哈尔西留一支舰队守住海峡，但附近的舰队都随哈尔西出击了。

金凯德只得采取紧急措施，一面命令第77特混编队第4大队的第1、第2分队迅速起飞飞机前去支援。他深深为斯普拉格的命运感到担心。

不久，第1、第2分队的飞机赶到助战，在空袭中，日军“鸟海”号、“筑摩”号、“铃谷”号巡洋舰先后受创，但栗田健男仍紧追不舍。斯普拉格采取以攻为守的战术，先派3艘驱逐舰后又加派3艘护卫舰进行反击，它们以自我牺牲、视死如归的精神向日舰冲去。“约翰斯顿”号一马当先冲在最前面，发射鱼雷击中日军“熊野”号巡洋舰，自己也被日舰打得面目全非。“霍埃尔”号在日舰的集中攻击下沉没了，“罗伯茨”号护卫舰则中弹起火，但它们逼退了日舰“大和”号。尽管如此，斯普拉格的舰队仍在日舰大炮的射程之内，只要栗田健男咬住不放，美舰恐怕一艘都难以逃掉。

幸运的是，日军没有足够的飞机护航，栗田健男发现越来越多的美机飞向这里，心生恐惧。为了躲避轰炸，日舰的攻击队形早已混乱。加上天气原因，他无法做出准确判断，因而不敢恋战，再次向北落荒而逃。斯普拉格由此躲过一劫。

西村祥治的南路舰队比栗田健男的舰队更早接近莱特湾，10月24日刚开过帕纳翁岛就闯进了美军第7舰队为他们设下的圈套。实际上，西村祥治是孤军作战，且处于一路纵队的不利队形，而美舰则成“一”字形横排，即T字作战队形，可以在日舰无法还击的距离上开火。日军“山城”号和“最上”号战列舰首先遭到重创。在遭到第一轮打击后，西村祥治下令撤退。随后赶来的志摩舰队看到两段舰艇残片，以为西村祥治的2艘战列舰已被击沉，觉得要穿过美军由海陆空控制的海峡是不可能做到的事情，于是也转舵撤退。金凯德派出一支分舰队紧紧追击，西村舰队逃回时仅1艘驱逐舰幸存。

与此同时，哈尔西的主力舰队在恩加尼奥角与小泽治三郎的舰队（北方舰队）进行了一场生死决战。小泽舰队是一支航母编队，由4艘航空母舰（“瑞鹤”号、“瑞凤”号、“千岁”号、“千代田”号）、2艘航空战列舰（“伊势”号、“日向”号）、3艘巡洋舰和9艘驱逐舰组成，共有108架飞机（只有3艘航母配有舰载机）。10月24日，美机发现了小泽舰队，哈尔西见有机会消灭日军在太平洋上的所有航空母舰，非常兴奋，急令主力第 38 特混编队跟踪追击。晚上 8 点，哈尔西给金凯德发去一份电报，并抄报尼米兹和金上将，通报了日军中央舰队的动向，指出中央舰队正驶向圣贝纳迪诺海峡；而他则率 3 个分舰队北进，拟于次日清晨突袭日军航母编队。

哈尔西（右）与尼米兹

由于过高估计了小泽舰队的规模，哈尔西不想分散自己的兵力，于是将监视圣贝纳迪诺海峡的第 34 特混编队（临时编队）也带走了。他收到斯普拉格的求援电报后，认为金凯德的第 7 舰队足以应付，因而未加理会。他亲率第 34 特混编队的战列舰，准备用大口径舰炮直接对付小泽舰队前卫的战列舰以及在舰载机空袭中掉队的日舰。

10 月 25 日早晨 6 点 10 分，哈尔西在还没有确定日军精确位置的情况下，向小泽治三郎发起了进攻。美军出动了 180 架飞机，但直到上午 8 点左右才发现日舰并展开空袭，仅仅摧毁了保护舰队的 30 架日军飞机。小泽治三郎下令 75 架飞机起飞攻击美军，但大多数日机被美军战斗机击落，少数逃往吕宋岛。

小泽舰队失去护航飞机后，哈尔西抓住有利时机，共计发起了 857 架次袭击。小泽舰队的航空母舰纷纷中弹，“千岁”号航母和 1 艘驱逐舰沉没，“瑞鹤”号、“千代田”号航母及 1 艘巡洋舰丧失了机动能力。小泽治三郎的舰队损失殆尽，他几易旗舰，向北逃去。

在萨马岛海战最激烈的时候，已登陆的美陆军部队也产生了急迫感。他们担心第 7 舰队拦不住日军，于是不断发报向哈尔西求援。远在珍珠港的尼米兹也急了，发电报给哈尔西：“第 34 特混编队在哪里?”为保密起见，负责电报加密的军官在电文后添加了一句“全世界都想知道”，而负责收译电文的人把它当成正文未加删除，使得哈尔西怒不可遏。他留下 2 个航空母舰大队继续追击小泽治三郎，亲率主力南下援助。

在此期间，麦克阿瑟几乎每天都要上岸视察战况。子弹在他周围呼啸而过，但他满不在乎，从不躲藏。随着战事的发展，麦克阿瑟把前线指挥部搬到了岸上。日军的炸弹把指挥部炸得千疮百孔，好几次险些要了麦克阿瑟的命，但是他从不惊慌。在炸弹的爆炸声中，他总是叼着烟斗，从容地下达作战命令，为下属们树立了一个勇敢镇定的将军的典范。

11 月 6 日，麦克阿瑟来到在岛上实施正面进攻的步兵第 24 师师部，发现那里的情况很糟糕，不仅师部被水淹了，而且士气低落。他们的进攻被一座小山岭挡住了，困在山下达一个星期。麦克阿瑟把师长赛伯特叫过来，严令他必须在 5 天内越过这座山头并夺取奥尔莫克港，否则他将被就地解职。当麦克阿瑟询问将如何攻克这个工事坚固的山头时，赛伯特的参谋威廉·维尔贝克说，由于没有足够强大的炮火打击，从山下往上冲锋很难奏效，而且伤亡很大。只有派一支突击队绕到山岭背后从上往下打才有可能成功，但要攀上山岭也很不容易。麦克阿瑟立即命令道："维尔贝克少校，我现在提升你为上校，由你带领突击队去干，明天我再来时要看到结果。"

于是，维尔贝克带领一支300多人的突击队连夜绕道上山，第二天拂晓时分，他们冒着倾盆大雨，分三组从山岭背后发起进攻。尽管日军的机枪从一个个碉堡、山洞中吐出长长的火舌，但由于他们是从山上往山下打，几乎都是日军火力点的死角。他们连续对日军的地堡进行爆破，结果都很成功，地堡群被摧毁了；美军的火焰枪也在近距离发挥出了威力，日军官兵被陆续烧出山洞。山下的美军工兵排除地雷后，几辆坦克冲上了山岭。

麦克阿瑟第二天并没有再来，因为他知道这块硬骨头已经被啃下来了，但他给了师长赛伯特下了一道指示，让他任命维尔贝克为步兵第106团团长，同时调精锐骑1师摩托化特遣部队增援攻打奥尔莫克港。

日军正面防御被美军突破后，指挥官山下奉文开始实施"WA行动"计划，将他的第1、第26师团调到岛上增援。该计划的核心任务是占领或破坏岛上的所有机场和港口，构筑一道拱卫吕宋岛的防线。但是，由于日本海军在海战中损失惨重，运输困难，加上天气恶劣，他的计划被打乱了。无奈之下，他只得集中岛上兵力与盟军周旋，以期拖延盟军进攻吕宋岛的时间。

11月中旬，双方为争夺莱特岛北端的"断头岭"而陷入僵持局面。麦克阿瑟调来第32师和第11空降师，一边封锁奥尔莫克港后门（日军的退路），一边调集飞机、大炮对"断头岭"展开持续轰炸，终于在11月下旬夺取了"断头岭"。到12月9日，美军突破了日军在岛上的最后一道防线——奥尔莫克防线，攻入奥尔莫克市区。

经过将近2个月激烈而残酷的海上和陆上大战，麦克阿瑟在12月上旬终于占领莱特岛，只待肃清残敌了。

12月18日，麦克阿瑟被授予陆军五星上将军衔，这是在"二战"中特设的一种军衔，也是美国军人的最高军衔。这使麦克阿瑟激动不已，但他说这种激动很快就消失了："这或许是由于我听够了战争受害者的恸哭，或许是对日本人的无情丧钟刚刚开始敲响吧！"当天他给琼写了一份电报，并指示要在她生日那天（12 月 27 日）送到。电报上写道："亲爱的琼，祝生日快乐！全军和我一起向我们最忠诚的战士致敬。"他觉得自己的军功章也有她的一份功劳。

12 月 26 日，麦克阿瑟向记者宣布："除了少数地方要肃清残敌外，莱特战役可以说结束了。山下大将遭到了日军历史上最惨重的失败。"

在莱特岛战役中，日军除 828 人被俘外，其余约 7 万人或被击毙或病饿致死，其中三分之一是在麦克阿瑟宣布结束战斗后被消灭的。美军共伤亡 1.5 万余人，其中死亡 3500 人。

麦克阿瑟发誓打回菲律宾的诺言已兑现了一半。莱特岛战役结束后，菲律宾政府授予麦克阿瑟一枚勇敢勋章。

登陆吕宋岛

到 1944 年下半年，整个反法西斯战争形势发生了根本逆转。苏军在苏德战场上发起一连串战役，收复了大片西部国土，向国境线以西挺进，加快了反法西斯战争的进程；在西线，盟军在诺曼底登陆后于 7 月下旬挥师东进，8 月 25 日解放巴黎。与此同时，盟军还在法国南部登陆，攻占马赛和土伦后向北推进，于 9 月 11 日与乔治·巴顿将军的部队会师，从而把西欧战场连成一片，并将德军击退到德国境内的齐格菲防线。

在太平洋战场，日本联合舰队在莱特湾的惨败，使得日军大本营的"捷一号作战"宣告失败。盟军已经掌握了菲律宾海域的制海、制空权，在菲律宾建立了立足点，为攻占整个菲律宾群岛打好了基础。麦克阿瑟见时机成熟，准备开始实施他早已拟订好的吕宋岛登陆计划。

在莱特岛战役中，第 8 集团军是主攻部队，一场苦战下来，兵员损失很大。战后，麦克阿瑟对第 6、第 8 集团军进行了整编，将原第 8 集团军改称第 6 集团军，交给艾克尔伯格去清剿莱特岛上的残敌，这实际上也有休整的意味；同时将整编后的第 6 集团军改称第 8 集团军，交由克鲁格指挥，担负吕宋岛的主攻任务。

麦克阿瑟的吕宋岛登陆计划是在距马尼拉以北约 160 千米处的林加延湾派上陆军 4 个师，而在进攻舰队航行到吕宋岛西海岸时，他需要有战斗机做掩护。因此，他急需解决一个问题：吕宋岛位于菲律宾群岛的北部，从莱特岛跃上吕宋岛，战线太长，无论是空中援助还是后勤补给都有问题。要确保登陆成功，最好再找一个跳板。经过认真筛选，麦克阿瑟选中了民都洛岛这块跳板。

民都洛岛位于吕宋西南部，介于塔布拉斯和民都洛海峡之间。岛上多山，仅海岸有少许平原，几乎每天都下雨，湿度很高，岛上的日军数量很少。经美军飞机侦察表明，岛上现有 3 个简易机场，经过加修可以作为进攻吕宋岛的航空部队基地使用。因此，麦克阿瑟决定先占领这个小岛。

完成这个任务的先锋队非金凯德的第 7 舰队莫属，但金凯德有他的难处，他只有 6 艘护航航母，还要分兵两处，空中力量肯定不够。肯尼在莱特岛上的飞机不多，而且难以越过整个菲律宾中部前往超过 399 千米之遥的民都洛执行掩护任务。麦克阿瑟告诉金凯德，岛上的日军不多，用不着太担心。但金凯德担心的显然不是岛上的日军，而是吕宋和台湾的日军岸基飞机，尤其是“神风特攻队”（自杀式）的飞机。最后，麦克阿瑟给了金凯德一颗定心丸——再请哈尔西的航母前来支援。于是，金凯德几乎拿出了他的一半家当——6 艘护航航空母舰、3 艘战列舰、3 艘重巡洋舰和 8 艘驱逐舰，组成一支特遣舰队，由威廉 · C. 邓克尔准将指挥。

按照登陆的一贯战法，哈尔西的舰队于 12 月上旬离开乌利西，向北方的台湾驶去，攻击了中国台湾地区、琉球群岛和日本南部的空军基地，并阻断日军的海上通道。

12 月 12 日，克鲁格的登陆部队分乘百余艘运输船，在邓克尔的舰队护航下，向林加延湾驶去。他们在途中没有遇到日军的海上和空中拦击，却遭到了“神风特攻队”的多次袭击。对此，邓克尔没有丝毫迟疑，率舰队直接奔向目标，经苏里高海峡、保和海和苏禄海，于12月13日晚进抵民都洛岛。

12月14日晨，登陆部队几乎没有遇到什么抵抗就轻易地建立了滩头阵地。民都洛岛上只有500名日本军人，他们在盟军登陆后，惊恐地逃到山里去了。陆上的推进异常顺利，到中午时分，美军就占领了岛上的2个机场。工兵立刻开始抢修机场，因为这里的土地坚实干硬，天黑以前机场就已经可以使用了。5天以后，肯尼把战斗机转移到了民都洛岛。

与此同时，哈尔西的舰队在回航时，又将沿途的日军基地挨个儿炸了个遍，粉碎了日军从吕宋向民都洛派出飞机或“神风特攻队”的企图。哈尔西声称摧毁了270架日军飞机，其中大约208架被摧毁在地面上。这本是一次成功的袭击，但是他在返航时却阴沟里翻了船，一场气象预报员未能发现的风暴给他带来了劫难：3艘驱逐舰倾覆沉没，还有7艘受了重伤，大约186架飞机被大风卷下海去或在甲板上相撞变成了一堆废物，另有800名官兵丧生。哈尔西差点因此被送上军事法庭。

日军失去民都洛岛后立刻变得紧张起来，预感到后果极其严重。日本海军极力拼凑起了一支由2艘巡洋舰、6艘驱逐舰组成的舰队，从法属中南半岛的金兰湾出发，经南中国海驶往民都洛岛。由于有恶劣天气的掩护，这支舰队在距离民都洛岛198英里时，才被1架美国海军侦察飞机发现。

邓克尔的舰队由于要为吕宋岛登陆做准备，在完成运输护航任务后便从民都洛岛撤离，这里只留下了一些鱼雷艇，几乎没有什么保护。登陆部队得到侦察飞机发出的警报后，连忙采取紧急防范措施，加强对机场的守护。

12月26日深夜，日本舰队驶抵民都洛岛附近海域，对岛上的机场进行了短时间的炮击。麦克阿瑟担心日本舰队中有超级战列舰，命令金凯德迅速派出4艘航母、8艘驱逐舰前去救援。还没等他们出发，肯尼的100多架飞机已经升空，和鱼雷艇一起赶走了日军舰队，并击沉了1艘驱逐舰。

麦克阿瑟

日军对民都洛的海上威胁就这样解除了。麦克阿瑟也因此打开了通往吕宋岛的南大门。一场他盼望已久的大规模登陆战即将打响。

麦克阿瑟的登陆计划部署得很有趣，与 3 年前日军攻占该岛的计划有惊人的相似之处。他将主要登陆点选在吕宋岛西海岸的林加延湾，登陆后迅速沿吕宋岛西部宽阔的平原地带向马尼拉实施包抄攻击，有条件时，也可从马尼拉的后方或侧翼以闪电攻势夺取马尼拉，切断日军与日本本土的联系；另以一部兵力在苏比克湾西北的海岸和马尼拉湾南面的纳苏格布海岸登陆，以封锁巴丹半岛和科雷希多岛，防止日军溜走。

为支援登陆，肯尼的陆基航空兵和金凯德的护航航母舰载机将负责掩护并压制吕宋岛南部的日军机场；哈尔西的第 3 舰队则执行压制台湾和吕宋岛北部日军机场的任务。麦克阿瑟认为，“没有比这更完美的计划了”。

负责登陆主攻的第 8 集团军下辖第 1、第 14 军，共 20 万人，其中作战部队 13 万人。还有一支预备队约 8 万人，准备在晚些时候登陆。

麦克阿瑟的登陆计划看似天衣无缝，但早已被日军的“马来之虎”山下奉文破解，只是这只虎已失去了往日的威风，他知道以现有的兵力和装备难以进行全岛防御。他虽然拥有约 29 万人的队伍，但都是些缺乏训练的新兵和残兵败将。而且他缺少飞机、大炮以及粮食和弹药，又没有海上支援，要想阻挡盟军登陆无异于痴人说梦。他打算放弃无险可守的滩头阻击战，保存实力与盟军在岛上决战，那样尚能占有地势之优。因此，他把部队一分为三，实施纵深防御：尚武集团 15.2 万人部署在吕宋北部，由他亲自指挥；振武集团 10 万人部署在吕宋东部，由横山静雄指挥；建武集团 3 万人部署在克拉克西部以保卫机场，由冢田理喜智指挥。他在吕宋北部山区部署了约 15 万人；还有 7.5 万人部署在马尼拉以东的高地上；另外 3 万人沿着俯视克拉克机场的高地布防，只留下 2 万人保卫马尼拉，1.6 万人的海军陆战队保卫港口。

麦克阿瑟为了实现他那“完美”的计划，在战役发起前做了不少真真假假的动作：肯尼的轰炸机不停地攻击吕宋南部的目标，侦察机执行从八打雁到塔亚巴斯地区的摄影和侦察任务，运输机在同一区域上空装模作样地飞来飞去，冒充空降部队的进攻；金凯德的鱼雷快艇在吕宋岛的南方和西南方，最北端达到马尼拉湾的沿海加强巡逻；扫雷舰扫清了巴拉延、八打雁和塔亚巴斯等海湾的水雷。这无疑是要把山下奉文的注意力吸引到吕宋岛的南部。

1945 年 1 月 2 日，一支庞大的舰队从莱特湾出发，驶向林加延湾。这支舰队由 164 艘舰船组成，包括 12 艘小型航空母舰、6 艘战列舰、6 艘巡洋舰、39 艘驱逐舰及百余艘运输舰船，由杰西·奥尔登多夫海军中将指挥。如此庞大的舰队，想要掩人耳目几乎是不可能的。他们刚驶入苏里高海峡就被棉兰老岛上的日军发现了，次日便在保和海遭到了日军“神风特攻队”的攻击。随后两天，美舰队都被日机跟踪轰炸，有 1

艘小型航空母舰、2 艘驱逐舰被击沉，3 艘巡洋舰和许多其他舰只受重创，几百名官兵伤亡。但他们还是如期驶抵林加延湾，并开始炮击岸上目标及排除水雷。

1 月 4 日，麦克阿瑟登上他的新旗舰“博伊西”号轻型巡洋舰，随主力舰队出发，他将在盟军登陆开始之前到达前线。第二天下午，几艘日军小型潜艇向舰队发起突然袭击，它们直奔“博伊西”号而来，好像知道麦克阿瑟在这艘舰上似的。他们发射的鱼雷有一枚险些击中“博伊西”号。

麦克阿瑟对自己见到的情景及心情有过这样的描述：

周围只有发动机有节奏的转动声和海浪拍击舰体的声音，气氛平静而又紧张，指挥员和士兵们一样正严阵以待。我的思绪回到了 3 年前那个漆黑的夜晚，怀着一定要重返的决心，我穿过同样波涛翻腾的海域。在赌场上，赌棍有一句格言：一去不复返。但是，当我给自己常用的烟斗加烟丝时，心里感到一阵温暖。我想，这些小赌棍有时也可能是错误的，并非都是一去不复返！

麦克阿瑟凭栏远眺，不禁“感到一种无法形容的惆怅、悲伤、孤独和庄严的献身精神”。迫切地想要一雪前耻，挽回荣誉，或许是这位总司令战前亲临前线的一个重要原因。

他们在途中同样遭到了日军“神风特攻队”的袭击。当“神风特攻队”被击退后，麦克阿瑟对艾克尔伯格说：“感谢上帝，好在他们不如我们，否则，我想我们就不得不打道回府了。”

1 月 7 日，应金凯德的要求，哈尔西把原定空袭台湾的计划改为空袭吕宋岛。这一天，哈尔西、金凯德和肯尼的飞机联合出动，几乎使吕宋岛上的日军机场处于瘫痪状态，致使日军不得不把能撤出的飞机全部撤走。

1 月 8 日晚上，美军所有舰队在林加延湾集结。800 余艘舰船在夜色中显得灰蒙蒙的一片。

1月9日拂晓，进攻吕宋岛的战役终于打响了。奥斯卡·格里斯沃尔德指挥的第14军和尼斯·斯威夫特指挥的第1军担任突击部队抢先登陆。他们几乎没有遇到什么抵抗便登上了滩头，向内陆挺进。格里斯沃尔德原以为强大的日军已在海滩上严阵以待，没想到登陆就像一次节日旅行一样轻松。沿途的菲律宾民众按照传统的待客方式，用鸡蛋、香蕉、椰子和米饼来款待他们。

大约5个小时后，像往常一样，麦克阿瑟、萨瑟兰和其他参谋人员乘登陆艇上岸。麦克阿瑟大步流星地从斜板上走下来，在吕宋岛重现了莱特湾辉煌的一幕，几百名菲律宾人在岸上向他致意，大声喊着“玛布海”（欢迎）。美军的飞机正在散发传单，上面写着：“经过一系列辉煌的战斗，麦克阿瑟将军的解放部队在短短的时间内已经成功地摧毁了守卫莱特的敌军，牢牢地控制了民都洛。此刻，他已屹立在吕宋的土地上，在我们首都的门槛上向敌军挑战。这就符合了我们祈祷者好几个月以来的愿望。”显然，这是事先准备好的。

麦克阿瑟怀着必胜的信念，亲临前线指挥这次战役。到傍晚时，5万多名美国军人及装备安全上岸，并构建了一个约26千米宽、8千米深的延伸滩头堡。“看到我军终于占据了优势，我感到无限欣慰。”麦克阿瑟这样写道。

但是，麦克阿瑟似乎高兴得太早了，要知道岛上还有20万日军。当天晚上，哈尔西率第3舰队冒险通过巴林塘海峡，进入南中国海，袭击了中南半岛沿岸、中国台湾和中国香港等地，日军44艘舰船被击沉、损失100架飞机，南中国海的制海权已掌握在盟军手中。与此同时，日军也利用哈尔西北上之机，数次出动“神风特攻队”对林加延湾的盟军舰船进行轰炸、撞击，重创18艘，击沉4艘，盟军有738人阵亡、约1400人受伤。

岸上的推进也遇到了很大的阻力，第14军一周内仅向内陆推进了40千米。而斯威夫特的第1军遇到了日军更猛烈的阻击，离马尼拉还有179千米。从林加延湾向南，是吕宋岛的中央平原，直到内湖湾，都比较开阔，无险可守，所以山下奉文放弃了这一开阔地带，把日军主力

“二战”后期，日军实施自杀式攻击的神风飞机被击落

部队撤到两侧的高山上。克鲁格一向行事谨慎，不敢沿未设防的中央平原的开阔地带长驱直入，直插马尼拉，致使部队在平原地区滞留太久，延误了打山上攻坚战的时间。日军在山上构筑好了坚固的防御工事，山坡上有大量洞穴，里面储存了充足的弹药和其他补给品。阵地下面还藏有许多坦克发射点，这些坦克在壕沟里只露出一个炮塔，火力很强。

麦克阿瑟不想跟日本人耗下去，他把司令部从舰上搬到达古潘镇，亲自督促地面部队快速向马尼拉突进。一天深夜，肯尼到司令部来向麦克阿瑟汇报工作，但麦克阿瑟上前线去了，半夜12点才回来。肯尼见他面对丰盛的晚餐却没有一点食欲，担心地问道：“将军不舒服吗?”麦克阿瑟说：“乔治，我太累了，吃不下去。”肯尼第二天清晨动身回去，想跟麦克阿瑟告别，但值班军官告诉他说：“总司令两个小时前就上前线了。”“什么?”肯尼惊呼，“这老家伙准是疯了!”

麦克阿瑟之所以如此拼命，一方面是因为他向参谋长联席会议保证，登陆后 4 个星期拿下马尼拉；另一方面，尼米兹曾要求借给金凯德的舰队要在 2 月上旬送还给他，他要用它们来加强第 5 舰队（自 1 月下旬开始，第 3 舰队将重归斯普鲁恩斯指挥，恢复第 5 舰队番号），以发动对硫黄岛和冲绳岛的战役。为此，麦克阿瑟对第 1、第 14 军的两位军长提出了加快推进速度，尽快夺取首都马尼拉的要求，并亲自督战。他甚至直接命令第 37、第 40 师向克拉克机场进军。克鲁格刚被晋升为四星上将，他的激情得以极大发挥，严令第 14 军不惜一切代价快速向前推进，直取克拉克机场；第 1 军负责保护它的后方和左翼。于是，第 14 军 3 天内就前进了 62 英里，左翼第 l 军顽强地阻击尚武集团的进攻，在圣曼努埃尔附近与日军的一个坦克旅展开激战。至 1 月 30 日，他们歼灭了克拉克地区的 3 万日军，又马不停蹄地向南进攻马尼拉。

这时，艾克尔伯格的第 6 集团军已经完成在莱特岛的清剿任务，他亲自率领第 11 空降师在吕宋岛登陆，进击马尼拉。

2 月 1 日，麦克阿瑟找到第 14 军骑 1 师师长、精明强悍的西点人维恩·马奇，对他说："向马尼拉前进，包围日本鬼子。"马奇立即从骑 1 师中挑选人马，组成 2 个特遣部队，在威廉·蔡斯准将的指挥下，冲在全师的最前面。他们穿过被包围的日军阵地，冲进马尼拉去解救战俘。这支部队在大街上横冲直撞，冲散了三五成群、惊慌失措的日本兵，来到关押战俘的圣托马斯大学。坦克冲开校园的前门，救出了 3700 名战俘。

麦克阿瑟仍不放心，他冒着炮火巡查了第 14 军，发现日军凭借洞穴和埋在地下的坦克负隅顽抗。"他们没有投降，"麦克阿瑟后来写道，"每一个日本兵都坚持战斗到死。你必须砸碎他的脑袋，或用刺刀捅他个透亮。"他此时才想到盟军士兵同样也要付出沉重的代价，于是让进攻部队在离马尼拉不到 50 千米的地方进行休整。

2 月 4 日，第 11 空降师呼喊着冲锋口号，进抵马尼拉近郊，他们在 730 米长的塔盖泰山脊遭到日军的顽强阻击。肯尼的飞机将第 503 伞兵团从民都洛岛空运了过来。在增援部队的支援下，经过激烈的战斗，他们终于攻上了山顶，站在山上已经可以看到"马尼拉市的房屋在阳光下闪着白光”，这里离马尼拉只有40千米了。

经过短暂休整后，第14军开始向克拉克机场发动进攻，经过异常激烈的战斗，他们终于拿下机场，将守卫机场的日军赶进西面的三描礼士山。同时，第37师的先头部队又从监狱里救出1500名盟军战俘。

2月7日，麦克阿瑟不听劝阻，在夜幕降临前随第37师主力进入马尼拉。他坐坦克进城，前往圣托马斯大学看望被解救的战俘。后来，他在回忆录中写道：

尽管在我的一生中有许多令人心情激动的时候，但没有哪一次比我访问圣托马斯集中营时那动人的情景，更让人心潮澎湃了。当我到达那里时，炮声依然隆隆地响着，那些可怜的、饿得半死的战俘激动地大声呼喊起来。他们穿着破烂污秽的衣服，泪水满面流淌，用尽全身的力气挤过来靠近我，握住我的手，吻我，拥抱我。

当时，一个战俘气喘吁吁地说：“你回来了！”麦克阿瑟答道：“我回来晚了，但我们到底回来了。”

麦克阿瑟终于回到了阔别数年的马尼拉。同一天，他发表公报，宣称“我们的军队正在迅速夺取马尼拉”，日军很快就会被消灭。

全世界都为此感到振奋。罗斯福、丘吉尔、蒋介石，还有巴顿都发来了贺电。

然而，上述公报和贺电似乎早了一个月。马尼拉还远未收复，盟军在彻底占领这座城市前，不得不与日军进行长达4个星期的艰苦巷战。麦克阿瑟发现，重返马尼拉“最后的5英里是最艰巨的”。

到2月12日，马尼拉的2万名日军已收缩到南海滨区，躲藏在老城区坚固的建筑物里拼死抵抗。他们储备有大量的武器、弹药、食物和水，铁了心要战斗到最后一人。肯尼曾请求麦克阿瑟允许他对日敌进行空袭，但为了减少平民伤亡，麦克阿瑟没有同意。他对肯尼说：“我们将用大量的火炮，在城墙上打开突破口。不要着急，慢慢来，这样我们的伤亡就可降到最低限度。”但是，猛烈的炮击仍造成大量伤亡和严重破坏。持续的炮火将一座座建筑物炸毁，马尼拉变成了一片废墟，约有10万平民在双方的炮击和枪战中丧生。

麦克阿瑟登陆莱特岛

2月21日，争夺马尼拉饭店的战斗打响了。美军已经冲过巴石河，逼近马尼拉饭店附近。那里曾是麦克阿瑟的家，他挂念着自己的家具和藏书，未等战斗结束就去看他的住宅，但他在那里看到的是冲天大火。在硝烟中，他迈着沉重的步伐，在冲锋枪队员的掩护下走进饭店，顺着楼梯向顶楼爬去。此时楼里仍有残存的日军，每上一层都要经过一场战斗。后来他这样写道："在两旁枪手的保护下，我登上了通向顶楼的楼梯，我们是一边打一边走上去的。我的住宅里除了灰烬之外，一切都荡然无存了。"

指挥这次战斗的是一位年轻军官，他手里提着还在冒烟的枪，高兴地对麦克阿瑟大声喊着："干得很顺利，长官！"但麦克阿瑟却怎么也高兴不起来："对我来说，此刻没有什么东西是美好的。我可爱的家遭到破坏，我正痛苦地咀嚼着难以下咽的苦果。"

与此同时，盟军收复巴丹半岛和科雷希多岛的行动也在进行之中。

在夺回科雷希多岛之前，马尼拉湾的港口设施都无法安全地使用。除此之外，巴丹和科雷希多还有着深刻的象征意义，只有当美国国旗插在这两座岛上，吕宋岛的战斗才算结束。据情报部门估计，在巴丹半岛设防的日军超过 6000 人，而科雷希多岛上的日军不到 1000 人，于是，麦克阿瑟把作战重点放在巴丹方向。他令艾克尔伯格派第 38 师（加强第 34 团战斗群），在巴丹以北几英里远的吕宋岛西海岸登陆。

2 月 14 日，蔡斯指挥第 38 师的 2 个团从奥拉尼出发，开始沿东岸向南推进。巴丹半岛上的日军大大少于美军预计的数字，美军只遇到了微弱的抵抗。第二天，从奥隆阿波上船出发的那个团在巴丹半岛南端登陆，未遇任何抵抗。该团迅即向北穿插，与北面的部队遥相呼应。

2 月 16 日，麦克阿瑟等不及夺回巴丹，便带着几个总司令部参谋人员，乘坐 2 辆吉普车深入半岛巡视。他兴致勃勃地沿半岛东海岸疾驰南下，很快便超过先头部队 8 千米多。肯尼支援战斗的一小队飞机发现他的吉普车后，以为是日军，准备进行扫射。幸亏小队长在攻击前多了个心眼，用无线电与地面指挥官进行核实。蔡斯知道麦克阿瑟准在这条路上的什么地方，因而未予批准，否则后果不堪设想。

在科雷希多，2 月 16 日早晨，第 503 空降步兵团的约 1000 名伞兵在民都洛岛分为 2 批，搭乘运输机在科雷希多西部高地空降。因为行动突然，日军毫无准备，没给伞兵造成什么伤亡。同时，来自巴丹半岛的一支约有 1000 人的部队，在马林塔隧道附近的东面登陆。当天中午，两支部队已建立坚固的立足点，开始向日军发起进攻，但遇到了激烈抵抗。美军第 5 航空队的重型轰炸机使用凝固汽油弹，几乎炸平了科雷希多的大部分地区。与此同时，海军驱逐舰在直射射程内从海上向岛上的岩洞和隧道入口处射击。在这种情况下，日军只能凭借地下攻势进行最后的顽抗。他们孤注一掷，用炸药炸毁隧道，并向美军发起自杀性冲击。2 月 26 日，大多数抵抗都停止了。盟军共击毙 4500 名日军，剩下的 500 人不是逃跑就是被活埋在坑道里。盟军伤亡 1000 人，其中阵亡 200 多人。

2 月 27 日，马尼拉的战斗也基本结束。这一天，麦克阿瑟在高级军官和参谋人员的陪同下，来到在战火中奇迹般幸存下来的马拉卡南宫，参加恢复菲律宾立宪政府的仪式。奎松的密友和继任者奥斯梅纳做了简短的演说。麦克阿瑟则致以充满激情的长篇演说：

自从我将军队及设施撤出这个美丽的城市以后，已经有3年多的时间过去了，这是充满苦难、斗争和牺牲的3年。当年，这里门户敞开、没有设防，根据战争法，这里的教堂、纪念碑和文化中心可以免遭破坏……而我努力保护的这一切要不是敌人采取孤注一掷的行动，也不会遭到如此惨重、如此巨大和不必要的破坏……

麦克阿瑟一生都追求戏剧性和传奇性。这次重返科雷希多岛的所有行动，都是他精心导演的。

3月2日，麦克阿瑟终于回到了科雷希多岛。像当年逃离那样，这次他仍是乘4艘鱼雷快艇回来，并沿原路上岛。麦克阿瑟称上岛的那一刻为“戏剧性和浪漫的时刻”。第503空降步兵团团长乔治·M.琼斯上校前来迎接他。他察看了马林塔隧道和其他熟悉的地方，然后前往“顶峰”参加一项仪式。琼斯走上前来，向他敬礼并说道：“长官，我向您呈交科雷希多要塞。”麦克阿瑟授予琼斯一枚服务优异十字勋章，并用阅兵讲话的音量说道：“让你的部队把国旗升起来，不要让任何敌人把它降下。”

麦克阿瑟还在仪式上发表了热情的讲话，他的讲话以“巴丹的英雄主义和牺牲精神永存”结尾。然后，众人望着冉冉升起的美国星条旗，立正举手敬礼。这一切宣告马尼拉真正地重获新生了。

第十章　势如破竹建奇功

占领菲律宾群岛

1945年2月中下旬，麦克阿瑟制订了一个“胜利者5号”计划。这个计划是他自作主张的想法，试图攻打菲律宾南端的棉兰老岛及其周围岛屿。他一再强调对菲律宾人民的“责任和义务”，华盛顿方面也默认了。

进入3月后，艾克尔伯格的第6集团军相继在棉兰老岛、班乃岛、内格罗斯岛、宿务岛、保和岛、巴西兰岛、霍洛岛和塔威塔威群岛登陆。

棉兰老岛是菲律宾群岛中的第二大岛屿，岛上有长而不规则的海岸线，内陆是崎岖不平的地方及山区，有森林及数条有鳄鱼出没的河流，其余是湖泊、沼泽地或草地，机械化部队很难通过。岛上也有公路，1号公路由南面的伊利亚纳湾由西向东延伸到达沃湾的迪戈斯市，再向北到达达沃市；2号公路叫赛瑞公路，它横贯全岛南北，由在伊利亚纳湾与达沃湾的卡巴坎，经布基农省附近的山区到达北部海岸的马卡哈拉湾。

日军的最强防守在达沃湾地区，他们在达沃市挖掘战壕固守，大炮及高射炮满布海岸。但他们接到命令，放弃海滩，撤往城市周围防卫阵地的碉堡中固守。

3月10日，麦克阿瑟命令艾克尔伯格率第6集团军开始实施“胜利者5号”计划，给他4个月时间去完成对棉兰老岛及其周围岛屿的占领和清剿任务。艾克尔伯格对计划中规定的时间和登陆地点进行了修改，然后交给富兰克林·赛伯特少将的陆军第 10 军去实施。

3 月 17 日，由亚伯特·G. 罗保海军少将率领的第 78 特混编队 2 分队，运送第 24 步兵师在接近马卡哈拉湾的海滩登陆，然后向机场推进。5 天后，第 31 步兵师在前往迪戈斯市的 1 号公路以南 29 千米的巴拉望岛登陆，占领了距三宝颜市东北大约 230 千米的第波罗市机场，然后让海军航空大队进驻该岛，支援海上炮轰及登陆进攻三宝颜市。

同一天，美军第 41 步兵师开始进攻棉兰老岛西南部的最大延伸部分——三宝颜半岛。岛上的日军有 9000 多人。经过美军第 13 航空大队的轰炸及第 7 舰队 3 天的炮轰后，第 162、第 163 步兵团在三宝颜市以西 5 千米处登陆，日军抵抗微弱，第 41 步兵师很快便攻占三宝颜市。3 月 18 日，美军在进攻山区的日军据点时遭到顽强抵抗。经过 6 天的激战，日军中央防线于 3 月 23 日被突破，第 162 步兵团继续清除中央防区，第 186 步兵团则继续推进。一个星期后，美军终于在菲律宾游击队的支援下，将日军第 54 独立混成旅团击退，赶入山区。

与此同时，棉兰老岛上由温德·弗尔蒂指挥的菲律宾游击队，占领了马拉邦山及附近的临时机场。从 4 月 3 日起，海军航空队移到马拉邦机场，根据游击队提供的情报轰炸日军据点，残余日军逃入山区。

4 月 21 日，第 7 舰队一小队炮艇向上游开进，掩护第 24 步兵师行动。第二天，第 24 步兵师占领了卡巴坎以及 1 号公路与赛瑞公路的连接点，把棉兰老河变成了美军在岛上的主要供应线。

4 月 22 日，第 31 步兵师也在棉兰老岛登陆，同时，第 24 海军航空大队到达三宝颜，为作战部队提供空中支援。当 2 个步兵师登陆后，第 24 步兵师沿 1 号公路经迪戈斯进攻达沃；第 31 步兵师从卡巴坎沿赛瑞公路进攻马卡拉哈湾。美军第 24 步兵师的推进速度相当快，以致日军发现美军在西海岸登陆之前，他们已逼近迪戈斯市。到 4 月中旬，除棉兰老岛上还有若干日军据点未拔除外，菲律宾中、南部岛屿基本都被解放了。

4 月 27 日，美军到达迪戈斯，很快便消灭了日军，随即转向北面朝达沃前进。5 月 21 日，第 31 步兵师攻占马拉巴拉；5 月 23 日，第 31

步兵师与第 40 步兵师第 108 步兵团会合，控制了整条赛瑞公路。之后，美军联合菲律宾游击队，开始扫荡逃入山中的日军。

第 6 集团军在 42 天里总共实施了 52 次登陆作战，麦克阿瑟对艾克尔伯格指挥的战斗“感到十分满意”。

相比之下，克鲁格在吕宋岛上的战斗则要艰苦得多。日军从马尼拉败退后还有约 17 万人，山下奉文把他们布置在岛上的三个山区进行抵抗。其中，山下奉文亲率的尚武集团 12 万人在北吕宋山区，振武集团 4 万人在马尼拉以东山区，建武集团 1 万人在克拉克以西沿海山区。克鲁格的第 8 集团军（此次任务结束后将恢复原番号）是吕宋主攻部队，所以这一艰巨的任务仍由他来完成。他的部队在吕宋登陆作战中已遭受很大损失，兵力受到削弱，部队疲惫不堪。清剿行动进行了 6 个多月，克鲁格以巨大的伤亡为代价，击毙了 10 多万日军，但并没有把他们消灭干净，藏在高山据点里的日军还有 6 万多人。

当艾克尔伯格基本结束在南菲律宾的战斗时，他的部队恢复番号为第 8 集团军，这也意味着在下一次战役中他将唱主角（让人们误以为总是第 8 集团军在冲锋陷阵）。

“胜利者 5 号”计划至此基本完成，麦克阿瑟又向参谋长联席会议提出使用第 8 集团军南征婆罗洲和爪哇的计划。这一建议引起了澳大利亚军方的强烈不满。布莱梅将军抱怨说，他的部队被留在后方的新几内亚、新不列颠岛和布干维尔收拾残局，而美军却在前方独享胜利果实。麦克阿瑟不得不考虑澳军的情绪，准备把一部分任务交给他们。但参谋长联席会议的参谋长们不同意他去攻打设防坚固的爪哇，只是十分勉强地同意他进攻婆罗洲。为了平息澳大利亚军方的怒气，麦克阿瑟决定让澳新军团实施婆罗洲战役。

5 月 1 日，以澳军为主力的 1.8 万登陆部队在婆罗洲东部的塔拉坎登陆，开始了麦克阿瑟称之为“双簧管”的战役。5 月 1 日和 6 月 10 日，布莱梅指挥部队分别在塔拉坎和文莱湾登陆。由于日军将精锐部队都调回了日本本土，留在这几个小岛上的驻军不堪一击，战斗进展顺利，澳军很快攻占了那里。

麦克阿瑟见几个地方的登陆作战都很顺利，心情大好，决定从6月份开始，对各个战场进行一次“大巡视”。6月3日，麦克阿瑟、艾克尔伯格和总司令部的几位参谋，在马尼拉登上“博伊西”号巡洋舰。他们在民都洛岛稍事逗留后，继续前往棉兰老岛，这是当年麦克阿瑟被日军追击、乘鱼雷快艇从科雷希多岛出逃时走过的路线。怎样逃出来，就怎样打回去，这解了麦克阿瑟的一个心结。

真正的视察到6月5日才开始。麦克阿瑟在棉兰老岛登岸，巡视了过去常去的老地方，特别是德尔蒙特乡间俱乐部，他和“巴丹帮”就是在那里等候B-17飞机把他们送往澳大利亚的。接下来，他们视察了宿务和内格罗，然后从内格罗乘鱼雷快艇去了一趟罗奈的伊洛伊洛。最后他们来到巴拉望岛，再往南便是前线了。肯尼在那里与他们会合，然后一起乘“博伊西”号巡洋舰与驶往婆罗洲文莱湾的进攻部队一同前进。

第二天，麦克阿瑟、肯尼及随行人员在文莱上了岸。这时，澳军登陆才2个小时，附近一片射击声和炮弹爆炸声。肯尼很紧张，不是担心自己，而是担心麦克阿瑟。但麦克阿瑟若无其事地往前走，看到澳军推进顺利，他很高兴。这时，日军的一个狙击手向他们开枪了，站在麦克阿瑟身边的一个摄影记者被击中了肩膀。几个随行参谋吓坏了，立刻“挟持”麦克阿瑟回到舰上。

6月11日，麦克阿瑟第二次登岸。澳军已经向前推进了40千米，这里只有一小队士兵留守。麦克阿瑟穿过一块800多米长的沼泽地，上了一条小道，因为那儿停着一辆吉普车，肯尼知道，他是想开那辆车“去寻找更多的麻烦”。肯尼没法拦住他，但是他们刚把车开到丛林深处，就被一位澳大利亚上校拦住了。这位上校已经看见了麦克阿瑟的五星军衔，但他根本不打算让步。麦克阿瑟向他解释说：“我看到前方几百米处有你们的士兵，我要到那儿去看看。”上校回答说：“不行，将军！那是我们的前沿突击队，我都不需要到那里去。他们所在的那个地方也在敌人的火力范围内。”

麦克阿瑟坚持要往前走，一边走一边说：“上校，如果你看不见你的士兵，你就没法指挥他们；如果你看不见你的敌人，你就不能打击他们。”那位上校尴尬地笑了笑，说：“这是我生平头一回看到一位总司令要当尖兵。”

他们的车又往前走了四五千米路，麦克阿瑟见澳军已经胜券在握，这才掉转车头返回。

7月1日，麦克阿瑟又来到澳军的另一个登陆点——婆罗洲的巴厘巴板。不知是出于对澳军的不放心还是仅仅出于习惯，他乘坐军舰一到那里，就带着随行人员上了岸。他们选择了一个小山丘作为观察阵地，距日军阵地只有200米远，周围都是澳大利亚士兵，他们正趴在散兵坑里向日军射击。麦克阿瑟站着观察敌情时，突然，日军的一挺机枪响了起来，大家全都卧倒在地上。但麦克阿瑟依然站着，毫不畏惧地把身体挺得笔直，手中拿着地图。过了一会儿，日军的那挺机枪又扫射起来，打落了他们身旁树上的枝叶。麦克阿瑟转身对旁边的一位军官说：“顺便说一句，我想最好派几个人干掉那挺机枪，免得它伤了什么人。”

当天傍晚，婆罗洲的战斗已经接近尾声，麦克阿瑟很满意。至此，他终于结束了“大巡视”。当夜，“博伊西”号再次起航，返回马尼拉。

在此期间，斯普鲁恩斯的第5舰队也完成了硫黄岛登陆战役。

硫黄岛是小笠原群岛的中心岛屿，因岛上有一座尚未冷却的死火山，终年喷发着硫黄雾气而得名。从地理位置上看，硫黄岛北距东京650海里，南距马里亚纳群岛的塞班岛630海里，几乎正处在两地的中间咽喉要道，岛上的日军不仅可以向东京提供早期预警，而且可以起飞战斗机对盟军飞机进行拦截，甚至不断出动飞机攻击美军在塞班岛等地的机场。这也就使它成为盟军前进道路上一颗非拔不可的钉子。

日军在岛上有陆军1.5万余人、海军7000余人，共约2.3万人，飞机30余架，由栗林忠道统一指挥。日军还在岛上的中部高地和元山地区各建有一个机场。

1月26日，完成了对吕宋岛登陆作战支援任务的第3舰队返回乌利西基地进行休整，哈尔西将第3舰队指挥权移交给斯普鲁恩斯，舰队随之改称第 5 舰队。

2 月 2 日，尼米兹来到乌利西视察硫黄岛作战的准备情况。斯普鲁恩斯提议，为阻止日军对硫黄岛可能的增援，必须首先使用舰载航空兵对日本本土的关东地区机场进行压制，尼米兹同意了这一计划。在斯普鲁恩斯对硫黄岛发起攻击之前，美军海陆航空部队都出动飞机对日本本土和硫黄岛进行了轰炸，其中，B－29“超级空中堡垒”轰炸机表现不俗，发挥了巨大威力。

而对硫黄岛这个只有 8 千米长、4 千米宽的火山灰小岛，盟军投入了第 5 两栖军作为主力，配备 13 艘航空母舰和 27 艘巡洋舰、驱逐舰，投入 1000 多架飞机，并预计 4 天就能结束战斗。经过一段时间

1945 年，斯普鲁恩斯（左一）、米切尔（左二）、尼米兹（右二）等人留影

的空中炮火轰击，2 月 14 日，威廉·布兰迪海军少将率领由 6 艘战列舰、12 艘护航航母、5 艘巡洋舰、16 艘驱逐舰组成的火力支援编队，从塞班岛前往硫黄岛。2 月 19 日早晨 6 点，特纳率领的登陆编队到达硫黄岛海域，斯普鲁恩斯和米切尔指挥的航母编队也到达硫黄岛西北

海域。

此时，硫黄岛出现了少有的晴朗天气，天高云薄，微风轻拂。美军舰炮支援编队的7艘战列舰、4艘重巡洋舰和13艘驱逐舰开始直接火力准备，航母编队一边担负空中掩护任务，一边出动舰载机参与对硫黄岛的航空火力准备。美军一口气将2.4万余吨炮弹倾泻到小岛上，但日军损失轻微。

早上9点整，陆战第4、第5师在硫黄岛的东海滩登陆。从折钵山山脚下沿海岸向东北延伸，登陆滩头代号分别是“绿一”“红一”“红二”“黄一”“黄二”“蓝一”“蓝二”。陆战第5师在南端的3个滩头登陆，穿越硫黄岛最狭窄部，孤立或攻占硫黄岛南的折钵山；陆战第4师则在北面的4个滩头登陆，攻击1号机场。

登陆一开始非常顺利，日军的抵抗十分微弱，只用迫击炮和轻武器进行零星射击。但是，由于岸滩由火山灰堆积而成，土质异常松软，导致履带登陆车全部陷在火山灰中难以前进，后面的登陆艇一波接一波地驶来，结果都被这些无法动弹的履带登陆车所阻挡，根本无法抢滩登陆，艇上的士兵只好涉水上岸。当天，美军在滩头仅推进了200余米。美军的炮火一停，栗林忠道就命令日军从坑道进入阵地，用炮火压制登陆滩头，一时间，滩头的美军伤亡惨重，前进受阻。

中午12点，美军陆战第4师第23团才前进了450米，接着继续在火力支援下攻击前进，直到下午2点才攻到1号机场。而陆战第4师的另一个团则被日军在“蓝二滩头”东北的一个小艇专用港边的悬崖上的大量永备发射点所阻，伤亡严重，而且毫无进展。

日落时，美军有6个步兵团、6个炮兵营和2个坦克营共约3万人上岸，全天有566人阵亡，1858人负伤。

战斗仍在继续，并且越来越艰难。2月22日，天降大雨，美军登陆部队被迫停止进攻，抓紧进行战地休整。美国国内的新闻界甚至强烈要求“让陆战队喘口气——给日本人放毒气”，但这一要求遭到了尼米兹的拒绝。

2月23日，美军陆战第4师以2号机场为目标发起总攻，但他们在由日军永备发射点、坑道、地堡和岩洞工事组成的防线前，推进极为缓慢，简直像蜗牛爬行。全天只有右翼前进了约 300 米，左翼和中间几乎毫无进展。同日，美军的航母编队在硫黄岛以东海域与海上勤务大队会合，接受海上补给，当晚再次向日本本土进发，阻击日军可能对硫黄岛的支援。

此后，面对坑道，美军只得采取蜗牛式的攻坚战法，以每天数百米的进度，将日军数以千计的火力点一一拔除。美军每前进一步，都要付出巨大的代价。在对岛上第二制高点 382 高地的争夺战中，美军陆战第 4 师屡屡陷入日军的交叉火网，伤亡极其惨重，382 高地因此被称为“绞肉机”，战斗部队的伤亡高达 50% 以上，有经验的连长、排长和军士长伤亡殆尽。又经过一个星期的激烈战斗，美军于 3 月 1 日攻占了 2 号机场和元山村。

左翼的美军陆战第 5 师在攻击 362 高地时，与陆战第 4 师在 382 高地的遭遇如出一辙：刚攻上山头，侧翼日军立即以密集火力封锁美军的退路，再以纵深火力和凶猛的反击将攻上高地的美军尽数消灭，美军死伤枕藉，却毫无收获。

日军早已掌握了美军的攻击程序：先是航空火力准备，再是舰炮火力轰击，接着是地面炮火射击，最后才是步兵冲击，所以，日军总是在坑道里躲过美军的炮火，再进入阵地迎击步兵的进攻，一次又一次地粉碎了美军的攻势。陆战第 5 师不得不改变战术。

3 月 7 日拂晓，陆战第 5 师未进行任何炮火准备，借助黎明前的黑夜，悄然接近日军阵地，突然发起冲击，打了日军一个措手不及，一举攻占了 362 高地。随后，美军发起总攻，担负中央突破的陆战第 3 师势如破竹，进展神速，遇到难以克服的日军阵地就设法绕过去，继续向前推进。这样做虽然给后续的陆战第 4、第 5 师留下了不少“钉子”，但他们顺利突破了日军的防线，穿插到了西海岸，将日军分割为两个部分。

岛上日军被一分为二后，美军先在中间突破，然后向两边推进，扩大战果。陆战第 3 师第 9 团向东，第 21 团向西，分别策应陆战第 4、第

5 师的攻击。日军的态势已相当不利，但他们仍依托防御工事死战不退，尤其陆战第 5 师面对的是栗林忠道直接指挥的部队，遭到的抵抗更为激烈，陆战第 5 师的伤亡超过 75%，许多部队失去了战斗力，以致师部的文书、司机甚至炊事员等勤杂人员都投入了战斗。

战至 3 月 16 日，东北部的 800 余名日军被歼灭，美军于当天下午 6 点宣布占领硫黄岛，但战斗仍在继续，栗林忠道指挥残部依然坚持抵抗，有时战斗还相当激烈。从美军宣布占领硫黄岛后又经过整整一个星期的激战，3 月 24 日，美军将残余的日军压缩在硫黄岛北部的狭小范围内。栗林忠道于当晚焚毁军旗，发出了最后的诀别电报，然后销毁密码，准备实施最后的决死反击。

3 月 26 日凌晨，栗林忠道亲自率领约 350 名日军向 2 号机场的美军发起了最后反击，许多美军官兵在睡梦中被杀。天亮后，美军组织反击，四处追杀这股残余日军，激战 3 个小时，将其大部歼灭。栗林忠道负伤后切腹自杀，美军伤亡 172 人。当天早上 8 点，美军宣布硫黄岛战役结束，但对岛上残余日军的清剿又持续了几个月。

硫黄岛战役是一场漫长的相互折磨，一个月内美军伤亡 2 万余人。这也成为太平洋战争中登陆方伤亡超过防守方的唯一战例。

硫黄岛这种“绞肉机”般的血战，令美国高层大为震惊。美国陆军参谋长马歇尔据此估算，如果要攻占日本本土，美军至少还要付出 50 多万人的代价。硫黄岛血战，成为推动美国下决心动用原子弹轰炸日本本土的重要原因之一。

抵达日本，成签字代表

盟军占领菲律宾后，冲绳岛在日本本土防御中的地位更加突出。对日本而言，一旦冲绳岛失守，日本本土、朝鲜以及中国沿海地区的制海权、制空权将悉数丧失，日本赖以维持生存的通往东南亚的海上交通线将被彻底切断；而对盟军来说，放弃原来攻打台湾岛的计划后，冲绳岛便成了通往日本本土的最好跳板。

冲绳岛是琉球群岛的最大岛屿，与奄美群岛、先岛群岛、台湾岛构成了一道新月形的岛链，成为日本本土在东海的天然屏障。冲绳岛位置居中，被称为日本的“国门”。

冲绳岛北部多山地，南部则是开阔而平坦的丘陵地带，岛的东海岸有2个天然港湾、4个机场。自1944年7月马里亚纳群岛失守后，日军就开始重点加强冲绳岛的防守兵力和防御工事。日军在琉球群岛的守备兵力为陆军第32军，以冲绳岛为防御重点，由第32军军长牛岛满中将亲自指挥第9、第24、第62师团和独立第44旅团进行防御。牛岛满原计划以冲绳岛中部的两个机场为核心防御地带，先以海上和空中的特攻作战削弱来犯美军，再集中兵力将登陆美军歼灭在水际滩头。但在盟军收复菲律宾后，日军大本营将冲绳岛守备部队中最具战斗力的第9师团调往台湾，牛岛满随即以兵力不足为由，放弃了歼敌于滩头的计划，将防线从建有较完备工事的中部地区收缩到南部，依托筑垒地带实施持久防御。他采取的作战方针是，将美军诱至得不到海空火力支援的纵深地带，凭借预设阵地将其消灭。

为确保冲绳岛的防御，日军大本营于1945年3月制订了代号为“天号作战”的航空兵决战计划，集中了陆海军的2990架作战飞机，其中自杀飞机1230架，分别部署在中国台湾、琉球和九州等地区，准备在美军登陆冲绳岛时对美军舰队和运输船只实施猛烈突击，配合岛上的第32军粉碎盟军的登陆。

与此同时，为了打好在日本大门口的这一仗，美国海军也制订了一个“冰山”计划。负责实施这个计划的是第5舰队，司令为斯普鲁恩斯。主战舰队分为2支：一支是美军第5舰队的第58特混编队，由马克·米切尔指挥，下辖4个大队，共计16艘航母、8艘战列舰、18艘巡洋舰和56艘驱逐舰，搭载舰载机1300余架；另一支是英国太平洋舰队，现属美军第5舰队建制，番号为第57特混编队，由英国海军中将伯纳德·罗林斯指挥，下辖4艘航母、2艘战列舰、5艘巡洋舰和15艘驱逐舰，搭载舰载机150余架。登陆编队由里奇蒙德·特纳指挥，登陆舰艇约500艘，护航及支援舰只包括护航航母28艘、战列舰10艘、巡洋舰 14 艘、驱逐舰 74 艘、护卫舰 76 艘，舰载机约 800 架，连同后勤保障和运输船只，总共 1300 余艘。

地面部队主力是第 10 集团军，司令为西蒙·玻利瓦尔·巴克纳①陆军中将，下辖海军陆战队第 3 军和陆军第 24 军。海军陆战队第 3 军由陆战第 1、第 6 师组成，军长是罗伊·盖格②海军少将；陆军第 24 军由步兵第 7、第 96 师组成，军长是约翰·霍奇陆军中将。另有 4 个师为预备队，其中陆战第 2 师为第 10 集团军预备队；陆军第 27 师为留船预备队；陆军第 77 师先担负攻占庆良间列岛和伊江岛的作战任务，然后作为战役预备队；陆军第 81 师是总预备队，在新喀里多尼亚岛待命。共计 10 个师，18 万人。

4 月 1 日清晨，特纳指挥 9 个师实施登陆。其中，2 个陆军师和 2 个海军师在冲绳岛东南海岸登陆，实施佯攻；陆战第 1、第 6 师和陆军第 7、第 96 师，在冲绳岛西海岸从北到南正面约 8.9 千米的地段登陆。当天傍晚，美军有 5 万余人和大量火炮、坦克以及军需物资上岸，建立起正面约 14 千米、纵深约 4.8 千米的登陆场。美军上了岸，实际上没有遇到抵抗。

此时，麦克阿瑟的部队还在东南亚海域清剿残敌。随着对日战争的节节胜利，美国的决策者们加紧了对日本本土进攻的准备。从战略意义上讲，南太平洋和西南太平洋上的其他战役都已不是重点，麦克阿瑟和尼米兹这两支太平洋战场的主力部队当前的共同目标是打开日本南大门，对日本实施致命一击。如此一来，尼米兹领导的太平洋舰队和陆军将会更亲密地协同作战，两支部队有可能在冲绳岛会合。问题是，他们最终联合起来以后会怎么样？这又出现了指挥权限的划分问题，是建立统一指挥还是维持现状？很显然，维持现状是不可取的，因为作战目标

---

① 西蒙·玻利瓦尔·巴克纳（1886—1945）：美国陆军上将（追晋），第二次世界大战期间历任阿拉斯加防区司令、第 10 集团军司令。1945 年指挥冲绳岛战役时被敌人的榴霰弹击中阵亡，是“二战”时期美军在太平洋战场上牺牲的军衔和职务最高的军官。

② 罗伊·盖格（1885—1947）：美国陆战队上将（追晋），第二次世界大战中历任瓜达尔卡纳尔仙人掌航空联队队长、美国太平洋舰队陆战队司令。

只有一个。

进攻冲绳岛 3 天以后，马歇尔通知麦克阿瑟说，他已经和海军达成协议：冲绳之战一结束，在进攻日本本土的作战中，麦克阿瑟将指挥太平洋战区的所有地面部队和战术航空兵部队，包括现在尼米兹手下的航空部队；尼米兹将掌管所有的海军部队，包括金凯德的第 7 舰队。附带的一项指示是，目前两人仍按旧的指挥关系完成各自的战斗任务。也就是说，什么时间能向日本本土发起进攻，还要看斯普鲁恩斯夺取冲绳岛的进程。

4 月 4 日，美军 2 个陆战师横跨整个冲绳岛到达东海岸的中城湾，占领了冲绳岛中部地区，将日军防线一分为二。美军原计划 15 天完成的任务，仅 4 天就顺利完成了。

日军原计划在美军实施冲绳岛登陆时发动代号为“天号作战”的航空兵战役，集中陆、海军飞机，对美军登陆舰艇进行攻击，但日军因在盟军的空袭中损失惨重，已无力组织大规模作战，于是又制订了一个“菊水”计划，即出动“神风特攻队”对盟军的舰队进行自杀式攻击，以达到“一机换一舰”的目的。从 4 月 12 日到 6 月 22 日，“神风特攻队”共发动了 10 次菊水作战，使美、英舰队遭受了很大损失。同时，日本舰队也击沉美、英大小军舰 33 艘，击伤 360 余艘。

冲绳岛的地面战斗在 4 月 8 日前进展都比较顺利。美军兵分两路，海军陆战队第 3 军向北，陆军第 24 军向南，逐步推进。

4 月 9 日，由于陆军 24 军遭到了顽强抵抗，美军只得将预备队第 27 师投入南线作战。

4 月 13 日，日军利用罗斯福总统逝世这一不幸消息大做文章，抓住时机进行反击。他们先以敢死队员怀抱炸药，采取自杀攻击方法炸毁美军坦克，再对失去坦克掩护的美军步兵发起冲锋。在日军的冲击下，美军节节败退，好不容易才稳住阵脚。

僵持了将近一个星期后，陆军第 24 军的 3 个师从那霸以北约 6.5 千米处发起了一次大规模进攻。在海军舰队的舰炮和海、陆航空部队飞机的掩护下，陆军第 24 军开始进攻一座死火山山头。日军利用坑道躲避美军的轰击，当美军炮火停止、地面部队展开攻击时，他们才进入阵地迎战，使美军的数次攻势都被瓦解。日军利用每一个碉堡、每一个坑道，甚至每一块岩石，将美军死死挡住。激烈的战斗进行了5天，美军推进还不到10米。

与此同时，海军陆战队第3军向冲绳北部顺利推进，至4月21日占领了冲绳岛北半部和伊江岛。

特纳对巴克纳步步为营的战术非常不满。面对这一情形，海军陆战队总司令范德格里夫特想亲临前线指导。4月22日，尼米兹和范德格里夫特搭乘C-47运输机飞往冲绳岛，视察美军已占领地区，并与陆军指挥官讨论目前的战局。很多人认为，陆军推进缓慢是为了减少伤亡，如果要加快速度，必须加强海空炮火支援。为此，尼米兹的舰队不得不冒着被“神风特攻队”攻击的危险，支援岛上的登陆部队。巴克纳乘机调整部署，以4个师展开攻击，采取两翼包抄战术，迂回夹击日军的主要防线。4月24日，美军终于取得了进展，粉碎了日军的顽强抵抗，突破了牧港防线。

进入5月后，日军被分割成若干部分独立作战，由于后勤补给困难，他们的处境越来越艰难，弹药储备接近枯竭，牛岛满不得不下令节省弹药，每门炮平均每天只有10发炮弹，严重影响了日军的作战。相反，美军投入了新型的喷火坦克和重型坦克，他们冒着日军的枪林弹雨，碾压日军的战壕，冲入日军阵地。喷火坦克将凝固汽油弹射入日军藏身的山洞和坑道，日军终于支撑不住了，防线逐渐被突破。

经过10多天的激烈争夺，美军终于占领了嘉手纳和读谷两处机场，其地面攻势不再需要舰队冒死支援了，尼米兹便抽出一支特遣舰队去攻打日本本土。岛上的美军得到了更多岸基飞机的空中支援，开始对日军进行分割围剿。

对此，日本联合舰队不可能坐视不理，丰田副武又开始实施“义号作战”计划，决定对美军占领的机场发动突然袭击。5月24日，运载“义烈空挺队”的12架日军飞机陆续起飞，途中有4架飞机因故障返航或迫降，另有4架飞机在接近冲绳岛时被美军击落，机上所载人员全部丧生，只有 4 架飞抵目的地。日军突击队员不等飞机完全停稳，就从机舱中跳下，向机场上停放的飞机投掷手榴弹和燃烧弹，两处机场马上燃起冲天大火。美军在爆炸声中反应过来后，立刻进行反击。日军的第一支突击队被消灭了，但机场的损失也不小。随后，这种突袭又接连发生了几次，但因美军吸取教训，加强了防范，日军的袭击收效甚微。

5 月 27 日，美军攻占了那霸，并继续向冲绳岛的首府首里城推进。

哈尔西的舰队终于摆脱了在冲绳海域被动挨打的窘境，他亲率第 38 特混编队北进，袭击日军在九州地区的航空基地，然后迅速返航，为即将开始的向日本本土发动的最后一击做准备。

6 月 17 日，美国海军又投入预备队陆战第 2 师。美国陆军中将巴克纳也亲临前线督战，结果在第二天的战斗中不幸阵亡。他是美军在太平洋战争中牺牲的军衔和职务最高的军官。

6 月 22 日，美军突破日军的最后防线，攻到了冲绳岛最南端的荒崎，并将残余日军分割为三个部分。日军很清楚，末日就要到来了。在坑道里，卫生兵开始给伤员们注射大剂量的吗啡，让他们平静地死去。次日凌晨，牛岛满知道美军即将占领他所在的摩文仁坑道，于是脱下军装，换上和服，与身边的参谋们一一干杯，喝完了最后的诀别酒，然后切腹自杀。至此，冲绳岛上日军有组织的抵抗结束了。

麦克阿瑟从登陆战役开始就一直焦急地等待着胜利的消息。冲绳岛战役打开了日本的南大门，他迫不及待地准备实施参谋长联席会议提出的“奥林匹克”计划，即进攻日本本土的第一个目标九州岛，然后是“皇冠”计划中预定的日本的心脏——本州。

此时，欧洲的墨索里尼和希特勒已先后垮台，全世界都在关注反法西斯战争的最后一幕。能在这最后一幕中唱主角，麦克阿瑟感到无上的荣耀和自豪。他准备用艾克尔伯格的第 8 集团军实施第一阶段的“奥林匹克”计划，用克鲁格的第 6 集团军（不知是否还改番号）实施第二阶段的“皇冠”计划。但是，在美国国内，决策者们正在寻求一个不必进攻日本本土又能迫使日本无条件投降的方法。因为按以前进攻硫黄岛、冲绳岛的代价来预测，如实施“奥林匹克”计划和“皇冠”计划，盟军伤亡很可能超过 100 万人。

哈里 · S. 杜鲁门继任总统后，打算解决罗斯福一直在犹豫不决的一个问题：是否使用原子弹对日本实施报复性打击。他召开了一次专门会

1945 年 4 月富兰克林 · 罗斯福总统病故后，继任总统的杜鲁门

议进行表决。会上，陆军部部长史汀生和陆军参谋长马歇尔都主张使用原子弹，海军部和海军作战部也表示支持。因为其一，美国在这次世界大战中献出了太多年轻的生命，在战争进入尾声时，如果还不珍惜生命，无疑对不起美国民众；其二，为了加快结束战争，使用原子弹是最快的途径；其三，日本在这场战争中使用了种种非人道主义的卑鄙手段，报复日本也是说得过去的。有了以上理由，杜鲁门的底气就更足了。

7 月 16 日，美、苏、英三国领导人在德国波茨坦会晤。就在这一天，杜鲁门得到了原子弹试爆成功的喜讯。美、苏、英三国领导人心里也有了底，于 7 月 26 日发表《波茨坦公告》，对日本帝国发出最后通牒，以强硬的态度责令日本立即无条件投降。当然，有一句话没有明说，那就是倘若日本不立刻投降，就拿原子弹到日本本土去试试它的威力。

1945 年 7 月 17 日至 8 月 2 日，苏、美、英三国领导人在德国柏林附近的波茨坦举行会议。7 月 26 日，会议以美、中、英的名义发表敦促日本无条件投降的《波茨坦公告》

其实，这只是一个掩人耳目的由头，美国早已开始投放原子弹的准备工作。8 月初，在太平洋中部的提尼安基地上，一个 B－29 轰炸机机组已经准备完毕。8 月 6 日，第一枚原子弹“小男孩”被投在广岛。次日，杜鲁门总统发表了震惊世界的广播声明：

16 小时前，一架美国飞机在日本重要基地广岛投下了一颗炸弹。它不是普通炸弹，是一颗原子弹，它的威力超过 2 万吨 TNT 炸药……我们将彻底摧毁日本的作战能力。请记住，日本政府必须接受 7 月 26 日的《波茨坦公告》，否则，遭到彻底灭亡的只能是日本人民。

但日军将领中有许多顽固不化的战争狂人，为了顾全“脸面”，他们坚持战斗到死。于是，日本长崎很快又落下了第二颗原子弹“胖子”。

日本政府终于扛不住了。8 月 10 日，日本驻瑞士公使奉政府指示，向瑞士政府递交了一份外交照会，希望通过瑞士政府转告美国政府，它将接受波茨坦最后通牒的条件。但这个照会仍是有条件投降。

同一天，哈尔西率领第 3 舰队对日本本州的北部进行了袭击，击毁了 200 架日本轰炸机。

8 月 13 日、14 日两天，哈尔西又出动 1000 架次的航母舰载机，再次对日本东京进行袭击。

8 月 15 日，日本裕仁天皇发表《终战诏书》，同意无条件投降。同一天，麦克阿瑟被任命为驻日盟军总司令，由他率领同盟国代表接受日本投降。麦克阿瑟想要举行一个盛大的有纪念意义的仪式，让全世界都能看到。这让海军很不高兴。为了平息海军的不满，麦克阿瑟决定在“密苏里”号战列舰上举行这一仪式。当然，这需要华盛顿方面的同意。麦克阿瑟和美国政府花了近两周时间，制订了战争结束仪式的具体计划，然后致电东京，要求他们速派一个由高级军方人员组成的代表团到马尼拉来，商讨投降书内容和美军进占日本的相关事宜。

8 月 30 日，麦克阿瑟登上他的 C－54 运输机，在空军的严密保护下抵达东京。驻扎在冲绳岛的第 11 空降师、第 27 步兵师已提前一天出发。所有前去参加投降仪式的大人物都陆续来到东京。尼米兹乘坐一架水上飞机从关岛飞来，在“南达科他”号战舰上升起了他的旗帜。英国海军以“约克公爵”号为代表赶到东京湾，舰上飘扬着英国远东舰队司令布鲁斯·弗雷泽海军上将的旗帜。中国、苏联、加拿大、澳大利亚等国的代表也先后赶到。

日方代表是外相重光葵①，日军大本营陆军参谋长梅津美治郎②被

---

① 重光葵（1887—1957）：日本外交官，甲级战犯之一，活跃于两次世界大战及战后，幕后参与甚至主导了诸多日本侵略各国、统治及外交政策的制定。第二次世界大战后再次担任外务大臣，任内完成了与苏联恢复邦交的工作。

② 梅津美治郎（1882—1949）：日本陆军大将，东京审判的 28 个法西斯战犯之一，第二次世界大战时任关东军司令和末任参谋总长，是日本军国主义侵华战争的罪魁之一。

指定为副代表。

8 月 31 日，麦克阿瑟见到了被日军关押在中国沈阳达 3 年之久的老朋友乔纳森·温莱特。不等进行诸如敬礼这样正式的礼节，麦克阿瑟一把抓住温莱特的手，半拥半抱地搂住了他的肩膀。这是个令人激动而心酸的时刻。麦克阿瑟后来回忆说："温莱特面容憔悴而苍老，瘦骨嶙峋，身上穿的军服满是褶皱。他拄着一根手杖，步履艰难地行走着，他眼睛深陷，脸颊上布满了小坑。他的头发雪白，皮肤看起来像旧皮鞋面。我拥抱他时，他尽力做出微笑的样子。但当他试图说话时，他的声音哽咽了。3 年来，他一直为放弃科雷希多而羞愧。他认为他再也不会被授予现役指挥权。这使我大为震惊。'怎么，吉姆，'我说，'只要你愿意，你原来的军队还是你的。'"

9 月 2 日，星期天，天空阴云密布，凉气袭人。清晨，昂然屹立的"密苏里"号战列舰上，水兵们在旗杆上升起了一面鲜艳的美国国旗。

早上 8 点刚过，"尼古拉斯"号驱逐舰把盟国的陆、海军高级军官送上"密苏里"号。各国代表和将领穿着整齐的制服，佩戴着五颜六色的勋章和绶带，把甲板映衬得喜气洋洋。按照军衔的高低，代表们分成前后三排站在甲板上，他们的前面是铺着台布的桌子，桌子上放着文件和一个笔架。

早上 8 点 56 分，载着日本代表的"兰斯多恩"号驱逐舰接到信号后开了过来。日本代表顺着陡峭的舷梯爬向甲板，为首的是外相重光葵，他吃力地拄着拐杖，好像每爬上一层台阶都要呻吟一下。他们被领到 2 号炮塔附近的空甲板处，一个个站得笔直，一言不发，表情阴沉。日方代表之一加赖俊一后来写道："当我们出场时，我觉得我们正在受披枷戴锁之刑。千万只眼睛如千万支火箭疾风暴雨似的射向我们，我感到它们的锋芒射入我的身躯，造成肉体上的剧痛。我还从来没有体会到人的目光能这样厉害地伤人。"

早上 9 点，扩音器里传出牧师的祈祷声和美国国歌《星条旗永不落》。在乐声中，麦克阿瑟、尼米兹、哈尔西、温莱特和阿瑟·珀西瓦尔（马来亚英军总司令，于1942年在新加坡向日军投降）从舰舱走上甲板。在这一具有历史意义的时刻，麦克阿瑟神情庄重地来到桌子对面的一排麦克风前，并让温莱特和珀西瓦尔作为荣誉代表站在他的身后。随后，他开始了简短的演说：

参战各国的代表们，我们今天聚集于此，缔结一项庄重的协定，力使和平得以恢复。不同理想和观念的争端已在世界战场上决定，所以不用我们来讨论与辩论。我们在这里代表着世界上大多数人民，而不是怀着猜疑、恶意和憎恨的精神来此聚会。在这个庄严的时刻，我们将告别充满血腥屠杀的旧世界，迎来一个十分美好的新世界。我们在这个新世界中，将致力于维护人类的尊严，实现人类追求自由、宽容和正义的最美好的愿望。

演讲完后，麦克阿瑟要求日本代表在投降书上签字。日本外相重光葵第一个走过来，慌慌张张地摘下帽子、手套，放下手杖，尴尬紧张得不知该在哪里签字。麦克阿瑟转身对萨瑟兰说："理查德，告诉他在哪里签字。"

麦克阿瑟代表同盟国签字，他一共用了五六支钢笔（说法不一），一个音节用一支笔来写。尼米兹代表美国政府签字。接下来依次签字的是英国、中国、苏联、澳大利亚、加拿大、法国、荷兰及新西兰的代表。

这时，400架B－29轰炸机和1500架航母舰载机从他们头顶上编队飞过，这是一种胜利的炫耀。麦克阿瑟以平缓的语气宣布说："现在，世界已恢复和平，让我们为上帝永远保佑它而祈祷。仪式到此结束。"这也标志着第二次世界大战正式结束。

日本代表乘驱逐舰离开之后，麦克阿瑟感到十分欣慰和轻松。他回到"密苏里"号宽敞的餐厅，与各国代表一起享受醇浓的香槟酒。

1945 年 9 月 2 日，在停泊于东京湾的美国军舰“密苏里”号上，举行了日本投降签字仪式。图为日军参谋总长梅津美治郎代表日本在投降书上签字。左为道格拉斯·麦克阿瑟将军

自以为是，改造日本

从受降仪式结束的那一刻起，麦克阿瑟一直处在兴奋之中，他用了几天的时间来平息心中的波澜，调整自己的情绪，以便尽快进到一个新的角色中去。因为他除了主持受降仪式外，还肩负着一个重要使命，那就是对日本进行改造。从这一点来看，受降仪式标志着战争的结束，也代表着占领和管制日本的开始。

1945 年 9 月 8 日，麦克阿瑟离开设立在横滨新大饭店的司令部，与哈尔西、艾克尔伯格等人一起驱车前往东京。

日本政府提出请求说，希望同盟国的军队不要进驻东京，但遭到了麦克阿瑟的拒绝。不过，麦克阿瑟也不打算派太多部队去东京。他们来

到美国大使馆，麦克阿瑟在登上大楼台阶时，对艾克尔伯格说：“把我们的国旗展开，让它作为被压迫者的希望象征，作为公理胜利的象征，在东京的阳光下荣耀地飘扬吧！”艾克尔伯格立即命令一队仪仗兵把那面曾飘扬在“密苏里”号战列舰上的国旗升上旗杆。这时，军号吹响了，面对如此庄严的时刻，很多在场的人“眼睛都湿润了”。

麦克阿瑟在履行占领日本的职责时，将自己对占领应达到的目标——改造日本，过分理想化，并把这种理念作为他实施占领的指导方针。但是，他不是政治家而是职业军人，对于如何实现这一目标心里根本没底。

日本民族在战争中的表现是残忍的，但日本民众也有其诚实的一面。麦克阿瑟认识到这诚实的一面正是自己行使职责的基础，令他头痛的是应该把日本政府摆在一个怎样的位置上，这决定了一个国家是否是主权独立国家。还有一个特殊问题是如何对待日本天皇，天皇是大和民族的精神领袖，政府可以成为一个傀儡，但民族精神支柱是不能倒塌的。麦克阿瑟明白应尽量保留天皇的地位。他了解到，“天皇及日本政府的权力要从属于最高司令”，这似乎表明他叫日本领导人做什么，他们就不得不那么做。然而，“最高司令要通过包括天皇在内的日本政府机构及部门行使自己的权力”，这又意味着他不得不与他们保持合作。所以，合作与制约是他两手都要抓的大事。

麦克阿瑟决定把自己的家安在美国驻日大使馆中，而把盟军总司令部设在东京商业区皇宫对面的一号大楼。这座大楼成为麦克阿瑟改造日本的工作中心，也可以说是日本的政治、军事、经济决策中心。

一号大楼距使馆仅 5 分钟车程，工作和生活都很方便。9 月 19 日，麦克阿瑟把妻子琼、儿子阿瑟及老保姆阿珠，还有在马尼拉新请的家庭教师吉本斯夫人都接了过来，在东京安下了新家。除了紧张的工作外，他的日常生活非常固定，几乎每天都是两点一线，即大使馆和一号大楼。每天早晨起来，他总要和儿子逗弄一会儿爱犬。全家人一般在早上 8 点左右用早餐，然后吉本斯夫人开始给小阿瑟上课，麦克阿瑟则回卧室做 20 分钟左右的健身操。大约早上 9 点，他开始工作，处理完公文后便开始接待预约的客人，主要是日本内阁大臣。而与客人一谈起来，常常是他一个人在那里高谈阔论，边说边没完没了地踱来踱去，“就好像这一天他再没别的事可干似的”。下午 2 点左右，他乘车回家吃午饭，然后睡一个小时的午觉，醒来后看一会儿下午出的报纸，再乘车去办公室。

麦克阿瑟在改造日本的过程中，把自己当成了拯救日本而非征服日本的救星。他在进驻东京之初便宣布：“盟军总司令部的职责并非抑制日本，而是使它重新站起来。”其中的重点是：在政治上，改革日本旧有体制，重新制定日本宪法；在军事上，要瓦解军国主义的思想和组织，瓦解因战争而建立起来的各种阵营；在经济上，考虑日本战后民生问题，给日本民众出路。麦克阿瑟后来在回忆录中写道：“我拥有至高无上的权力，我也面临着我一生中最困难的境地。权力是一回事，而如何支配权力又是一回事。我的军事专业学识不再是一个重大因素了，我不得不做一个经济学家、政治学家、工程师、工厂总经理、教师，甚至是神学家。我不得不重建那个几乎被战争彻底破坏了的国家。不论我的伦理主张如何，不论我的基本性格如何，也不论我对我内心关于人类的概念如何，我都不得不把光荣、正义、同情等概念引进这个政治、经济和精神的真空之中。日本已经成为世界上一所把全国人民从极权主义军事统治下解放出来和从内部使政府自由化的大实验室了。”他正是在为此而努力。

9 月 22 日，麦克阿瑟以盟军总司令部的名义发布了《日本投降后美国的对日政策》，其中阐明了改造日本的原则：占领军尽量采取一种克制和善意的做法以赢得日本人的信任与合作，一切占领政策都将通过包括天皇在内的日本政府实行。同时规定：“上述原则在天皇及其他日本当权者不能满足最高统帅实施投降条款的要求时，最高统帅将要求改组政府机构和变动人事，或以直接行动之权限和义务加以限制。”

麦克阿瑟认为天皇不必对战争承担罪责。天皇作为日本人的精神领袖，如果把他抓起来并进行审判，势必会引起战乱，“导致灾难性的后果”。麦克阿瑟之所以大发慈悲，当然也是为了争取日本民众的信任与合作，使自己当稳这个“太上皇”，他给裕仁天皇开了一个天大的后门——把他的名字从战犯名册中划去了。对此，华盛顿方面包括总统杜鲁门在内的高层及舆论界都对他有所质疑，甚至日本国内许多人都要求废黜天皇这个战争贩子和元凶。麦克阿瑟的解释是，在这种一方为奴隶而另一方为主子的占领状态下，“几乎所有的军事占领都孕育着未来的新的战争”。强制性废黜天皇会引起日本政治动荡和军事暴乱，一旦这种情况发生，至少需要100万援军来应付可能爆发的游击战争。他需要天皇来稳定民心，因为他的出发点不是要武装日本，而是要改造日本。所以，他向华盛顿提出要求，对天皇的待遇“不应有任何降低之处，凡是一位君主所应得到的礼遇都要给他”，以求得到天皇的支持，通过天皇对日本人民的影响，来实现重建这个国家的宏图。

为了试探麦克阿瑟此话的真假，几天后，新任外相吉田茂①首次前去拜会麦克阿瑟。

麦克阿瑟的办公室设在一个比较封闭的储藏间，因靠近食堂而时常传来叮叮当当的嘈杂声。办公室的布置十分简朴，有一套“皱皱巴巴、垫得又软又厚的皮面沙发”，以及一张普通的桌子，只在一面没有门的墙上有一扇窗户。墙上挂着一幅从使馆那边找来的乔治·华盛顿的画像。

吉田茂在政治上很保守，但为人机智而果敢。他曾极力抵制让日本陷入战争的军界派系的崛起。战争期间，他过着一种精神流放的生活。复出后，他试图为日本的政体重构和经济复兴而出力。

见面后，吉田茂用一种比较职业化的英语欢迎麦克阿瑟来到东京，然后补充说，他前来转达天皇诚挚的问候，并询问是否可能在不久的将来安排他们会面。显然，吉田要知道的首先是麦克阿瑟对天皇的态度。这将会影响日本的政治体制。麦克阿瑟直截了当地回答说，他的地位不允许他主动拜见天皇。吉田问：“最高司令官的意思是不是希望天皇来

① 吉田茂（1878—1967）：日本首相。历任外务大臣、内大臣、枢密顾问官等要职，第二次世界大战时的亲英美派首领，战后多次组阁，被公认为近现代日本少有的具有国际感觉的政治家。

见你?”“会见天皇是我极大的荣幸。”麦克阿瑟故作谦虚地说。吉田是个很精明的人，他已经猜出麦克阿瑟不会拒绝与天皇见面，但也不会容许天皇凌驾于他之上，他既要做个“太上皇”，也承认日本继续保留天皇。这个问题解决后，麦克阿瑟轻松了很多，竟然对这个搞外交的人大谈日本过去在战争中的战略错误。吉田对麦克阿瑟的用意很清楚，他不可能跟麦克阿瑟谈出什么结果来，还是得让天皇自己来谈。

对于这个主题，麦克阿瑟早有准备。“这是他在总结了历史上亚历山大大帝、恺撒、拿破仑实行占领时的经验与教训后得出的结论，当然也借鉴了他父亲在菲律宾，还有他自己“一战”后在莱茵地区的占领经验与教训。”在莱茵地区驻防时，他亲身体验到“军事占领形式所带来的根本弱点，文官权力为军事权力所取代，人民失掉了自尊和自信，不断占上风的是集中的专制独裁权力而不是一种地方化的代议制体制。在外国的刺刀统治下，国民的精神和道德风尚日益沦丧；占领军本身也由于权力弊病渗入他们的队伍中而产生了一种种族优越感，从而不可避免地堕落下去”，所以，他不准备走别人走过的老路。

一个星期以后，麦克阿瑟在自己家里接待了来访的裕仁天皇。他之所以这么做，是想先以私交的方式开始与天皇接触，即使发生什么政治冲突，也不影响他们之间的私人往来。这是麦克阿瑟的一种谦恭、大度的姿态。

天皇身穿燕尾服和带条纹的裤子，头戴大礼帽，举止显得“心神不安”。为了缓和气氛，麦克阿瑟愉快地回忆起日俄战争结束后老天皇接见自己的情景。他还递给裕仁天皇一支美国香烟，裕仁天皇犹豫了一下，接过了香烟。作为一个超级战犯，裕仁天皇对麦克阿瑟的这种姿态应该是很满意的。麦克阿瑟本以为裕仁天皇此次前来会为他自己辩解，以个人身份乞求让他免受战犯之苦，没想到裕仁天皇却说：“道格拉斯将军，我到您这里来，是为了接受您所代表的各国的裁决。我对我国在这次战争中所做的一切政治、军事决定和采取的一切行动，负完全责任。”

裕仁天皇的检讨达 20 分钟之久。麦克阿瑟听了感到有些惊讶，裕仁天皇真有勇气站出来承担全部罪责？尽管他心有疑虑，但仍不禁肃然起敬："我原本只知道他是一位与生俱来的天皇，但在那一瞬间，我深深感到，坐在我面前的天皇，就其个人品质来说也是日本最高尚的绅士。"

1945年9月27日，裕仁天皇和麦克阿瑟将军在美国驻日本大使馆

这是一次简单的会见，他们的对话以谈论天气而结束，但却在很大程度上决定了裕仁天皇的命运，也影响了日本未来的改革方向。会见结束后，麦克阿瑟叫他的公务摄影师盖塔诺·费拉斯少校为他们两人拍摄合影。

当裕仁天皇的车队驶离美国大使馆后，麦克阿瑟的夫人琼从藏身的地方回到客厅，麦克阿瑟对她说："我想告诉你，当我见到一个曾经那么高高在上、一手遮天的人如今被降到这种地位时，心里还是很难过的。"然后告诉她裕仁天皇长什么样子。琼笑着打断他的描述："噢，我看见他了。我和小亚瑟躲在红幕帘后偷看呢。”

第二天，当日本国民从报纸上看到穿着军装的麦克阿瑟与穿着燕尾服的天皇并肩站在一起时，无不感到异常惊讶。

在军事上，为了实现日本的非军事化，首先要解除它因为战争而建立起来的各种武装。战后，日本仍有近700万军人，其中约半数在日本本土，另一半及300多万日本平民在海外。麦克阿瑟将原日本陆军部、海军部改组为遣散军事人员局，花了一年多时间才完成遣散工作，但被苏军俘获的47万人中只有9万人返回家园。此外，这个遣散局还释放了150万名在战争期间被抓到日本的中国和朝鲜劳工。

同时，麦克阿瑟对日本原有的军用工厂、军事基地、军事设施都进行清理整治。艾克尔伯格的部队用几个月时间搜遍日本，炸毁了弹药库，烧掉了飞机。共有420艘海军舰只被拆毁，将近150万吨弹药、8000架作战飞机、2500辆坦克、20万门火炮与海岸炮被销毁或被扔进大海。生产作战物资的军工厂被关闭，海军基地和造船厂被摧毁，机场被炸掉。这些被销毁的作战物资价值达数十亿美元。

1946年1月4日，最高统帅部向日本政府提交了一份“清洗计划”，列举了要求“罢免和清除”的7类人，目的是禁止一切军国主义分子、帝国主义分子或极端民族主义分子担任公职或在工业生产部门中担任关键性职务。全国约有20万人（包括1800名财阀家族成员）被禁止担任公职，约1300个带有政治性的组织被解散。而对发动战争，应承担罪责的人则进行了审判。战犯被分成甲、乙、丙三级。甲级战犯有25名，送国际军事法庭进行审判。乙级战犯有20多名，由盟军总司令部军事法庭进行审判。本间雅晴被认为是制造“巴丹死亡行军”的罪魁祸首。裕仁天皇知道这一事件真相后，马上剥夺了本间的军职和各种勋章，他被匆匆判处死刑。本间雅晴的夫人甚至亲自去向麦克阿瑟求情。但在复审书中，麦克阿瑟认为“被告以军事权力和军事必要性为名，集体消灭那些不能再为战争出力的人，其罪行之凶残与危险已到了无以复加的地步”。最终，本间雅晴、山下奉文等人都被判处死刑。丙级战犯有4200名，由各同盟国军事法庭进行审判。其中，700人被判处死刑，400 人被宣判无罪，其余的被关进监狱服刑。

此外，还有一个神道教组织受到清理。这个名义上的教派组织鼓吹战争，煽动军国主义思想，推崇以天皇为神和自我牺牲的民族主义，在战争期间对军队起了很大作用。麦克阿瑟下令废除作为国教的神道教，解散各级神道教组织。约 8000 座神教纪念碑被推倒，把作为神的天皇请下了神坛，天皇成了一位像凡人一样普通的君主。

日本是一个立宪君主制国家，要改革政体还得从修改宪法入手。修宪工作从 1945 年 10 月就开始了。盟军总司令部下发了《关于民权自由的指令》，要求日本政府立即解除对政治、公民和宗教权利的一切限制，废除一切镇压和压制法令，释放一切严格意义上的政治犯，取消一切新闻检查，解散一切镇压机构和宪兵队，并要求日本当局修改宪法。

经过 3 个月的酝酿，以国务大臣松本烝治为首的宪法问题调查委员会，向内阁会议提交了一份宪法修改草案。但该草案基本承袭了原来的帝国宪法，仍维护天皇的统治大权，实质上没有什么改变。因此，麦克阿瑟不予接受，他决定采取“冲击疗法”，于 1946 年 2 月 3 日下令由考特尼·惠特尼领导的民政局亲自拟订修改方案，并提出修改三项原则。其一，天皇处于国家元首地位，皇位世袭，天皇依据宪法所行使的职能要体现国民的基本意志。其二，日本要废止运用国家权力发动战争，放弃以战争作为解决争端的手段，日本不拥有军队和交战权。其三，废除日本的封建制度，贵族的权利只限于尚在的一代。

在这三项原则基础上修改完成的新宪法，于 1946 年 11 月 3 日颁布，1947 年 5 月 3 日起施行。新宪法草案公布后，立即在日本人民中引起了强烈反响。人们在街头巷尾、在报纸上、在家庭中、在工作岗位上等一切场所进行讨论和辩论，并提出了各种各样的修改意见。

新宪法的颁布保障了日本向现代资产阶级民主制度的平稳过渡，它除了在日本的国体、政体及放弃战争与武装力量等方面做出重要规定外，其改革精神几乎触及日本社会的方方面面。其中包括建立地方议会、地方自治政府和地方警察机构，实行地方自治制度，从而改变了过去那种中央集权的领导体制；实行国家公务员制度，国民有权选举和罢免公务员，从而改变了过去带有浓厚军事封建色彩的官吏制度；等等。其中，解放妇女是麦克阿瑟津津乐道的得意之事。根据新的选举法，1300多万妇女首次获得了选举权。在战后举行的第一次国会选举中，有466人当选为议员，其中有38名女议员。就在选举结果公布第二天，有位日本立法界权威人士去见麦克阿瑟，心神不安地对他说："我很遗憾地告诉您，选举中发生了一件意想不到的事情。"麦克阿瑟有点诧异，忙问是什么事。那个人说："有一个妓女被选进了众议院。"麦克阿瑟又问："她得了多少选票?"那人叹口气说："25.6万张。"麦克阿瑟郑重地对那个人说："我可以说，这么多选票恐怕不全是靠她那不光彩的职业得来的吧。"

麦克阿瑟后来在回忆录中写道："我们在日本完成的一切改革事业中，我感到最满意的无过于妇女的地位提高了。"当然，这只是一种谦虚的说法，事实上，这部宪法对战后日本的复兴起了相当的促进作用，尤其是对日本的经济。

在经济方面，麦克阿瑟采取了很多改革措施。当时他公开表示："只要我当盟军总司令，就不会让一个日本人饿死。"

在此期间，日本面临着严重的粮食危机。从年初开始的粮荒逼得人们走投无路，纷纷走上街头抗议示威。为此，盟军总司令部制定了农地改革的政策，在日本推行土地改革；并推举吉田茂为自由党领袖，准备与进步党联合组建"粮食内阁"。麦克阿瑟还向华盛顿要求调运太平洋地区美军的库存粮到日本。当时，那些批评麦克阿瑟的人将他在解释其指示方面所拥有的自由度进行了大肆夸张，将麦克阿瑟刻画成一个要把占领日本变成他个人的独角戏的刚愎自用的角色。盟军总司令部一号大楼也成为麦克阿瑟在日本的权力和地位的象征。

一年后，土地改革取得了巨大的成果。政府征购了约3000万亩农田，然后以分期付款的方式转卖给佃农。到1950年，日本85%的可耕土地到了自耕农手中。

此外，麦克阿瑟还对日本财阀集团进行打击。日本在过去几十年间，约90%的工业和金融财富控制在如三菱、三井、住友、安田这样的大财阀手中。这些大垄断公司是20世纪30年代一切罪恶之源，它们利用战争牟取暴利，左右国家政治和国民生活。麦克阿瑟的这项措施起初遭到了日本方面的抵制，包括外相吉田茂。吉田茂认为，日本的经济机构是由这些财阀建立起来的，国家的繁荣也是这些财阀带来的，没有财阀，日本的经济就无法运行。很多政府官员也持这种观点，改革进展缓慢。麦克阿瑟对此不得不退让一步，对财阀集团由打击变为制约，让它们在统一原则下继续为日本的经济发展做贡献。最后，1200家公司中只有9家解散。然而，开始进行的一些努力以及采取的措施，大大削弱了财阀家族的权势。剩下的公司被禁止生产哪怕是稍能用于战争的任何产品，如飞机、人造石油和人造橡胶以及轴承等。

麦克阿瑟还对日本银行体制、财政体制和税收制度等进行了重大改革，建立起一系列使经济正常运转的配套设施，把财政大权完全置于国会和国民监督之下，并确立起以直接税为主、间接税为辅的新税制。

麦克阿瑟所推行的改革对战后日本的历史产生了较为深远的影响。1951年4月，当麦克阿瑟被解职时，吉田茂在向全国发表的广播讲话中动情地说："麦克阿瑟将军为我国利益所做出的贡献是历史上的一个奇迹。是他把我国从投降后混乱凋敝的境地中拯救了出来，并把它引上了恢复和重建的道路，是他使民主精神在我国社会的各个方面牢牢扎根。"尼克松则称麦克阿瑟"是历史上最进步的占领军司令之一，而且是其中少数政绩卓著者之一"，从这个意义上，说麦克阿瑟是半个政治家并不为过。

第十一章　折戟朝鲜咽苦果

与总统起冲突

在日本当“太上皇”，可谓麦克阿瑟人生的巅峰时期。“最高统帅”这个称呼大大满足了他的虚荣心，每天都有上百个日本人聚集在一号大楼前，看着他进出大楼。他们态度虔诚，仿佛要向全世界表明他们对麦克阿瑟的信任。麦克阿瑟通过审判战犯、修改宪法、制约财阀、土地改革等，在很大程度上推动了日本的政治、经济和社会生活的民主化进程。

早在1945年8月日本投降之初，苏联曾向美国提出由两国将领共同担任驻日盟军最高统帅的要求，但美国未予理睬。两天后，杜鲁门发布《总命令第1号》，其中把苏军受降地区定在中国东北、朝鲜北纬38度线以北地区。斯大林对此非常不满，8月16日，他就此致电杜鲁门，提出千岛群岛和北海道北部也应由苏军受降。杜鲁门拒绝了苏联试图参与占领日本本土的要求，但同意考虑将整个千岛群岛让予苏军受降。随后，美国政府公布《战后占领日本本土的各国部队的组成》的文件，规定各占领国的部队将编成统一的军队，由美国任命的最高司令来指挥，而不是像在德国那样搞多国占领。9月22日，麦克阿瑟发布的《日本投降后美国的对日政策》被杜鲁门政府通过，占领军将置于美国任命的最高司令指挥之下，各盟国间若发生分歧，将按照美国的政策行事。

但苏联不会轻易接受美国的这种“安排”，在1945年9月举行的伦敦外长会议上，苏联外交人民委员莫洛托夫①更明确地提出，由于这种“软弱”的占领不能体现盟国的意志，要求用一个四国委员会来代替麦克阿瑟，但遭到美国的拒绝。后来，苏联通过驻东京代表杰列维扬科向麦克阿瑟再次提出占领北海道的要求，被麦克阿瑟一口回绝。杰列维扬科威胁说，苏联一定会设法免去麦克阿瑟盟军最高司令的职务，不管麦克阿瑟同意不同意，苏联军队都将开到北海道。麦克阿瑟发火了，坚定地对杰列维扬科说：“假如有一名苏联士兵未经我本人同意进入日本，我就把包括您在内的整个苏联代表团投入监狱！”

麦克阿瑟强硬的态度让杰列维扬科非常吃惊，他似乎不相信自己的耳朵。过了好一会儿，他才强装礼貌地说：“上帝，我相信你会这样做的。”接着转身离开了。

麦克阿瑟对日本天皇的特殊保护，在国际上引起了世界各国的广泛批评。首先是苏联，斯大林在接见美国佛罗里达州参议员克劳德·佩珀时担心地说，麦克阿瑟对日本的占领可能过于“软弱”，从而达不到改造的目的。他再次提出要设立一个像在德国一样的同盟国控制委员会，并要求由苏联的军队占领日本北方的岛屿——北海道，并且这些军队将不受麦克阿瑟指挥。英国、澳大利亚也跟着提出要求，惩处天皇，由四国委员会来决定对日本的占领管治问题。

1945 年 12 月，在莫斯科外长会议上，杜鲁门同意苏联在日本的军事存在是暂时性条件下的迁就苏联的要求。这不仅因为同盟国三大首脑在几次联席会议上讨论了分占日本问题，也不仅因为麦克阿瑟在日本独断专行，成为众矢之的，而且还有一个秘而不宣的原因——原子弹在日本那举世震惊的威力给杜鲁门总统增添了不少荣耀，但他随即面临着一个严峻的问题：如何保持这种优势，不使核机密泄露，特别是对苏联严加防范。因此，日本投降后不久，他就向国会递交了“梅－约翰逊议案”，目标是建立一种永久性的“曼哈顿区”，由军事部门控制。同时，

---

① 莫洛托夫（1890—1986）：斯大林时期的二号人物，历任苏联人民委员会主席、苏联人民委员会第一副主席，后兼任外交部部长、苏共中央政治局委员。

参议院设立了原子能特别委员会，监督原子能的军事和民间的使用。但是，苏联实际上已开始研究核武器，只是研究到了何种程度不得而知。世界的政治格局随着第二次世界大战结束而发生了深刻的变化，美、苏之间的对立日益尖锐。杜鲁门一方面要遏制苏联的“共产主义威胁”，一方面又不想马上与苏联闹得太僵，以免在协调双方利益上过早发生冲突。

在这一点上，麦克阿瑟所持的立场与杜鲁门并不完全一致。杜鲁门考虑更多的是如何奠定新的政治格局，以及战后美国如何获取更多的利益；而麦克阿瑟考虑的则是如何完成改造日本的使命——不仅是作为政治口号，也是真心实意，完全投入。作为盟军最高司令，他负责决定盟军作战部队的部署。在与苏方代表谈判时，他提出的条件是，除非苏联愿意将军队交给他统一指挥，并部署在他指定的地区，否则他将拒绝苏军进入日本。他把已变为废墟的广岛划归苏联管治。

这显然是苏联无法接受的。在英国的帮助下，苏联成立了一个“远东委员会”，委员会成员由所有参与对日作战的 11 个国家代表组成；同时在东京设立了一个“盟国对日委员会咨询小组”，该小组由美国、英国、中国和苏联四个成员国组成。“远东委员会”在华盛顿举行了一次会议，然后把它的命令发至“盟国对日委员会咨询小组”，主要是监督麦克阿瑟对日本的军事占领政策。事实上，这个“盟国对日委员会咨询小组”没有表决权，即使表决了也得由麦克阿瑟来执行，主动权仍然在美国手中。

成立“远东委员会”并没有征求麦克阿瑟的意见，所以，当他得知这两个机构成立的消息后，十分愤怒。更让他怒火冲天的是，美国国务院的一位发言人竟然对新闻界说，委员会的整个酝酿过程都征求了麦克阿瑟的意见，他对这一计划“并不反对”。麦克阿瑟随即向新闻界发表了一份声明，说他对委员会“不负任何责任”，而且关于他不反对这一计划的说法是“不正确的”。

如此一来，麦克阿瑟与杜鲁门政府之间的矛盾也暴露出来了。

麦克阿瑟与杜鲁门的关系原本就非常微妙，无论于公于私都有一些不和谐的地方。

首先是战后和平时期美国是否继续执行征兵制的问题。麦克阿瑟不相信国会继续执行征兵制，当杜鲁门以美国要在未来不确定的时间内在德国和日本驻扎大量部队为由，要求继续执行征兵制时，麦克阿瑟发表声明称：在未来6个月内，他的占领军只需要20万人，而目前他的部队超过了50万人。他在给陆军部发的电文中写道，根据他目前所了解的，他“将尽快采取措施与陆军部所宣布的遣散军队的政策取得完全一致”。

杜鲁门认为那些企图破坏他要在和平时期确保征兵制实施的种种做法都是不可宽恕的，他压下心头怒火，让马歇尔正式给麦克阿瑟发电报，建议他回美国看看，并表示，既然战争业已结束，陆军需要他在国会上就军事需求作证。电报上说，“我建议您回祖国看看”。这是马歇尔在参谋长职位上最后一次邀请他，但遭到了麦克阿瑟的拒绝。

美国陆军五星上将　乔治·马歇尔

杜鲁门认为麦克阿瑟有藐视总统权威、代行政府职权的嫌疑，于是授意代理国务卿迪安·艾奇逊对麦克阿瑟进行公开批评："占领军是执行政策的工具，而不决定政策……为执行这项政策所采取的任何措施都将付诸实施。"这是政府官员第一次公开批评一位五星上将。对此，麦克阿瑟没有公开回应，但他私下对参谋官考特尼·惠特尼说："从我被任命为最高司令官的那个时刻起，我就制定了我打算遵循的政策。"也许这只是惠特尼事后的说法。因为随着年龄的增长，麦克阿瑟现在已不喜欢小题大做，更不喜欢紧张气氛和公开争论。只要不损害他的荣誉与权力，他能躲就躲，能避就避，深居简出，不参与社交活动。

然而，他这样做也无法避免矛盾。作为日本的"太上皇"，他很多时候还得听命于美国政府。一年后，杜鲁门再次劝麦克阿瑟回国看看。这一次，他让陆军参谋长艾森豪威尔给麦克阿瑟写信，请他回国做一次简短访问。杜鲁门也许认为个人关系会起点作用，而且当时对日本实施占领已有一年多，日本的局势也比较稳定了。艾森豪威尔在信中写道："总统要我劝劝您，他认为（回国）既十分适宜又很适时。"麦克阿瑟再次声称，日本的当前局势"极其危险"，恶劣的形势不允许他离开日本。这一次，杜鲁门本可以直接下令让他回国，但杜鲁门没有这样做，而是再次放弃自己的初衷。

当然，杜鲁门也绝不会对麦克阿瑟放任自流，他派国务院政策计划事务负责人乔治·凯南前往日本进行调研，并对麦克阿瑟进行监督。凯南很反感日本宪法中的"和平"条款，而且他对麦克阿瑟早有成见，二人在会谈时各有打算。凯南觉得麦克阿瑟"把日本人民的生活引入了骚动、混乱和严重的不稳定状态"。他认为，清理运动不仅远远没有实现日本政治和经济的民主化，而更像是有意让"日本社会在共产主义的重压下不堪一击，为共产主义最终取而代之铺平道路"。

凯南进驻日本后，使占领政策发生了种种变化。例如，他说服麦克阿瑟让总司令部的官员在控制黑市的问题上对现行的"铁腕"手段做一些调整，这类事情虽小，却是早该这么做的。为密切美军和日本人的关系，凯南建议采用更加宽松的做法。他认为应设法让国务院接管驻日本的军事政府，目的是让日本成为美国在远东地区的堡垒，以对抗苏联的扩张。此后，美国国务院在远东事务上的话语权不断加强，不仅在日本，还包括朝鲜半岛。这显然是杜鲁门的意图，否则凯南不可能有这么大的能量。

作为驻日盟军总司令，麦克阿瑟的鼎盛时期已经过去了。从1948年下半年起，他的权力就一再受到限制，他的行动也受到了更严密的监视。但是，麦克阿瑟在一个最重要的方面与杜鲁门是步调一致的，那就是极力遏制苏联，反共是他意识中的核心。

麦克阿瑟很早就对苏联存有偏见，认为共产党都是一些会造反的、一心想要推翻合法政府的赤色分子。而他本人很愿意充当反共急先锋的角色。早在20世纪30年代初期他担任陆军参谋长时，便曾一口咬定“退役金大进军”是赤色分子所为，是共产党阴谋推翻政府的暴乱，还亲自披挂上阵，指挥军队驱赶手无寸铁的退伍老兵。

1947年年初，美国工会会员已达500万人。为谋求生存，工会向政府提出了以提高工资为主的一些要求。在这一期间，杜鲁门在美国参众两院发表了总统咨文，系统地阐述了向“抵抗共产主义势力扩张”的非共产党国家提供援助的意义和具体安排，后来人们称之为“杜鲁门主义”。当麦克阿瑟禁止共产党组织大罢工时，杰列维扬科跑到一号大楼，质问麦克阿瑟到底有何权力如此专横跋扈。他说：“为什么不可以罢工？在解放后的苏联这个天堂里，工人的权利是受法律保护的，人民想什么时候罢工就什么时候罢工。像这样的禁令在苏联是行不通的。”麦克阿瑟从写字台后站起身来，盯着杰列维扬科的眼睛，头也不回地对俄文翻译说：“俄语的‘笨蛋’一词怎么说?”杰列维扬科的英语水平足以使他听懂麦克阿瑟的话，于是气愤地走了。后来，杰列维扬科要回莫斯科时，麦克阿瑟要他给斯大林带个口信，说了许多讽刺挖苦苏联对外政策的种种缺陷的话。一年多后，杰列维扬科再次来到日本，麦克阿瑟一见到他就像对待老朋友那样调侃道：“啊，杰列维扬科将军！真高兴看到你回来。前一阵子你没能回来，我还真担心他们把你枪毙了呢!”

1948年美国总统竞选，很多人希望麦克阿瑟“成为竞选中的一匹黑马”，但最后仍是曾被舆论界认为毫无希望的杜鲁门再次当选总统。而那些支持麦克阿瑟竞选的人都得罪了杜鲁门，这让麦克阿瑟深感不安。他后来在回忆录中自嘲道：“我一点也没有要当国家总统的愿望，因为在治理日本期间，我已干够了这种事情。我所犯下的最大错误，是没有更坚决地拒绝置身于政治舞台，像事先预料到的那样，这一企图没有成功，而唯一可以看见的效果就是那个执政的民主党对我进行了大量的政治诽谤……从那时起，报复何时落到我的头上就只是个时间问题了。”此后，麦克阿瑟的情绪更加高涨，行为更为偏激，但在政治立场上基本与杜鲁门保持一致。

朝鲜争端

1948 年 10 月，日本芦田内阁垮台了。麦克阿瑟在日本推行“杜鲁门主义”，再次把保守的反共分子吉田茂扶上台，企图让日本成为杜鲁门所希望的反共桥头堡。

然而，由于日本政府在通货膨胀严重的情况下冻结了工资，许多中小企业破产，失业人数激增，引起了广大劳动人民的强烈不满，工人运动再次蓬勃发展起来，共产党的影响也再次扩大。在 1949 年 1 月举行的大选中，共产党的得票数增加了近 200 万张，在议会中的议席也由 4 个增加到 35 个。麦克阿瑟对日本共产党的态度十分强硬，他宣布共产党为非法组织，下令解散日共；禁止公务员参与罢工，并责令日本政府就此修改公务员法；禁止发行日共机关报《赤旗报》，还常常刁难那些批评他和占领当局的记者，甚至把他们驱逐出境。同时，进行全面“清共”，吉田茂在麦克阿瑟和美国政府的支持下，对共产党人采取了公开镇压的政策。

1949 年 10 月 1 日，中华人民共和国成立，标志着一个共产党领导下的拥有数亿人口的社会主义国家诞生了，它使世界政治力量的对比发生了深刻的变化。

朝鲜是中国的邻邦。1895 年，朝鲜被日本帝国主义占领，沦为日本的殖民地。直到第二次世界大战结束，朝鲜才摆脱日本帝国主义的控制。随着太平洋战争接近尾声和苏联参战，美国和苏联仓促达成了一个对朝鲜实施联合占领的协议。

美国五角大楼的陆军上校查尔斯·博尼斯蒂尔武断地把北纬38度线作为美、苏两国接受日军投降的范围的界限。北部为苏军受降区，南部为美军受降区。这不是一条自然疆界，但此举将这一国家划成了两个部分，由此导致了朝鲜半岛南北分裂。

“三八线”以南的日本投降军队由约翰·霍奇中将的第24军接管，1945年9月，第24军的主力部队乘船抵达距汉城（今首尔）65千米的仁川。与此同时，苏军已进驻了朝鲜半岛北纬38度线以北地区，并封锁了边界。同年12月，美、苏经协商后达成协议，在对朝鲜半岛托管5年后，举行决定这个国家前途的自由选举。

1948年5月10日，在杜鲁门政府的扶持下，朝鲜半岛南半部首先选出了一个新的国民议会，然后通过这个议会，选举李承晚为议会主席；又通过议会起草了一部新宪法，承认李承晚为大韩民国的总统。

李承晚宣誓就职时，麦克阿瑟还专程由日本飞到汉城，出席了他的就职仪式。

苏联见美国政府如此积极地支持韩国，也不甘落后，于1948年8月25日帮助成立了最高人民议会，随后成立了以金日成为最高领导人的朝鲜民主主义人民共和国。

两个国家的分别成立，实际上是对美、苏进驻朝鲜半岛之初的承诺的一个否定。如果现在就成立两个国家，5年后要想再自由选举，简直是自欺欺人。不过，苏联也摆出高姿态，与美国分别代表北、南双方签订了临时停战协议。

1949年6月，美军作战部队全部撤出韩国，只留下一批军事顾问，大约500人，帮助训练韩国军队。苏联作战部队也撤走了，也留下了一个人数不多的军事顾问团。美、苏两国所做的“好事”，实际上是使一个统一的国家分裂了。

美军撤走之前，麦克阿瑟曾邀请《纽约时报》外事专栏作家赛勒斯·苏兹贝格到自己的私人住所共进午餐。他向苏兹贝格表明了自己对远东问题的看法：为什么苏联人更像东方人而不像西方人？联合国为什么应该设法防止战争？日本人保守的性格造成了99%的人实际上不会受共产主义的影响。当苏兹贝格问起战争爆发的可能性时，麦克阿瑟告诉他这种可能性很小，他认为中国共产党算不上军事威胁，只有苏联有能力进攻日本，但苏联目前部署在远东的75万军队都处于守势。美军的防线“起自菲律宾，一直经过琉球群岛，其中包括主要防御堡垒——冲绳，然后再折返，通过日本和阿留申群岛直到阿拉斯加”。他最后表明：“就我本人而言，我愿做我所能做的一切来帮助和保卫日本人民。我将像保卫美国或加利福尼亚免遭侵略一样去保卫他们。”

后来，《纽约时报》又对李承晚进行了一次专访，李承晚在回答记者的问题时，引用了麦克阿瑟的话：“就我本人而言，我愿做我所能做的一切来帮助和保卫韩国人民。我将像保卫美国或加利福尼亚免遭侵略一样去保卫他们。”他把其中的日本改成了韩国。这一令人吃惊的表白也许是麦克阿瑟为了恫吓朝鲜而发表的。

不管怎样，朝鲜因此受到了不小的刺激。因为他们还是希望几年后在没有外来干涉的条件下举行全朝鲜普选，以实现南北和平统一。既然李承晚那样迫不及待地宣扬备战，朝鲜自然不能等闲视之。于是，一场南北双方的扩充军备竞赛开始了。韩国议会于1948年11月底通过了武装部队组织法，设立了国防部，到1949年年中，其军队的规模已扩大到10万人，编成8个师。这支军队得到了价值1亿美元以上的美国剩余装备，并得到了美国陆军的“指导”。朝鲜原本比韩国实力强，加上一年多的快速扩军，朝鲜人民军已达到13.5万人，编为8个步兵师、1个装甲旅、2个半满员师及其他部队。同时，它还拥有150辆苏制T-34型坦克、大量的重火炮和至少180架高性能飞机。

双方在“三八线”上的军队增加后，难免要发生一些摩擦，火药味越来越浓，而这些摩擦又导致双边关系进一步恶化，形成势不两立之势。

1950 年 6 月 25 日清晨，朝鲜民主主义人民共和国发表了第一份有关韩国军队越过“三八线”向北方发动了进攻的新闻公报，指责韩国政府国防军在海州西部、金川、铁原三地越过“三八线”；随后，朝鲜人民军越过“三八线”突袭韩国。此时韩国的 10 万国防军中只有几万人能够作战，战斗力非常有限，没有坦克，没有重型大炮，现代化战地无线电器材很少，也没有近距离空中支援。朝鲜人民军势如破竹，直逼汉城。

当天清早，麦克阿瑟在东京得知了这一消息，心中立刻产生了类似珍珠港事件发生后那种“离奇的噩梦般的感觉”。但他很快镇定下来，认为韩国面临的只是一次“威力大侦察”。美国政府没有义务保卫韩国，他最后又表示，如果让他来处理朝鲜问题，肯定易如反掌。

此时杜鲁门正在家乡度周末，国务卿迪安·艾奇逊向他紧急报告了朝鲜战争爆发的消息，杜鲁门急忙从堪萨斯城飞回华盛顿，主持召开了国家安全会议。会上做出下述决定：

一、命令麦克阿瑟使用一切必要的飞机和舰只撤出在韩国的美国人，并可击退妨碍撤离行动的朝鲜军队；

二、为保住金浦和汉城，继续向韩国运送弹药；

三、向韩国派出调查团，以了解事态的发展及韩国所需要的援助；

四、在台湾海峡部署第 7 舰队，阻止对台湾的任何进攻。

上述决定被作为第 1 号指令传给了麦克阿瑟。

6 月 27 日，杜鲁门发表声明，宣布美国参战，并通过参谋长联席会议向麦克阿瑟下达了第 2 号指令：“为了直接支援韩国军队，要以远东海、空军攻击侵入‘三八线’以南的朝鲜军队。此项行动的目的在于，把朝鲜军队从韩国赶出去。”

6 月 28 日，汉城被朝鲜人民军攻陷，李承晚逃往汉城东南的釜山。

此时，麦克阿瑟麾下的美军部队在韩国只有一个观察组和一个训导顾问队，人数不超过 50 人。汉城失陷使麦克阿瑟感到事态并非他所想象的那样简单，他接到参谋部的电令后，立即带着参谋长爱德华·阿尔蒙德少将、空军司令乔治·斯特拉特迈耶中将等随行人员 15 人，乘坐他的“巴丹”号专机，飞向硝烟弥漫的汉城。

当他的飞机准备在距离汉城 32 千米的水原着陆时，安东尼·斯托里中校发现跑道的一端被朝鲜人民军的飞机炸出了若干弹坑，他赶紧把飞机升起来，刚爬到 3000 多米高度，2 架苏制雅克战斗机突然闪了出来。毫无保护的运输机遇到了战斗机就像笨鸟遇见了老鹰。斯托里吓出一身冷汗，来了个急转弯，与对方的战斗机背道而驰。麦克阿瑟当然知道发生了什么事，他点燃了久已不用的玉米芯烟斗，努力使自己平静下来。一位随行参谋说：“将军，有好几年没见你抽这只烟斗了。”他风趣地回答说：“在东京我不敢抽这只烟斗，他们会以为我是个乡巴佬。”紧张的气氛顿时一扫而光。斯托里驾着“巴丹”号绕了一圈之后，终于在机场上找到一块没有弹坑的平地降落。

麦克阿瑟一行来到附近的一所学校，在教室里，他们和李承晚总统及美国驻韩大使约翰·穆西奥见了面，并听取了美军顾问的汇报。在简短的会议后，他们在 3 辆被炸得遍体鳞伤的汽车的护送下，朝着汉江继续向北前进，沿途遇到几千名溃逃的韩国士兵，似乎他们根本就没打算抵抗。在到达离江岸 2 千米处时，麦克阿瑟下车步行到一座小山顶上。远处传来隆隆的炮声，硝烟弥漫，看不清远处的东西。“让我们到前沿去看看，要想对战争情况做出正确判断，唯一的办法就是到前线去看看他们怎样作战。”麦克阿瑟一边说一边向前走。他们在那里逗留了约一个小时，视察了韩国军队的防线。

返回东京后，麦克阿瑟给美国陆军参谋长约瑟夫·柯林斯①发了份电报。电文中称：“汉江沿岸的情景足以使我确信韩国的防卫力量已经耗尽……韩国人即使获得空军和海军的支援，也不可能阻止敌人向南直冲的迅猛攻势。守住目前防线并在今后确保夺回失地的唯一办法，就是

---

① 约瑟夫·柯林斯（1896—1963）：美国陆军上将。第二次世界大战中参加了太平洋战争，后奔赴欧洲战场，任美国第 1 集团军第 1 军军长。

向朝鲜战场派出美国地面战斗部队……我建议立即派一个团的战斗部队增援上述至关重要的地区，如有可能，再从驻日部队中抽调2个师的兵力，及早做好反攻准备。”麦克阿瑟还设立了由约翰·查奇领导的朝鲜前线指挥部，负责指挥美军作战及为韩国军队提供援助。

6月30日，华盛顿给麦克阿瑟下达了第3号指令：可以派有限的地面部队到韩国。

“有限的地面部队”到底是多少，华盛顿没有更明确的指示。麦克阿瑟的要求是至少要有1个团级战斗群保卫釜山，随后还要2个师用于反攻。杜鲁门召开国家安全会议，批准了麦克阿瑟提出的从驻日部队中抽调2个师的兵力投入朝鲜战场的请求，并决定对朝鲜进行海上封锁。

7月1日，麦克阿瑟派出了第一支部队——威廉·迪安少将指挥的第24师的史密斯支队。这支部队被空运到釜山，然后再赶往大田防线。

7月5日，朝鲜人民军开始向已进至乌山地域的史密斯支队发起攻击，迅速突破其阵地。史密斯支队溃不成军，仓皇南逃。

美军初战失利，令麦克阿瑟等人大为震惊。麦克阿瑟立即向华盛顿提出增兵要求：4～5个满员步兵师、1个空降团、3个中型坦克营及炮兵和后勤部队。杜鲁门还在犹豫，没有及时回复。

7月7日，在美国的操纵下，联合国安理会通过第84号决议，派遣“联合国军”支援韩国抵御朝鲜的进攻，“联合国军”司令由美国指派。其时，麦克阿瑟在日本的兵力有经过裁减后的第8集团军4个不满编师及航空部队，近11万人。因此，朝鲜处在美国本土之外最为集中的美国部队易于抵达的范围之内，而且也在美国海军易于抵达的范围之内。这样一来，“联合国军总司令”这顶桂冠就落在了麦克阿瑟的头上。尽管杜鲁门委婉地把这称为“治安行动”，但实际上却是一场令人不安的侵略战争。

这一天，朝鲜人民军发起大田战役，直逼锦江。麦克阿瑟紧急调第25步兵师、第1骑兵师入朝，并再次向华盛顿请求增援。由于没有那么多可调的兵力，以及必须维持其他地区特别是欧洲的军事地位等更重

“联合国军总司令”麦克阿瑟（左）接受联合国旗帜，领命介入朝鲜内战

要的原因，华盛顿方面只同意增派第 2 步兵师、第 1 陆战旅和 3 个坦克营。得到部分援兵后，麦克阿瑟任命原第 8 集团军司令沃尔顿·沃克中将为驻朝美军总指挥，统率“联合国军”和韩国部队。

7 月 20 日拂晓，朝鲜人民军开始对大田发起总攻，战斗进行得十分激烈。迪安命令第 24 师先用大炮轰击，再用坦克开路，企图夺路突围，但退路已被切断。双方在一狭窄地带展开了白刃战，大炮和坦克失去了威力，美军第 24 师受重创，迪安本人也成了俘虏。随后，朝鲜人民军进逼洛东江。

朝鲜半岛正处在激战的关键时刻，美军情报部门获悉中国人民解放军准备解放台湾。美国政府悍然干涉中国内政。6 月 27 日，杜鲁门改变之前“不干涉台湾”的政策，公然宣称，“台湾未来地位的决定，必须等待太平洋安全的恢复、对日本的和平解决，或联合国的审议”。7 月 27 日，他命令麦克阿瑟将第 7 舰队开往台湾海峡。7 月 31 日，麦克阿瑟又带着一个由 16 人组成的盟军总司令部代表团飞往台湾。美国这种干涉中国内政的霸权主义行径，使得台海问题进一步复杂化了。而麦克阿瑟的英雄形象也在热爱和平的世界人民心目中大打折扣。

8 月 1 日，沃克以驻朝美军总司令部的名义，正式下达了向洛东江退却的命令。随即形成了以釜山为核心、南北长约 160 千米、东西宽约 80 千米的洛东江环形防线，也称釜山防御圈。

同一天，《纽约时报》以“朝鲜的危机”为题，发表了对朝鲜战局的看法：“朝鲜的战场已接近惨败。以往我军为赢得时间放弃了一些土地，但如今已经没有土地可放弃了。”麦克阿瑟认为，美军的当务之急是要稳住阵脚，再伺机反攻。

遭遇强手

1950 年 8 月，在朝鲜战场，朝鲜人民军与所谓的“联合国军”开始处于胶着状态。美军帮助李承晚的军队稳住了洛东江防线，在美国空军掌握着绝对制空权及守军兵器、兵力均占绝对优势的情况下，朝鲜人民军几次冲击“釜山防御圈”都没有什么进展，只得重新调整部署。朝鲜人民军的战略目标是，乘美军在釜山一线站稳脚跟之前抢先赶到那里，解放全朝鲜，实现祖国统一。但越过“三八线”的朝鲜人民军总共只有 9. 8 万人，后勤补给线越拉越长，造成军需品供应极端困难。而韩国军队和“联合国军”已达 17. 6 万人，坦克之比则为1∶6（100 辆对 600 辆），而且美军掌握着绝对的制空权，双方在洛东江 - 釜山战场争夺激烈。

就在双方僵持不下之时，麦克阿瑟开始制订反攻计划，第一步是准备实施仁川登陆作战，具体目标是在朝鲜人民军大后方实施一次水陆两栖和空降协同的登陆行动，以便从背后切断朝鲜人民军长而弱的补给线，把他们围困在两栖登陆部队与守卫釜山阵地的第 8 集团军之间，实施南北夹击。简单地说就是一次反包围行动。

根据这一思路，他的参谋班子立刻紧张运作起来，制定了代号为“烙铁计划”的实施方案，时间定在 9 月中旬。这一计划被限制在少数人知道的范围。麦克阿瑟说："这次冒险行动是大赌博，露了底牌，一切就输掉了。"

9 月 8 日，美国参谋长联席会议批准了仁川登陆作战计划："我们同意你的计划，并如实向总统做了汇报。"同时又在电文中提醒麦克阿瑟，"第 82 空降师是目前留在美国的唯一一个师，而最近动员的国民警备队的部队还需 4 个月才能完成训练。"这等于是说，美国国内没有多少兵力可调了，让麦克阿瑟注意节省兵力。

麦克阿瑟也管不了那么多了，不管怎样，计划批下来了，怎么打现在是他说了算。他立刻着手部署登陆部队。

在仁川实施两栖登陆的部队是美军第 10 军，由盟军总司令部参谋长爱德华·阿尔蒙德少将任军长，下辖美军第 1 陆战师、第 7 步兵师和韩国军队的 2 个团。首批登陆部队由美国海军陆战队第 1 师、陆军步兵第 7 师、工兵第 2 旅、空降兵第 187 团和韩国第 17 步兵团、陆战团等部组成，上述部队于 8 月中旬开始集结。

美国海军第 7 舰队负责护送登陆部队，远东空军担负登陆作战的空中支援和直接空中火力支援，同时以主力支援美军第 8 集团军在釜山地区的作战。参战地面部队总兵力约 7.5 万人。

计划规定，登陆部队在夺取仁川之后应迅速攻占汉城，切断朝鲜人民军的主要补给线，同时釜山防御圈内的第 8 集团军发起反击，沿大邱 – 大田 – 水原向北推进，与登陆部队南北夹击，围歼洛东江前线的朝鲜人民军主力。

9 月 12 日晚，麦克阿瑟与阿尔蒙德、惠特尼等一行 7 人冒雨从羽田机场飞往九州的板付，再从那里前往第 7 舰队的集结地佐世保，登上两栖作战部队司令多伊尔的旗舰"麦金利山"号运输舰，向仁川进发。

仁川位于朝鲜西海岸中部，距离汉城只有 32 千米，是汉城的海上门户。在飞鱼航道中有一个月尾岛，面积只有 0.6 平方千米，但它不仅有 600 米长的海堤与仁川港直接相连，而且地势高（最高点海拔 105 米），能俯瞰整个飞鱼航道和仁川港湾。朝鲜人民军很早就关注仁川至汉城的防御，并成立了京畿道地区防御委员会和西海岸防御司令部，负责群山以北，仁川、汉城为核心地区的防御，但是在9月上旬，朝鲜人民军的主力全部投入对洛东江防线的攻击中，该地区只留有少量部队。具体配置为：仁川地区驻守的是第9师的第87步兵团、第849独立反坦克炮团以及若干海岸炮连和海岸守备队；驻守汉城地区的是新组建的第18师（该师也正准备南下参与对洛东江防线的攻击）；驻守金浦机场的是第31旅步兵旅的一个营。整个仁川－汉城地区的朝鲜人民军总兵力不超过6000人。

在麦克阿瑟发动的猛烈攻势下，朝鲜人民军被迫后撤。9月26日，朝鲜人民军主力撤到“三八线”以北。仁川登陆的成功，不仅冲昏了麦克阿瑟的头脑，也冲昏了华盛顿决策者们的头脑。接下来他们又遇到了一个难题：是否要打过“三八线”。9月27日，杜鲁门批准了参谋长联席会议对麦克阿瑟的新指示，这个指示告诉他，他的军事目的是“摧毁朝鲜的武装力量”。为了达到这一目的，授权他在朝鲜的“三八线”以北展开军事行动。

根据这个指示，麦克阿瑟提出了他在“三八线”以北的作战计划：美第8集团军沿西海岸走廊向北挺进，而美第10军则在朝鲜的东海岸的元山进行两栖登陆。9月30日，美国参谋长联席会议批准了这个计划。

当天，麦克阿瑟从汉城飞回东京后，又收到国防部部长马歇尔发来的一封电报：“我们希望你不论在战略上还是在战术上，都毫不犹豫地向‘三八线’以北挺进。”随后，麦克阿瑟命令第8集团军派先遣部队越过“三八线”。10月1日，他以“联合国军”总司令的名义，向朝鲜人民军发出劝降书。

与此同时，美国空军飞机也频繁对中国东北边境地区进行轰炸、扫射和侦察活动。

美国的行动激怒了热爱和平的中国人民。9月30日，周恩来总理在庆祝中华人民共和国成立一周年大会上发表讲话，对美国提出严正警告：“中国人民决不能容忍外国的侵略，也不能听任帝国主义对自己的邻居肆意侵略而置之不理。”

10 月 3 日，周恩来总理又通过印度驻华大使警告美国政府：“美国军队正企图越过‘三八线’，扩大战争。美国军队果真如此做的话，我们不能坐视不顾，我们要管。”麦克阿瑟却认为中国的严正警告是一种“政治恐吓”“虚张声势”，拒绝接受和平解决朝鲜问题的建议，坚持要用武力占领朝鲜半岛。

10 月 7 日，美国操纵联合国通过了所谓的“八国议案”，授权“联合国军”跨过“三八线”，入侵朝鲜。

10 月 8 日，中国以东北边防军的 4 个军 12 个师组建成中国人民志愿军，首先待命出动，尔后再调 7 个军 24 个师作为第二、第三批兵力逐步入朝参战。

此时，麦克阿瑟的两路进攻进展顺利。在东线，韩国第 1 军于 10 月 10 日攻占了元山，17 日又攻占了咸兴。在麦克阿瑟的坚持下，奥利弗 · 史密斯指挥的美军第 10 军第 1 陆战师按计划于 10 月 26 日在元山登陆，美军第 7 步兵师也在元山以北 241 千米的利原登陆。在西线，沃尔顿 · 沃克的第 8 集团军于 10 月 19 日攻占平壤。

这天，得意忘形的麦克阿瑟把原定停止作战的安州、宁远、兴南一线向北推进了 29 ~ 160 千米，这离鸭绿江只有 60 千米，与之平行的宣川至长津一线成为新的战线。

10 月 20 日，麦克阿瑟命令刚从美国赶到的第 11 空降师第 187 空降团，在平壤以北 48 千米的石川和顺川实施空降，目的是切断朝鲜政府官员和军队主力的退路（事实上他们已无路可退）。麦克阿瑟坐着飞机跟在作战部队后面，眼见他们快速向北推进，心里乐不可支。随后，他在远东空军司令斯特拉特迈耶和惠特尼等人的陪同下，飞往平壤机场。他一走下飞机，便神气活现地向在场的人喊道：“有什么大人物来欢迎我吗？金某人在哪儿?”在那里，他向记者们发表了大言不惭的讲话：

> 我们出其不意地实施了空降作战。……敌人面临着或投降，或全部被歼灭的命运，别无选择。这次行动表现出水平高超的军事艺术，敌人已陷入绝境。

就在麦克阿瑟认为自己胜券在握的时候，朝鲜人民军主力早已后撤到清川江以北，而朝鲜政府也早在10月12日撤到北面的江界。同时，中国人民志愿军已有近10万人进入朝鲜半岛北半部，巧妙地插到“联合国军”东西两路的中间地带。

10月24日，麦克阿瑟回到东京准备为朝鲜战争“煞尾”。为保证“让弟兄们回家过圣诞节”，他发布命令，指示沃克和阿尔蒙德“用他们所属的全部部队以尽可能快的速度向北推进”，完成扫荡和清剿。当然，不仅是麦克阿瑟，华盛顿很多人都认为战争即将胜利结束。

于是，麦克阿瑟下达的总追击命令马上得到了贯彻执行，各部队争先恐后地渡过清川江，分兵数路向鸭绿江挺进。总攻部队达22万人，飞机1200架。第8集团军在36个小时内向前推进了20多千米，离中朝边境不到60千米了。

此时，麦克阿瑟正在距前线1000多千米的日本东京一号大楼里，乐观地等待着“圣诞节”——这个被他确定的美国士兵得胜班师时刻的到来。

10月25日，也就是麦克阿瑟下令追击的第二天，中国人民志愿军与韩国第2军遭遇。经过一周的战斗，中国人民志愿军重创韩国第2军，韩国军队全线溃退，进一步暴露了沃克的右翼。

战役展开后，中国人民志愿军利用美军第8集团军侧翼暴露的有利时机，采用迂回与正面突击相结合的战术，于11月1日至3日，在云山地区激战3天，重创美军第1骑兵师的一个团，并迫使沃克退到清川江以南。

麦克阿瑟除了跟杜鲁门一样犯战略错误外，这时他又犯了一个战术错误：过高地估计了空军的阻击能力。他命令所有的航空部队投入全部力量阻击中国人民志愿军，“如果必要，作战机组人员只要一息尚存就要不断地飞行……摧毁敌人的交通运输线和一切设施、工厂、城市和村庄”。但是，此时的鸭绿江已经封冻结冰，中国人民志愿军源源不断地越过鸭绿江，并迅速寻找战机，通过穿插、分割战术，对“联合国军”

1950 年至 1951 年，朝鲜战争期间，中国人民志愿军勇猛追击敌军

进行各个击破。到 11 月底，“联合国军”全面撤退。麦克阿瑟的“圣诞节回国攻势”很快也宣告破产了。

第十二章　黯然去职度余生

“傲慢”的战神被解职

“战神”的傲慢与偏见使麦克阿瑟吃尽了苦头，他的威信一落千丈，连他都对自己失去了信心。他一方面发表特别公报，否认自己曾经发起过一次打到鸭绿江的攻势；另一方面致电美国参谋长联席会议，请求“由进攻转入防御”。

在中国人民志愿军的猛烈攻势下，12 月 4 日，麦克阿瑟下令放弃平壤，向“三八线”实施总退却。接着，双方在“三八线”上来回争夺，转入战略对峙。1951 年 3 月 20 日，美国参谋长联席会议通知麦克阿瑟，“应当朝和平解决的方向进一步做外交上的努力”。麦克阿瑟收到电文后非常沮丧，但又很不甘心。他认为，战争不是胜就是负，不胜不败的局面对他来说是难以想象的。

不过，事态的发展已经超出了他的掌控。实际上，为了不丢人现眼，美国的盟军早有撤出朝鲜战场的想法。但麦克阿瑟也不愿成为替罪羊，他不甘示弱，据理力争，始终不承认自己的过失。他认为自己的军事行动是得到美国参谋长联席会议批准的。他通过报刊发表的反击言辞，使杜鲁门政府处于十分尴尬的境地。杜鲁门总统气愤地对自己的顾问说：“麦克阿瑟在推卸责任，绝不能让这种情况继续存在下去。”

为了避免混乱，杜鲁门被迫取消了发表和平呼吁的安排，而最终下定决心撤掉麦克阿瑟的职务。不过，杜鲁门的头脑一向比较冷静，他需要把这件事做得更稳妥一些。

4 月 6 日，杜鲁门召集马歇尔、艾奇逊、哈里曼和布莱德雷[①]几员大将到白宫，用了约一个小时讨论麦克阿瑟的问题。与会者基本上都同意撤换麦克阿瑟，只是要用温和妥善的方式。杜鲁门在整个讨论中始终不动声色，只是巧妙地提出问题而不轻易泄露天机。但很多人都能感觉到他已经下了决心，不然，他就不会让马歇尔去查阅过去两年五角大楼与东京之间的往来电文，看看麦克阿瑟这个“炮筒子”还有没有类似的过失。

4 月 8 日下午，布莱德雷主持参谋长联席会议开会，全体一致同意解除麦克阿瑟的职务。4 月 9 日，马歇尔等几员大将又在白宫椭圆形办公室开会。会议快结束时，杜鲁门走进来对众人说：“我个人几天以前就做了一个痛苦的决定，撤销麦克阿瑟的所有职务。”这是他第一次公开明确表态。

4 月 10 日晚上，不知是谁向新闻界泄露了这一消息，有记者赶到白宫打探此事，在白宫引起一片惊慌。杜鲁门担心节外生枝，因此，他顾不得等弗兰克·佩斯传达命令，指示布莱德雷立即通过参谋长联席会议的通信渠道直接向麦克阿瑟发出解职令，同时指示他的新闻秘书于次日凌晨 1 点举行一次特别记者招待会，立即公布总统的声明和麦克阿瑟的解职令。

这一双管齐下的内容是这样的：

致东京麦克阿瑟将军：

作为总统和美国军队总司令，我有责任撤换你盟国最高统帅、联合国军总司令、远东军总司令、美国驻远东陆军司令官等职，对此深感遗憾。

你应将所任各职移交马修·李奇微中将，立即生效。你有权下达为

---

① 布莱德雷（1893—1981）：美国陆军五星上将、著名军事家、第一任参谋长联席会议主席。第二次世界大战期间历任本宁堡步兵学校校长兼驻地指挥官、第 82 步兵师师长、第 28 国民警卫师师长、第 10 军军长、第 2 军军长、第 1 集团军群司令。战后任美国退伍军人管理局局长、美国参谋长联席会议主席兼北约组织军事委员会主席及其常务委员会主席，任内参与策划并组织指挥朝鲜战争。

前往你所选择的地方所需下达的命令。

撤换理由将在上述电文送交你时同时公布。

哈里·S. 杜鲁门

总统声明：

我深感遗憾地宣布，陆军五星上将道格拉斯·麦克阿瑟在有关正式职守的问题上不能全心全意地支持美国政府的政策和联合国的政策。根据美国宪法赋予我的特殊责任，以及联合国特别委托我的责任，我已决定更换远东统帅。因此我免去麦克阿瑟的各项指挥权，并已任命马修·B. 李奇微中将接替他的职务。

对有关国家政策进行的全面而激烈的辩论是我们自由民主宪法制度至关重要的因素。然而，军事指挥官们必须按照我国法律和宪法的规定，遵守下达给他们的政策和指示，这是一个基本原则。在危急时刻，这种考虑尤为必要。

麦克阿瑟将军已完全确定了在历史上的地位。对于他在重大责任岗位上对国家做出的卓越和非凡的贡献，全国人民深表谢意。由于这一原因，我不得不对他采取的行动再次表示遗憾。

副官西德尼·赫夫从广播中听到麦克阿瑟被免职的消息并告诉了琼，琼随后告诉了麦克阿瑟。当时麦克阿瑟正在吃午饭，听到消息后他并没有流露出是悲是喜的表情，这一切早在他的预料之中。他吃完饭，很平静地站起来，对妻子说：“琼，我们终于可以回家了。”

麦克阿瑟比任何时候都显得更加克制和冷静，他只向几个老朋友诉说了对总统解除其职务的方式的不满，而没有质问为什么要解除他的职务。他认为总统有权做出这样的决定，作为一名真正的军人，不需要找任何借口来拒绝服从。

在接到美国参谋长联席会议发来的正式命令当天，麦克阿瑟前往一号大楼。盟军总部外交局局长威廉·西博尔德前来看望麦克阿瑟，本想安慰他几句，结果自己热泪盈眶，好半天说不出话来。他拥抱麦克阿瑟良久，说道："将军，在对待这种事上，你是一个远比我出色的战士。"

4 月 16 日清晨，麦克阿瑟前往厚木机场，临行前与热泪盈眶的总部参谋人员和他们的家属一一话别。上午 7 点，麦克阿瑟的汽车前来接送，前往机场的车队像是去参加国葬，成千上万的士兵、警察及市民肃立在街道两旁为他们送行。

飞机快要起飞的时候，琼依依不舍地离开已泣不成声的人们，在麦克阿瑟的搀扶下登上"巴丹"号。这时，机场上响起 19 响礼炮，数架战斗机掠空而过。麦克阿瑟及夫人一动不动地站在那里，显得十分伤感。

"巴丹"号终于在喧闹声中起飞了，绕富士山盘旋一周后向东飞去，将麦克阿瑟的爱恨、不舍和遗憾永远留在了那里。

老兵不死

麦克阿瑟原计划坐船返回美国，途经几个自己到过的地方，好好享受一下漫长而悠闲的旅途生活。但因为"巴丹"号飞机是陪伴他出生入死的最有意义的物证，所以，他想坐着它像其他英雄人物那样荣归故里。在前往夏威夷的十几个小时的飞行途中，他一直在修改他的演说稿，因为他出发前就被邀请在 4 月 19 日的国会两院联席会议上发表演说。

飞机在檀香山降落后，麦克阿瑟带着儿子小亚瑟到钵状山火山口的国家陵园敬献了花环，他对埋在那里的 1 万多位烈士说："战友们，我不知道你们是否生得高贵，但我知道你们死得光荣。"13 岁的小亚瑟很高兴第一次踏上祖国的土地，并对那些躺在地下的英雄表达了自己的敬意。

他们的下一站是旧金山。为了避免前来机场欢迎的群众过多，麦克阿瑟特意把飞机在旧金山降落的时间安排在深夜。出乎意料的是，4 月 17 日夜，机场上仍有 50 余万人在等候。飞机在机场上空盘旋的时候，麦克阿瑟透过舷窗望着灯火辉煌的旧金山，对儿子说："孩子，现在我们终于到家了。"他的兴奋之情无以言表。

麦克阿瑟下飞机时，意外地受到加利福尼亚州州长等政府官员、记者们和成千上万群众的热烈欢迎。他们乘车离开机场前往圣弗朗西斯旅馆时，那些欢迎的人群还在追随车队呼喊。22 千米的路程，车队行驶了 2 个小时才到达。

第二天，麦克阿瑟在旧金山市政大厅发表了简短的演说，其间不断地被人们的“我们要麦克阿瑟当总统”的呼声打断。麦克阿瑟说：“刚才有人问我，是否打算投身政治活动，我的回答是否定的。无论怎样，我都没有从政的愿望。我不但不想从政，而且我还希望我的名字永远不以任何一种政治的方式被使用。我没有任何政治抱负，我所持有的唯一政见就是我们大家都知道的一句话，那就是‘愿上帝保佑美国’！”人们认为麦克阿瑟受到了不公正的待遇，想以自己的方式来表达对他的敬仰和赞美，但麦克阿瑟希望人们像对待其他英雄人物一样对待他，而不是把他当成一个受迫害者。他更不希望别人把他当成一个政治工具来利用。

4 月 19 日，麦克阿瑟应邀在国会两院联席会议上发表演说，前往会场途中，他仍在修改演讲稿。不在高位的他反而显得小心翼翼了。

那天中午，麦克阿瑟身穿人们所熟悉的那身军服，表示他仍是个军人。当他阔步跨进大厅时，随着一声“五星上将道格拉斯·麦克阿瑟驾到”，全体观众和听众都屏住了呼吸。那一天是黑白电视摄像机第一次被允许在国会充分拍摄这一重大场面，而那一天的电视观众也是最多的一次。

麦克阿瑟站到讲台上，威严挺立。大厅里响起了热烈的掌声。他以绝佳的口才，讲了大约一个半小时。他在演讲中说：

我站在这个讲坛上，有着深切的自卑和万分的自豪之感。自卑是因为想到在我之前曾站在这里的美国历史的伟大缔造者们，自豪是因为想到这个辩论立法问题的论坛代表着迄今所能创立的最纯洁的自由。全人类的希望、心愿和信念都集中于此。

我站在这里并不为任何党派目的做辩护，因为所涉及的问题都是根本性的，完全超出党派所能考虑的范围。如果要证明我们的方针是稳妥的，而我们的前途是有保障的话，那么这些问题就必须放在国家利益的最高层面上来解决。因此，我相信你们会恰如其分地把我所要讲的话仅仅看作是一个美国同胞经过考虑后所表达的观点而已。我的讲话并不带有人生暮年的怨恨和伤感之情，我心中只有一个目的，那就是为国效劳。

他的演说非常出色、动人，不时地被热烈的掌声和喝彩声打断。彼时彼刻，民主党人和共和党人一样欢呼雀跃，大声喝彩，热情洋溢，场面一片沸腾。

最后，麦克阿瑟以这样的话来结尾：

我 52 年的戎马生涯就要结束了。当本世纪（20 世纪）开始之前我参加陆军时，我孩童时的全部希望和梦想便实现了。自从我在西点军校虔诚地宣誓以来，世界已是几经沧桑，心中已不再有希望和梦想。但我仍然记得那时最流行的一首军营歌曲中的两句：“老兵们永远不死，他们只是悄然离去。”

像那首歌曲中唱到的老兵一样，我是一名在上帝指引下尽心尽职的老兵，现在结束了我的军事生涯，悄然离去。

再见！

演讲结束后，议员们全体起立，再次向他欢呼，许多人甚至激动得流下了眼泪。

演讲后的那天下午，政府在华盛顿纪念碑广场为麦克阿瑟举行了隆重的正式欢迎仪式，马歇尔和总统的高参们都参加了。随后，麦克阿瑟前往宪法厅向 6000 名美国革命女儿会会员讲话。在那里，女士们事先通过决议：在将军讲话时一律脱帽，以免挡住大家的视线。

4 月 20 日，麦克阿瑟一家前往准备定居的纽约，那里更是一片欢腾，各条大街都装饰得五彩缤纷。据警方估计，参加游行和观看的人达 750 万之多。当麦克阿瑟的轿车经过时，人们向他疯狂地欢呼，抛扔的彩带、纸屑、飘带数只能以吨计算。不少女性泣不成声，有18人因歇斯底里发作而被送进医院。接着，麦克阿瑟又马不停蹄地走访了其他各大城市，处处都受到英雄凯旋般的欢迎，成为公众舆论的首要新闻人物。

4月27日，在接受纽约市向他授予武士爵位一个星期后，麦克阿瑟走访了被他称为“老家”的密尔沃基，估计当地至少有一半人前来迎接他。

直到5月3日，国会就朝鲜战争问题召开听证会后，这股热潮才慢慢消退下去。

5月3日，麦克阿瑟再次来到华盛顿，作为第一证人出席参议院一个联合调查委员会就远东军事形势和他被解职一事举行的听证会。麦克阿瑟首先作证。政府方面出席的首席反证人是国防部部长马歇尔，两位年资相当、分别出身于西点军校与弗吉尼亚军校的陆军五星上将进行了面对面的辩论。参谋长联席会议主席布莱德雷、陆军参谋长柯林斯、海军作战部部长谢尔曼、空军参谋长范登堡也相继到场作证，当然都是作为麦克阿瑟的对立方。

在听证会上，26名议员轮番提问，内容五花八门、无所不包。麦克阿瑟沉着应付，再次兜售他的主张。他声称关于如何作战的各项建议均被参谋长联席会议接受，但却遭到了白宫和国会的反对。参谋长们花了大量时间来否认这种说法，麦克阿瑟自己也觉得没有足够证据。

作为参谋长联席会议主席，布莱德雷得出了这样的结论：麦克阿瑟的战略“将使我们在错误的时间、错误的地点和错误的敌人进行一场错误的战争”。这样一来，麦克阿瑟作为“战神”的形象就黯然失色了。但是，杜鲁门政府对麦克阿瑟违抗命令的行为没有再进行起诉和审判，认为撤销他一切职务的惩罚已经足够了。后来，国会为表达对麦克阿瑟的敬意，特意通过了一项决议，授予他一枚金质特殊荣誉勋章，上面刻有“澳大利亚的保护者、菲律宾的解放者、日本的征服者”等字样。

参议院的听证会持续到6月25日，并没有得出什么结论。但在听证会进行期间，一些媒体陆续发表文章，有关会上必须保密的内容也毫无遗漏地被曝光了。五花八门的问题也给各种新闻报道炒作带来了多种题材。之后，麦克阿瑟的巡回演讲风光不再。更糟糕的是，听证会内容泄密导致新闻媒体界出现了一次空前的大辩论，由于被一些搞政治的人利用，给麦克阿瑟带来了极为不利的影响，甚至使他又有了从政的想法。麦克阿瑟会见了各界人士，其中包括约翰·埃德加·胡佛①、罗伯特·阿尔方索·塔夫脱②等人在内的共和党知名人士，并周游全国进行演讲旅行。惠特尼称这次旅行为“一次使国家获得新生的远征，一次直言不讳的猛烈抨击的讨伐”。

1952 年是美国总统换届选举年，麦克阿瑟的老朋友、共和党人塔夫脱像前两次一样又跃跃欲试。但共和党内的一些有识之士认为，塔夫脱一向保守，如果他获得党内提名，那么可以肯定，与民主党候选人较量的时候，他会毫无悬念地败下阵来。另外，共和党人还担心，如果民主党再次执政，美国就会往“社会主义道路”上走。因此，他们开始寻找新的更具竞争力的人选。当时影响最大的是指挥盟军横扫欧洲战场的总司令艾森豪威尔。他不仅领导才能卓越，且为人谦逊、平易、宽厚而正派，是个受到各阶层敬重和喜爱，甚至为竞争对手民主党所接受的人物。最初，艾森豪威尔表示不会要手段去刻意竞选总统职位，但也不会拒绝比美国陆军参谋长和北约总司令更高职责的“召唤”。

面对强劲的对手，塔夫脱不得不寻求麦克阿瑟的帮助和支持。两人见面后，麦克阿瑟对他说：“在过去的战斗岁月里，您给了共和党如此坚强有力的领导，以致您被全国称为‘共和党先生’。而我感到，对支持您的党派来说，如果现在不能团结在您的周围以迎接即将来临的严峻考验，那就如同在战斗打响之际换将一样，是难以想象的背叛行为。”但是，一度为麦克阿瑟呐喊欢呼的浪潮高峰已经过去，他的影响力和他的年龄一样，已是日近黄昏，夕阳西下，无法为塔夫脱增添多少竞选

---

① 约翰·埃德加·胡佛（1895—1972）：美国联邦调查局第一任局长，任职长达 48 年，是一个创造了美国历史和 FBI 神话的传奇人物。

② 塔夫脱（1889—1953）：威廉·霍华德·塔夫脱总统的长子，美国参议员、共和党领袖，任期达 14 年之久，1957 年被美国参议院评选为“最伟大的五位参议员”之一。因拥护传统的保守主义而被取绰号“共和党先生”，三次竞选总统皆失败，

美国第 34 任总统　艾森豪威尔

筹码。

6 月初，艾森豪威尔回国参加总统竞选，很快在许多州的预选中击败塔夫脱。于是，塔夫脱又来找麦克阿瑟，让他充当自己的“陪选”，并许诺选上总统后，让麦克阿瑟当“武装部队副总司令”。已经有过两次竞选（或者说陪选）失败经验的麦克阿瑟，很高兴地接受了这一建议。

如同 1944 年一样，麦克阿瑟又成了一匹黑马，大有一爆冷门的机会。然而，作为一个不关心时事、没有政治手腕的职业军人，麦克阿瑟在竞选演讲中，表现得像战将巴顿一样，盼望重返战场，继续战斗。他不明白，美国在第二次世界大战和朝鲜战争中献出了几十万年轻的生命后，民众都痛恨战争，厌恶战争，渴望和平，希望过上平静自由的生活。因此，麦克阿瑟的陈词滥调显然不得民心，人们听他的演讲觉得既扫兴又不舒服。尽管他的讲话很精彩，但主题不对，常被淹没在一片嘈杂声中，场面十分尴尬。一年前他在国会联席会议上发表“老兵不死”演说时那种神奇的魔力、那种震撼人心的场面，已经一去不复返了。竞选失败完全是情理之中的事情。在 7 月 11 日的第一轮投票中，艾森豪威尔得了 614 票，塔夫脱 500 票，麦克阿瑟只得 10 票。麦克阿瑟的最后一搏再次无功而返。

麦克阿瑟在第三次竞选失败后似乎终于认识到，他的确不是一个好的政治家，他一生中的最大失策就是虽然对政治有些兴趣，但根本没有认真研究过政治。从此，他彻底打消了从政的念头。

麦克阿瑟渐渐从公众的视野中隐去了。解职后，麦克阿瑟一家住在纽约市沃尔多夫·阿斯特亚饭店宽敞豪华的套房里。作为陆军五星上将（永久军衔），按照美国的法律，他将永远保留“现役”，每年享受近 1. 9 万美元的固定津贴和政府提供的交通工具、办事人员等待遇，五角大楼还专门给他保留了一间办公室。他的副官考特尼·惠特尼和情报处长查尔斯·威洛比退役后，依然留在他身边当助手。

1952 年 8 月，麦克阿瑟应老朋友詹姆斯·兰德邀请，出任带有名誉性质的制造企业雷明顿－兰德公司的董事长。这个公司生产著名品牌“雷明顿”剃须刀。董事长平时没有多少事要做，但麦克阿瑟仍每天都按时上班。他的任务就是把自己的声望借给公司，并就国际事务提出自己的建议。除非有很特殊的邀请，他尽可能不在公共场合露面。

1960 年，年届八十的麦克阿瑟生了一场重病，前列腺重度发炎，几乎丧命。当时他已经做好了死的心理准备，没想到却活了下来。一位芝加哥牧师来信问他这个奇迹是怎样发生的，他在回信中幽默地说：“我诵《圣经》祈祷，‘复活在我，生命也在我；信我的人虽然死了，也必复活。’”

麦克阿瑟在高龄时出席的活动中，有两个活动是他觉得最有意义的。一次是 1961 年 7 月，他应邀前往马尼拉参加菲律宾独立 15 周年纪念活动。那天，他穿着人们熟悉的卡其布军装，戴着软帽和飞行墨镜，手里还拿着他母亲留下的那根胡桃木手杖，与夫人琼一起接受数十万菲律宾人的欢迎。在马尼拉吕内塔公园里，他望着那些洋溢着崇敬之情的面庞，激动万分，老泪盈眶。庆典期间，他在菲律宾国会发表演说，并凭吊了昔日的战场：莱特岛的白滩、吕宋岛的“麦克阿瑟大道”、丛林密布的科雷希多、崎岖不平的巴丹丘陵。看到昔日的焦土再现生机，他禁不住大发感慨：“好一派光明美好的景象！”

另一次是1962年5月，他应邀来到他的母校——西点军校，接受军校最高奖励——西尔韦纳斯·塞耶荣誉勋章。在授勋仪式上，他发表了他一生中最后一次也是最感人的一次演讲。他在演讲即将结束时说道：

我的生命已近黄昏，暮色已经降临。我过去的音调与色彩已经消失，它们已经随着往事的梦境模糊地溜走了。往日的回忆是非常美好的，是以泪水洗涤，以昨天的微笑抚慰的。我渴望但徒然地聆听着远处那微弱而迷人的起床号声和那咚咚作响的军鼓声。在梦境里，我又听到隆隆的炮声、噼啪的步枪射击声、战场上古怪而悲伤的低语声。然而，在我黄昏的记忆中，我总是来到西点，耳边始终回响着：责任、荣誉、国家。

今天或许是我对你们的最后一次点名。但我希望你们知道，当我死去时，我最后自然想到的一定是你们学员，学员，还是学员。

我向你们告别了。

麦克阿瑟的这次讲话，真的成了他留给公众的遗言。1964年，麦克阿瑟生命的烛光即将熄灭，他本想将自己的回忆录写完，但急性肾炎和肝炎等多种疾病折磨着他，已经使他力不从心了。

3月2日，琼陪他去华盛顿沃尔特·里德陆军医院看病，记者们闻讯前去探访，他们看到昔日英姿飒爽的麦克阿瑟已经变成了一个骨瘦如柴、面容憔悴、步履蹒跚的老人。医生在经过包括摘除胆囊在内的几次手术后，仍未能挽回他的生命。

4 月 5 日下午 2 点 30 分，麦克阿瑟这位历经三次战争、集狂妄自大与勇猛无畏于一身的老战士最终隐去了。他的遗体被先后摆放在华盛顿、纽约和诺福克，供人们凭吊瞻仰。

4 月 11 日，林登 · 约翰逊[①]政府按照应有的规格，为麦克阿瑟举行了葬礼。随着军号手吹起的熄灯号，这位“老兵”被放进了墓穴，长眠于弗吉尼亚的诺福克。

老兵永远不死——麦克阿瑟的精神犹在!

---

① 林登 · 约翰逊（1908—1973）：美国第 36 任总统，在任期内提出了与“新政”“公平施政”“新边疆”一脉相承的改革计划，因成绩斐然被史学家们给予很高的评价。